君子觀象
以進德修業

易經之《易大象》導讀

彭鵬 ——— 著

一種〈象傳〉與《周易》的全新解讀

在易學史上，關於〈大象〉作者、創作年代、思想旨歸、與《易傳》其他諸篇的關係等問題，歷來眾說紛紜：有人說〈大象〉是典型的儒家作品，是孔子所作；但也有少數易學家認為，〈大象〉或是出自周公之手，或是出自周王室史官之手……

目錄

代序

上編：〈大象〉通論

第一章　〈大象〉概述

　　第一節　〈大象〉單獨成篇，不應與〈小象〉合為〈象傳〉　　10

　　第二節　〈大象〉作者的歸屬　　14

　　第三節　〈大象〉思想旨歸的多重解釋　　17

第二章　〈大象〉與其他經典的關係

　　第一節　〈大象〉與〈彖傳〉　　23

　　第二節　〈大象〉與〈易象〉　　27

　　第三節　〈大象〉與「四書」　　32

　　第四節　〈大象〉與〈月令〉　　37

第三章　〈大象〉的擬辭體例

　　第一節　卦象擬辭　　42

　　第二節　卦象與卦名　　48

　　第三節　卦義與卦象、卦名　　51

第四章　君子觀象以進德承命

　　第一節　「君子」釋名（本節有圖片）　　55

3

目錄

第二節	重德修德以固本	58
第三節	自強不息以砥志	66
第四節	慎始慎終以謀事	69
第五節	正位明德以受命	72
第六節	日用倫常有其道	75

第五章　君子觀象以治國安邦

第一節	御下之方	81
第二節	宗族親友	88
第三節	保民容民	94
第四節	明罰慎刑	99

第六章　附論

第一節	追溯先王	104
第二節	後、上、大人	112
第三節	〈大象〉解讀的現代反思	117

下編：〈大象〉六十四卦集解及注釋

凡例

乾	123	訟	137
坤	127	師	139
屯	130	比	141
蒙	132	小畜	144
需	134	履	146

泰	148	遯	204
否	153	大壯	207
同人	155	晉	209
大有	157	明夷	211
謙	160	家人	213
豫	163	睽	215
隨	166	蹇	218
蠱	168	解	220
臨	171	損	223
觀	174	益	225
噬嗑	175	夬	227
賁	178	姤	230
剝	180	萃	232
復	182	升	234
無妄	185	困	236
大畜	188	井	239
頤	191	革	241
大過	193	鼎	243
坎	195	震	247
離	198	艮	249
咸	200	漸	252
恆	202	歸妹	253

目錄

豐	256	節	266
旅	258	中孚	269
巽	260	小過	271
兌	262	既濟	274
渙	264	未濟	276

參考文獻

一、易學著作　　　　　　　　　　　279

二、非易類著作　　　　　　　　　　284

後記

代序

　　〈象傳〉以獨特的言說方式，對於《周易》古經的卦爻符號和文辭進行了系統解釋，成為易學家解《易》系統《十翼》中之一篇。易學史上，〈象傳〉被分為〈大象傳〉、〈小象傳〉。〈大象傳〉主要是從卦象來闡釋卦辭的社會倫理道德意義，即天道；然後措之於人事，即所謂「以物象明人事」，即人道。故就思維方式而言，〈大象傳〉反映的是古代「天人合一」的法象思維。〈小象傳〉則主要是以爻象的陰陽、剛柔、居位及其內在關係來解釋卦辭，即透過「觀象繫辭」將爻象與爻辭聯繫起來，揭示爻辭形成的依據，從而將言說具體事物的爻辭抽象化、哲理化，昇華為具有普遍意義的人生哲學。故〈大象傳〉與〈小象傳〉雖然釋《易》的著力點有所不同，但二者實是相互依存、互為表裡的，都是易學家解《易》、研《易》所不可或缺的。

　　〈象傳〉作為解釋《周易》古經的重要經典之一，不僅以象數和義理來解說易卦的符號和文字系統，更為重要的是，它還為易學家提供了一種解《易》的方法與思路。歷代易學家皆以其為指導思想，再加上自己的演繹，從而使易學的本義及象徵意義不斷得到豐富和發展，易學的應用範圍也不斷得到擴充。但是，關於〈象傳〉的作者、成書時間、分篇及其與《易經》其他諸篇之間的關係等關鍵問題，學界至今仍眾說紛紜，尚無定論，且沿襲舊說者多，而佐之以出土文獻重新考據〈象傳〉者更是寥若晨星。

　　彭鵬博士治《易》，勤於鑽研，善於思考，敢於質疑，勇於創見。對於〈大象傳〉的系統研究，猶見其學術功底之深厚。他在借鑑吸收前人相關研究成果的基礎上，結合甲骨文、金文、簡帛等出土文獻，對於〈象傳〉進行了系統而深入的思索與研究，補充了前賢和時彥相關研究的不足，並提出了一些自己的創見。其一，他在全面考察了《尚書》、《逸周書》、《左傳》、《國語》、《周禮》、《儀禮》、

代序

《禮記》等傳世文獻及甲骨文、金文、簡帛等出土文獻之後，認為〈大象〉所闡述的明德慎罰、敬天保民、安分守己、知禮明理等思想，與傳世文獻和出土文獻中所反映的周王室的政教思想十分接近，而這些思想在後世的儒家典籍中體現得並不突出，這就從一個側面印證了〈大象傳〉應為周王室的史官所作，而其創作時間應早於〈象傳〉；其二，他在綜合比較了〈大象傳〉與〈月令〉的相關內容之後，否認了前人提出的〈大象〉乃據〈月令〉而作的觀點，認為難以斷定二者之間內在的源流問題；其三，他又從文字學和訓詁學的角度提出，〈大象〉中的「后」並非指君王，而應指「王后」。諸如此類的創見可謂既言之成理，又持之有故，令人信服。受限於學力和精力，書中難免存有論證不夠嚴謹、觀點值得商榷之處，但他敢於質疑、勇於創見的治學理念，著實令人欽佩。

更難能可貴的是，他一方面運用象數思維、訓詁學方法，以明德、正位、承命、明法、慎刑、安邦、制禮等為綱目，系統闡述了〈大象傳〉所內涵的敬天理民、進德修業、制禮作樂等思想，與周王室的政教思想可謂若合符節，足以證明二者同出一源；另一方面又以「集解」、「注釋」、「按語」等形式，對〈大象傳〉進行了全面而深入的解讀與分析。雖然以史解《易》的方法，古已有之，但以出土文獻校勘、補正傳世文獻之謬誤，並以《尚書》、《左傳》、《國語》等傳世文獻中的西周政教思想來解讀〈大象〉文辭，實為本書的兩大特色，也為〈象傳〉乃至整個易學的研究，提供了新的研究方法和研究模範。

本人作為彭鵬博士這部佳作最早的讀者之一，感到十分榮幸，再由此書看到彭鵬博士諸多學術創見，實感後生可畏，故略述數言，光贊篇前以為序。

林忠軍

上編：〈大象〉通論

上編：〈大象〉通論
第一章　〈大象〉概述

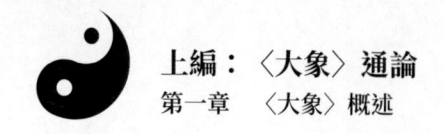

第一章　〈大象〉概述

〈大象〉在通行本《周易》中是指〈象傳〉中解釋卦象的文辭，與解釋《周易》經文爻辭的〈小象〉有別，如《乾》卦〈大象〉文辭為「天行健，君子以自強不息」；《坤》卦〈大象〉文辭為「地勢坤，君子以厚道載物」。對於〈大象〉的指稱對象，孔穎達在注疏《乾》卦「天行健，君子以自強不息」時說：「此〈大象〉也。《十翼》之中第三篇，總像一卦，故謂之『大象』。」[1]

第一節　〈大象〉單獨成篇，不應與〈小象〉合為〈象傳〉

自唐以來，易學家們普遍將〈大象〉與〈小象〉相合，稱為〈象傳〉，視為孔子所作《易傳》、《十翼》中的一篇。所謂《十翼》，孔穎達於《周易正義·卷首》有過說明：

其〈彖〉、〈象〉等《十翼》之辭，以為孔子所作，先儒更無異論，但數《十翼》亦有多家。既文王《易經》本分為上下二篇，則區域各別，〈彖〉、〈象〉釋卦，亦當隨經而分。故一家數《十翼》云：〈上象〉一，〈下象〉二，〈上象〉三，〈下象〉四，〈上繫〉五，〈下繫〉六，〈文言〉七，〈說卦〉八，〈序卦〉九，〈雜卦〉十。鄭學之徒，並同此說，故今亦依之。（《論夫子《十翼》》）[2]

在易學史上，《易傳》系列作品〈彖傳〉、〈象傳〉、〈文言〉、〈繫辭〉、〈序卦〉、〈雜卦〉、〈說卦〉等，原本皆單獨成篇，不與《周易》古經相合。東漢鄭玄為研《易》方便，而將〈彖傳〉、〈象傳〉割裂，將其與《周易》古經相配。據《三國志·

---

[1] 劉玉建：《周易正義導讀》，濟南：齊魯書社，2005，第 106 頁。
[2] 劉玉建：《周易正義導讀》，濟南：齊魯書社，2005，第 94 頁。

第一節　〈大象〉單獨成篇，不應與〈小象〉合為〈象傳〉

魏志》記載：

高貴鄉公問淳于俊曰：「孔子作〈彖〉、〈象〉傳，鄭玄作注，其釋經義一也，今〈彖〉不與經文相連，而注連之，何也？」俊對曰：「鄭玄合〈彖〉、〈象〉於經者，欲使學者尋省易了；孔子恐其與文王相亂，是以不合。」

北宋王堯臣等人在《崇文總目》卷一中提出，分傳合經始於西漢費直，其書云：「以〈彖〉、〈象〉、〈文言〉雜入卦中者，自費氏始。」關於《周易》經傳之分合之過程，宋代易學家吳仁傑在《集古易·自序》中說：

《崇文總目·序》云：「以〈彖〉、〈象〉、〈文言〉雜入卦中者，自費氏始。」按：鄭康成《易》以〈文言〉、〈說卦〉、〈序卦〉合為一卷，則〈文言〉雜入卦中，康成猶未爾，非自費氏始也。直傳「徒以〈彖〉、〈象〉、〈繫辭〉十篇之言，解說上下二經」。蓋解經但用〈彖〉、〈象〉、〈繫辭〉。《漢書》本誤以之「言」字為〈文言〉耳。十篇云者，史舉其凡。直之學似於每卦之後，列〈彖〉、〈象〉、〈繫辭〉，去其篇第之目，而冠「傳」字以總之。正如杜元凱《春秋解》分經之年與傳之年相附，而經自經，傳自傳也。然〈彖〉、〈象〉、〈繫辭〉之名，一沒不復。汨亂古經，則始於此。劉向嘗以中古文，校施孟梁丘，或脫去「無咎」、「悔亡」，唯費氏經與古文同。由是諸家之學浸微於漢末，而費氏獨興，康成因之，遂省六爻之畫，與覆卦之畫，移上下體於卦畫之下，而以卦名次之，移「初九」至「用九」之文，而加之爻辭之上，又以〈彖〉、〈象〉合之於經，而加「彖曰」、「象曰」之文，今王弼《易·乾》自〈文言〉以前，則故鄭氏本也。康成所注雖合〈彖〉、〈象〉於經，而所謂〈彖〉、〈象〉不連經文者猶在，及王注《易》則康成之本，謂孔子贊爻之辭，本以釋經，宜相附近，及各附當爻，每爻加「象曰」，以別之謂之〈小象〉。又取〈文言〉，附於〈乾〉、〈坤〉二卦，加「文言曰」三字於首，若〈說卦〉等篇則仍其舊，別自為卷，總曰〈繫辭〉，自是世儒知有弼《易》，而不知有所謂古經矣。[3]

3　吳仁傑《集古易》據《宋史·藝文志》載有一卷，業已失傳，朱彝尊《經義考》，卷三十

上編：〈大象〉通論
第一章　〈大象〉概述

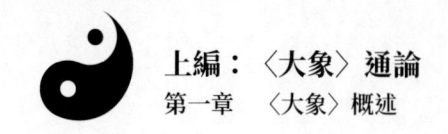

我們由吳仁傑的分析可知，《周易》分傳合經，始於費直，中經鄭玄，而成於王弼。在這一過程當中，費直首先「於每卦之後，列〈彖〉、〈象〉、〈繫辭〉，去其篇第之目，而冠『傳』字以總之。」鄭玄則「省六爻之畫，與覆卦之畫，移上下體於卦畫之下，而以卦名次之，移「初九」至「用九」之文，而加之爻辭之上，又以〈彖〉、〈象〉合之於經，而加『彖曰』『象曰』之文」。鄭玄雖然合〈彖〉、〈象〉於經，但仍將不連於經文的〈彖〉、〈象〉與經並存。王弼在鄭玄的基礎上，「謂孔子贊爻之辭，本以釋經，宜相附近，及各附當爻，每爻加『象曰』，以別之謂之〈小象〉。又取〈文言〉附於《乾》、《坤》二卦，加『文言曰』三字於首」，〈說卦〉、〈繫辭〉等篇則依然附於經後，如今通行本所見。吳仁傑對《周易》分傳合經之歷史過程的敘述，後世亦有與之持相同觀點者，如清人沈起元在《周易孔義集說‧凡例》中指出：「費長翁始以〈彖〉、〈象〉、〈繫辭〉之言，解說上下經，鄭康成合〈彖傳〉、〈大象傳〉、〈小象傳〉於經，加「彖曰」、「象曰」字，王輔嗣祖之，謂孔子贊爻之辭本以釋經，宜相附近。又取《乾》、《坤》二卦〈文言〉附入，加「文言曰」三字於首。」

力圖恢復古易的易學家，反對將《易傳》中的〈彖傳〉、〈象傳〉、〈文言〉割裂，附於經文。同時，也有易學家指出〈象傳〉中的〈大象〉與〈小象〉不應相合，而應相分，因為二者旨歸不同。如宋代俞琰在《讀易舉要》卷四中說：「蓋「天行健」本自是〈大象〉。不當與「潛龍勿用，陽在下也」合而為一。要之，十翼之說，起自漢儒，非孔子所稱，蓋不必深究也。」

元代胡一桂在《周易啟蒙翼傳》上篇中說：「看來六十四卦‧大象與卦‧彖爻義，全不相蒙，又別是說一道理。自是孔子解說伏羲一卦兩體，又不蹈文王、周公之義也，只合自作一處為是。」

明代崔銑撰《讀易餘言》，專闢一卷為〈大象說〉，專解六十四卦大象。王夫之亦作〈周易大象解〉一卷，將〈大象〉專門挑出來進行分析。王夫之在該書序將其〈自序〉收錄於中。

第一節 〈大象〉單獨成篇，不應與〈小象〉合為〈象傳〉

中說：「〈大象〉之與〈彖〉、〈爻〉，自別為一義。取〈大象〉以釋〈彖〉、〈爻〉，必齟齬不合，而強欲合之，此易學之所由晦也。」

以上皆是易學史上認為〈大象〉應當單獨成篇，而不應與〈小象〉合為〈象傳〉的代表人物。而二十世紀的疑古思潮打破孔子作《十翼》的傳統觀點之後，將〈大象〉與〈小象〉分離，進行單獨研究，已成為學界的普遍做法。顧頡剛先生說：「我疑心〈象傳〉之爻的部分原與〈彖傳〉相合，這一種出現在前；至於〈象傳〉的卦的部分則是後來出的。」[4]

李鏡池認為〈大象〉與〈小象〉不是同一人所作，也不是出於同一時期：「〈象傳〉分為〈大象〉和〈小象〉兩種，〈大象〉專談政治和修養，也就是〈象傳〉中的人道觀，〈小象〉則發揮〈彖傳〉的剛柔說。〈大象〉和〈小象〉的作者可能不是一個人，時代也可能有先後。」[5]

劉保貞先生則認為，〈大象〉與〈小象〉無論是從形式上來看，還是從內容上來看，二者都截然不同，〈小象〉與〈彖傳〉則存在一致性，因此，他認為：「〈小象〉和〈彖〉是屬於同一系統，很可能是出於一人或同一門派之手。因此，我們以為〈小象〉不應稱之為「象」，而應稱之為「小彖」，同卦辭的〈彖〉相呼應。「彖者，斷也」。〈彖〉斷定一卦之吉凶，「小象」斷定一爻之吉凶。」[6]

金春峰先生也注意到了〈大象〉、〈小象〉、〈彖傳〉三者之間的這種關係：「象辭分〈大象〉、〈小象〉。〈大象〉是對卦之象的解說，〈小象〉則是對爻辭的解說，但兩者不是同時的。我以為〈小象〉應為〈小彖〉，它與〈大象〉並無關係，而與〈彖傳〉是一個體系，無論使用的概念或思維方式、釋辭義例，都與〈彖〉一致，以之為〈小彖〉更為恰當。」[7]

4　顧頡剛：《論易經的比較研究及彖傳與象傳的關係書》，載顧頡剛等編著：《古史辨》（第3冊上編），上海古籍出版社，1982，第137頁。

5　李鏡池：《周易探源》，中華書局，2007，第344頁。

6　劉保貞：《象傳性質新探》，《周易研究》1996年第2期。

7　金春峰：《周易經傳梳理與郭店楚簡思想新釋》，中國言實出版社，2004，第35—36頁。

上編：〈大象〉通論
第一章　〈大象〉概述

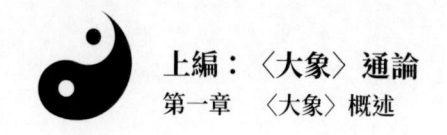

正是經過前人對於〈大象〉與〈小象〉及〈象傳〉體例差異的分析，將〈象傳〉分為〈大象〉與〈小象〉，並將二者分離進行單獨的研究，已成為當前學界的一種通行做法。

第二節　〈大象〉作者的歸屬

關於〈大象〉的作者，自古及今，大體有五種說法：一是孔子所作，二是周公所作，三是周王室遺作，四是戰國時期儒家所作，五是秦漢間儒生所作。下面，筆者將就這五種觀點進行整理分析：

一、孔子作〈大象〉

孔子作〈大象〉，是傳統易學家的主流觀點。傳統學者大多以《史記·孔子世家》所載「孔子晚而喜《易》，序〈彖〉、〈繫〉、〈象〉、〈說卦〉、〈文言〉，讀《易》韋編三絕」為據，認為〈大象〉為孔子所作。孔穎達於《周易正義·卷首》明確說：「〈彖〉、〈象〉等《十翼》之辭，以為孔子所作，先儒更無異論。」

二、周公作〈大象〉

自唐代中後期，疑經運動興起，北宋范諤昌在《易證墜簡》中首先對於孔子作《十翼》的說法，提出了質疑。他認為《易傳》當中的〈彖〉、〈象〉、〈小象〉，《乾》、《坤》二卦的〈文言〉，都是周公所作。范諤昌的《易證墜簡》一書業已失傳，據《宋史·藝文志》載，此書僅有一卷，朱彝尊在《經義考》卷十七中，曾將前人有關此書的論述加以集錄，其書引范諤昌著《易證墜簡》之觀點，曰：「諸卦〈彖〉、〈象〉、〈爻辭〉、〈小象〉，《乾》、《坤》之〈文言〉，並周公作。自〈文言〉以下，孔子述也。」

范諤昌如何論證〈彖〉、〈象〉、〈爻辭〉、〈小象〉，《乾》、《坤》之〈文言〉為周公所作，現已不可考。此外，宋代朱熹亦認為〈大象〉的作者是周公。他在注解《乾》卦〈大象〉文辭「天行健，君子以自強不息」時說：「象者，卦之上下兩

象及兩象之六爻，周公所繫之辭也。」[8]

易學史上，有「四聖作《易》」的觀點。《周易正義》謂文王繫卦辭，周公繫爻辭，而朱熹在《周易本義》對這種觀點進行了修正，提出周公不僅繫了爻辭，同時也作了〈大象〉，結合人事詮釋卦象。清代李光地也認同周公作〈大象〉、〈小象〉的觀點：

朱子及東萊呂氏復古經傳之舊，《本義》之作，實據《漢書》，故凡「彖曰」、「象曰」、「文言曰」之類為王弼所加者，悉已刪去，而別有卷首標題，即〈彖傳〉、〈象傳〉、〈文言傳〉等目。其〈彖傳〉題下，則注云「彖」者，即文王所繫之辭；傳者，夫子釋經之辭也；〈象傳〉題下則注云「象」者，卦之上下兩象及兩象之六爻，周公所繫之辭也。

三、周王室史官作〈大象〉

香港學者鄧立光認為，〈大象〉為周王室史官所作。他從〈易象〉與〈大象〉思想的共通性，以及〈大象〉所體現的思想更為遠古，政治色彩鮮明，與孔子學說及其後學所著重的從道德層面解《易》的思想特色有明顯區別出發，他提出：「六十四卦〈大象傳〉的用辭與句義既不符合春秋時代的政治與文化實情，因而只能說這是古籍遺篇，非孔子的撰述。」[9]至於〈大象傳〉的作者問題，他在廖名春「〈大象傳〉源於魯太史所藏之〈易象〉」觀點的基礎上，[10]進一步推斷說：「〈大象傳〉作者（或編者）之身分與周王室有密切關係，或許是周王室史官」。[11]

四、戰國時期的儒者所作

《易傳》是戰國時期的儒家作品，是易學界現在比較通行的觀點。有的學者認為是出於與荀子關係密切的南方儒者之手。如戴君仁以〈彖〉、〈象〉兩傳的押

8　（宋）朱熹：《周易本義》，中華書局，2012，第43頁。
9　鄧立光：《周易象數義理發微（附五行探原）》，上海辭書出版社，2008，第53頁。
10　廖名春：《周易經傳與易學史新論》，中國人民大學出版社，2014，第85頁。
11　鄧立光：《周易象數義理發微（附五行探原）》，上海辭書出版社，2008，第53頁。

上編：〈大象〉通論
第一章 〈大象〉概述

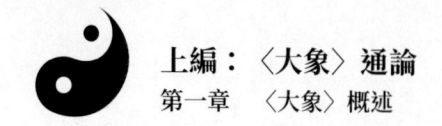

韻現象、〈文言〉的對偶句子，都與《荀子》書相類似，推斷《易傳》作者與《荀子》書作者時地均相近，前者的時代或稍早，是蘇、皖、魯、豫邊區一帶的南方儒者。高亨先生也持相類似之觀點。[12] 有的學者認為是思孟學派的作品，如金春峰說：「〈大象〉成書時代，學術界一般認為產生於戰國時，在〈彖〉之後，是思孟學派的作品，約與《大學》同時或在《大學》、《中庸》以後。」[13]

五、秦漢時期的儒生所作

嚴靈峰先生與李鏡池先生都認為，〈大象〉是秦漢間儒生所作。其中，嚴靈峰先生將〈大象〉文辭與儒家經典《論語》、《大學》、《中庸》中的相關文句進行對比後，得出的結論是：「〈大象〉多採《論語》、《中庸》、《大學》各書文句為之；疑係嬴政焚書以後，《易》以卜筮之書得以流行，當時儒生便利用這個漏洞，編成此編，附入卜筮書內，藉以廣泛地傳播儒家思想。應是始皇時代的產品。總之是後儒所為，斷非周公或孔子的著作。」[14]

李鏡池先生則明確指出：「〈彖傳〉和〈象傳〉的〈大象〉，寫於秦朝，在焚書坑儒之後，作者是被始皇鎮壓的儒生」，「〈大象〉是在焚書坑儒之後，儒生研究《周易》，寫了一些作為讀書心得體會的筆記，發揮他們的政治倫理思想。」[15] 在以上五種觀點中，以〈大象〉為周公或周王室史官所作的觀點，特別值得重視。因為〈大象〉以明德慎罰、保民愛民、明知守位、辨方正位等為主體思想，與《尚書》、《逸周書》、《詩經》、《左傳》等傳世文獻及出土文獻中所反映的周王室思想非常切近，而這些思想在孔子之後的儒家思想中，反而體現得並不突出。朱熹、李光地等人以〈大象〉為周公所作，必有其由，只是他們沒有詳細說明，而廖名春、鄧立光認為，〈大象〉與周王室的修身治國思想關係密切，則與他們

12　參見戴璉璋：《易傳之形成及其思想》，文津出版社，1989。
13　金春峰：《周易經傳疏理與郭店楚簡思想新釋》，中國言實出版社，2004，第36頁。
14　嚴靈峰：《易學新論》，福州左海學術研究社1947年印行，第186頁。
15　李鏡池：《周易探源》，中華書局，1978，第326、344頁。

的思路當一脈相承。

第三節　〈大象〉思想旨歸的多重解釋

〈大象〉究竟為何而作，易學史上，易學家在認同〈大象〉為孔子所作基礎之上，提出了以下七種看法：

第一，孔子作〈大象〉「明一卦之用」。

孔穎達首倡此說，他在解釋《乾》卦〈大象〉文辭時說：「此〈大象〉也，孔子作〈大象〉之辭，以明一卦之用，萬物之體，自然有形象，聖人設卦以寫萬物之象，夫子釋此卦所象，故曰〈象〉，〈彖〉詳而〈象〉略，〈象〉在〈彖〉後，所以過半之義在〈象〉而不在〈彖〉。」

第二，〈大象〉是申〈彖傳〉未盡之意。

宋朱震在《漢上易傳》卷一中提倡此說：「象者，象也。有卦象，有爻象。「彖也者，言乎象者也」，言卦象也。爻動乎內，言爻象也。夫子之〈大象〉別以八卦，取義錯綜而成之，有取兩體者，有取互體者，有取變卦者。大概〈彖〉有未盡者，於〈大象〉申之。」

第三，〈大象〉之作，是孔子補文王、周公未發之旨。

宋人趙汝楳、沈起元等持此觀點。趙汝楳在《周易輯聞》卷一中指出：「一卦之義，文王辭之。六爻之義，周公辭之。上下卦兩象之義，未之有辭，故夫子辭之，以足文、周之所未及。」而清人沈起元在《周易孔義集說·凡例》中說：「〈大象傳〉乃孔子以卦畫二體，示人觀象學《易》之道，往往別自起義，補文周未發之旨。」

第四，〈大象〉是孔子釋伏羲所以重卦，與二體相合之象，及文王名卦之義。

清黃宗炎、連斗山等人持此觀點。黃宗炎在《周易象辭》卷一中說：「此夫子釋伏羲所以重卦，與二體相合之象，及文王名卦之義，俗謂之〈大象傳〉也。

上編：〈大象〉通論
第一章　〈大象〉概述

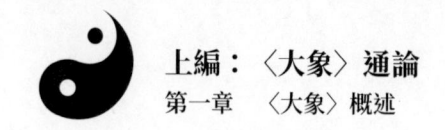

使人可以身體力行，以人功配天地，全在於此。學《易》者當於此為入門之階級，則卦爻俱有端倪可窺，忽略於討究，是為暗中摸索也。」清連斗山在《周易辨畫》卷一中指出：「文王所繫之辭名『彖』，彖者，斷也，所以斷一卦之大義也。孔子作〈象傳〉，單釋文王之辭。象者，伏羲所畫天、地、雷、風、水、火、山、澤之象也。孔子以文王〈彖〉中未及此，故每卦明著其象，約舉其義以示人，欲人之體之也，先儒以為〈大象〉是也。」

第五，〈大象〉所作是為示後人用《易》之方及學《易》之道。或「孔於總括一卦全象之旨，而申明君子體《易》之道也」。

元解蒙，清任啟運、王心敬等持此觀點。元解蒙在《易精蘊大義》卷一中指出：「〈象〉曰：『天行健，君子以自強不息。』先儒曰：『六十四卦象，通上下則稱君子；施於天子，則稱先王；兼諸侯，則稱后與上；以德言，則稱大人；而皆著一以字言之，所以示萬世用《易》之方也。』」清任啟運在《周易洗心》卷一中說：「此孔子〈大象傳〉，孔子〈彖〉、〈象傳〉止就文王周公繫辭明之，獨〈大象傳〉特示君子以學《易》之道，乃吃緊為人處也。」無獨有偶，清王心敬也在《豐川易說》卷一中指出：

卦象有〈彖〉而大旨已具，且〈小象〉周公有繫矣。何為孔子又總括一卦之象，而復實以君子體備之道乎⋯⋯諸卦總象獨明君子體《易》之旨，何也？曰：正孔子以易道責人體備之旨也。〈文〉、〈彖〉雖寓責人體備之義，而未嘗明責之人。〈小象〉雖無非責人之旨，而未嘗直責人以體備。故孔於總括一卦全象之旨，而申明君子體《易》之道也⋯⋯觀君子之以自強不息，而君子崇效大之道，可以類推八卦始畫取象天、地、風、雷、山、澤、水、火，重為六十四，亦只是八卦摩盪之旨。自夫子作〈大象〉，申明重卦之義，而後知六十四卦之用，皆不遠人。即三百八十四爻之用，亦無不可以類推。學《易》者始識旨歸。易道至孔子，真如揭日中天光明洞達。而後世猶有緯稗、占候、象數、卜著紛紛亂經之說，抑獨何耶？六十四卦〈大象〉，無一不實，以君子體《易》之道，四聖人作

第三節 〈大象〉思想旨歸的多重解釋

《易》，無非教人寡過之旨，於是昭然明白。讀《易》但尊孔子，便如瞽之得相，不至重墮坑壍，則雖謂《十翼》為義畫、文象、周象之眼目，可也。謂孔子集易道之大成可也。《易》是即造化明人事之書，於孔子之〈大象〉益信。

第六，〈大象〉是勉人法象修德之作。

清牛鈕等學者持此觀點。他在《日講易經解義》卷一中指出：「此〈象傳〉是勉人法天以修德也。象，象也。卦之上下二體為大象，六爻辭為小象，孔子既作〈彖傳〉以釋卦辭，又作〈象傳〉以明卦象之義。」

第七，孔子作〈大象〉是示人讀伏羲之《易》之法。

清李光地在《周易折中》卷十中，曾詳論此觀點如下：

〈彖傳〉釋名，或舉卦象，或舉卦德，或舉卦體。〈大象傳〉則專取兩象以立義，而德體不與焉。又〈象〉下之辭，其於人事所以效動趨時者，既各有所指矣。〈象傳〉所謂「先王」、「大人」、「后」、「君子」之事，固多與〈彖〉義相發明者，亦有自立一義，而出於〈彖傳〉之外者。其故何也？曰：彖辭爻辭之傳，專釋文周之書；〈大象〉之傳，則所以示人讀伏羲之《易》之凡也。蓋如卦體之定尊卑，分比應，條例詳密，疑皆至文王而始備。伏羲畫卦之初，但如〈說卦〉所謂天、地、山、澤、雷、風、水、火之象而已。因而重之，亦但如〈說卦〉所謂八卦相錯者而已。其象則無所不象，其義則無所不包。故推以製器，則有如《繫傳》之所陳。施之卜筮，亦無往不可以類物情，而該事理也。夫子見其如此，是故象則本乎羲，名則因乎周，義則斷以己。若曰先聖立象以盡意，而意無窮也。後聖繫辭以盡言，而言難盡也。存乎學者之神而明之而已矣。此義既立，然後學者知有伏羲之書，知有伏羲之書，然後可以讀文王之書，此夫子傳〈大象〉之意也。

以上七種觀點，或以〈大象〉為明卦之用而作，或謂〈大象〉是孔子為明伏羲之易而作，或謂〈大象〉為孔子補文王、周公未盡之意而作，或謂孔子獨出之事以示人用《易》之方或學《易》之道。凡此種種，皆立足於〈大象〉為孔

上編：〈大象〉通論
第一章　〈大象〉概述

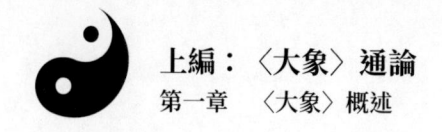

子所作。

在這一問題上，懷疑〈大象〉非孔子所作之學者，則建樹不大。認為〈大象〉是戰國或秦漢間儒生所作之學者，其對於〈大象〉旨歸的認識，大都是認為〈大象〉的主旨是解釋卦象與卦名關係，並闡發儒家的修德治國之道。朱熹、李光地等人認為〈大象〉為周公所作，但對〈大象〉的旨歸併沒有展開說明。鄧立光認為〈大象〉是周王室史官所作，其提出的解釋是〈大象〉的用辭和句義，跟春秋時代的政治與文人實情都不相合。〈大象傳〉作者透過卦象、卦德作道德推述，反映了商末周初周室的道德意識。〈大象傳〉的內容與〈易象〉密切相關，而〈易象〉又與周王室的用《易》傳統相關，「〈大象傳〉旨在成就賢君良臣」。[16] 證之於相關典籍，以周王室的修身治國思想解〈大象〉，相比以先秦儒家思想解〈大象〉更為貼切。

16　鄧立光：《周易象數義理發微（附五行探原）》，上海辭書出版社，2008，第63頁。

第二章 〈大象〉與其他經典的關係

探討〈大象〉與其他經典的內在關係，或將〈大象〉與其他經典進行比較研究，是〈大象〉研究的一個重要問題。歷代易學家對〈大象〉與〈彖傳〉、〈小象〉的關係進行了精闢的論述，近現代易學家立足於前人的研究成果，分別對〈大象〉與〈彖傳〉、〈大象〉與〈易象〉、〈大象〉與儒家經典、〈大象〉與〈月令〉的關係展開深入的探討。本章即從上述四個維度，對〈大象〉與其他經典的關係進行梳理和總結。

第一節　〈大象〉與〈彖傳〉

易學史上，關於〈大象〉與〈彖傳〉的關係，主要有以下三種觀點：其一，二者同出於孔子之手，只是解經有先後之別，〈彖〉在前而〈象〉在後，〈彖傳〉繁而〈象〉簡。其二，〈大象〉與〈彖傳〉並非同出於孔子之手，二者是抄承的關係，或是〈大象〉抄〈彖傳〉，或是〈彖傳〉抄〈大象〉。其三，二者之間主旨不同，並無任何關係。下文就三種關係進行評細分析：

第一，〈彖傳〉在前，〈大象〉在後，〈彖傳〉繁而〈大象〉簡，〈彖傳〉明體，〈大象〉達用。

傳統易學家認為包括〈大象〉、〈彖傳〉在內的《易傳》為孔子所作，用以解說《周易》的卦辭卦象。其中，〈彖傳〉解釋卦辭，〈大象〉解釋卦象。因為〈彖傳〉作於前，對卦辭作了詳細的解釋，所以〈大象〉的文辭就比較簡單。最早探討〈彖傳〉與〈象傳〉關係的學者，是唐代的孔穎達，他在《周易正義》中指出：「〈象〉在〈彖〉後者，〈彖〉詳而〈象〉略也。是以過半之義，思在〈彖〉而不在〈象〉，有由而然也。」

王弼在《周易略例·明象》中說：「彖者，何也？統論一卦之體，明其所由

上編：〈大象〉通論
第二章 〈大象〉與其他經典的關係

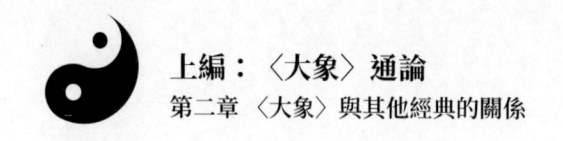

之主。」孔穎達認同王弼的這一觀點，並對〈象傳〉的主旨進行了精要的說明：「夫子所作〈彖〉辭，統論一卦之義，或說其卦之德，或說其卦之義，或說其卦之名。」正是對於〈彖傳〉在《易傳》十篇中作用的肯定，孔氏的這一觀點才被許多易學家所認同。如宋代朱震認為《易》以象為本，〈繫辭〉所謂「易者，象也」。具體於卦，則有卦象有爻象，〈彖傳〉、〈象傳〉都是釋象，但二者有別，「大概〈彖〉有未盡者，於〈大象〉申之」。宋人李衡在繼承孔氏觀點的基礎上，從體用之分的角度，對〈彖傳〉與〈大象〉的關係作出說明，認為〈彖傳〉為體，〈大象〉為用。他在《周易義海撮要》卷一中，注釋《乾》卦〈大象〉「天行健，君子以自強不息」時說：「此〈大象〉也，孔子作〈大象〉之辭，以明一卦之用。」

近現代疑古思潮興起，《易傳》並非孔子所作成，諸篇出現有前後之別，成為易學界普遍觀點。認為〈彖傳〉在〈大象〉之前的學者，依然認同孔穎達〈彖〉繁而〈大象〉簡的觀點。因〈彖傳〉在前，把卦義、卦辭、卦德、卦象都解釋得比較詳細，故而〈大象〉簡單論之。如其中代表人物高亨指出：

〈彖傳〉當是最早之一篇。〈彖傳〉僅解六十四卦之卦名、卦義及卦辭，不解爻辭。〈象傳〉解六十四卦之卦名、卦義及三百八十四條爻辭，不解卦辭。〈象傳〉何以只解爻辭，而不解卦辭哉？其因〈彖傳〉已解卦辭，不須重述，灼然甚明。此〈彖傳〉作於〈象傳〉之前之明證。

第二，〈大象〉與〈彖傳〉的出現有先後之別，存在前後抄襲的關係。

關於〈大象〉與〈彖傳〉的先後關係，李鏡池先生認為〈彖傳〉在前，〈大象〉在後，〈大象〉抄襲〈彖傳〉：

〈彖傳〉先於〈象傳〉，因卦辭已由〈彖傳〉解釋過了，〈象傳〉就沒有再解釋的必要。而且〈象傳〉有抄襲〈彖傳〉的痕跡，如《坤・彖》言「坤厚載物，德合無疆」，〈象〉言「君子以厚德載物」。《師・彖》言「師，眾也；貞，正也；能以眾正，可以王矣」，〈象〉言「君子以容民畜眾」。《否・彖》言「內陰而外陽，內柔而外剛，內小人而外君子，小人道長，君子道消也」，〈象〉言「君子以儉德

第一節 〈大象〉與〈彖傳〉

避難，不可榮以祿」。等是，不必枚舉。而最明顯的是《震》卦辭：「震來虩虩。笑言啞啞。」〈象傳〉初九爻辭，全抄〈彖傳〉。不知初九爻辭於兩句之中多了一個「后」字，謂先「虩虩」，而「後啞啞」，其中有變化過程，和卦辭將兩者並列不同。〈象傳〉作者沒有細玩爻辭之義，照抄〈彖傳〉，是讀書不夠細心之過，而抄襲痕跡顯然。[1]

朱伯崑先生在李鏡池先生這一觀點的基礎上，進一步指出：

就〈象〉的文句說，許多地方是發揮〈彖〉的說法。如〈彖〉解《乾》卦說「萬物資始，乃統天」，〈大象〉則說「天行健」。〈彖〉解《坤》卦說「坤厚載物，德合無疆」，〈大象〉則說「地勢坤，君子以厚德載物」。〈彖〉解《泰》卦說「則是天地交而萬物通也」，〈大象〉說「天地交泰，後以財成天地之道」。〈彖〉解《否》卦說「則是天地不交而萬物不通也」，〈大象〉則說「天地不交，否」。就語氣說，〈象〉文乃對〈彖〉文的解釋。[2]

隨著研究的不斷深入，也有學者對於〈彖傳〉與〈大象〉的先後問題提出了異議。如劉大鈞先生就從釋經體例異同的角度，對這一問題進行了探討。他在比較了《鼎》、《剝》、《坤》、《巽》四卦的〈大象〉與〈彖傳〉的文辭後，提出〈彖傳〉晚於〈大象〉，〈大象〉為本，〈彖傳〉為流，同時對李鏡池先生〈大象傳〉抄〈彖傳〉的觀點進行了回應：

先看《鼎》卦〈大象〉：「木上有火，鼎，君子以正位凝命。」而其《鼎》曰：「鼎，象也；以木巽火，烹飪也。聖人亨以享上帝……」因《鼎》卦的〈大象〉說「木上有火」，而其〈彖〉則曰「鼎，象也；以木巽火」，〈彖〉見〈大象〉而發，明矣！

再看《剝》卦的〈大象〉：「山附於地，剝，上以厚下安宅。」其〈彖〉曰：「剝，剝也，柔變剛也。『不利有攸往』，小人長也。順而止之，觀象也。君子尚

1　李鏡池：《周易探源》，中華書局，2007，第370—371頁。
2　朱伯崑：《易學哲學史》（第1冊），華夏出版社，1994，第47頁。

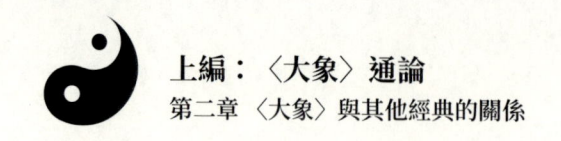

上編：〈大象〉通論
第二章 〈大象〉與其他經典的關係

消息盈虛，天行也。」文中「觀象也」，所觀者何象？自然是〈大象〉中的「山附於地」。所謂山附於地者，坤為地，為順，而艮為山，為止，故〈彖〉稱：「順而止之，觀象也。」

特別是《坤》卦，其〈大象〉曰：「地勢坤，君子以厚德載物。」其〈彖〉則望文生義，拆開「厚德載物」四字，而發揮出「坤厚載物，德合無疆」的妙論，很清楚地露出了其抄〈大象〉的馬腳。

還有《巽》卦的〈大象〉：「隨風巽，君子以申命行事。」其〈彖〉曰：「重巽以申命，剛乎中正而志行。」此則〈彖〉望〈大象〉而生論，亦甚明了！[3]

廖名春先生在劉大鈞先生觀點的基礎上，又作了更深一層的闡釋：

> 對卦體的分析，〈大象傳〉專釋上下經卦之象，而〈彖傳〉雖釋象，但其主要傾向在釋上下經卦之德。它們的邏輯關係是值得我們深思的。卦德是從眾多卦象中綜合抽象出來的，是較卦象更高一級的理論思維。應是先有卦象，後有卦德。不可能先有卦德，後有卦象。〈大象傳〉只釋卦象不及卦德，只釋卦名不釋卦爻辭，應是較早時期的產物。〈彖傳〉釋卦德，兼及卦象；既釋卦名，又釋卦爻辭，應是晚一時期的作品。[4]

由於學界對於〈彖傳〉與〈大象〉孰先孰後，至今尚無定論，故無法判斷出二者的抄承關係。如金春峰先生就曾明確指出：「實際上，誰抄襲誰，是極難斷定的。」[5] 楊慶中先生在總結前人研究的基礎上，提出了一個新思路：「〈彖傳〉與〈象傳〉究竟誰先誰後，還有待於進一步的研究。但值得注意的是，在《易傳》中，〈象傳〉可謂純粹儒家者言，而〈彖傳〉則儒道兼綜。這種思想上的差異，不知對學者理解二傳的先後是否有幫助？」[6]

---

3 劉大鈞：《周易概論》，齊魯書社，1986，第20—21頁。

4 廖名春：《大象傳早於彖傳論》，載氏著：《周易經傳與易學史新論》，中國人民大學出版社，2014，第83頁。

5 金春峰：《周易經傳梳理與郭店楚簡思想新釋》，中國言實出版社，2004，第36頁。

6 楊慶中：《周易經傳研究》，商務印書館，2005，第179頁。

第三，〈大象〉與〈象傳〉的主旨不同，二者之間並沒有任何關係。

還有不少易學家認為，〈大象〉與〈象傳〉的文辭雖有許多相同之處，但二傳的主旨完全不同。宋人薛溫在《周易義海撮要》卷一中提出：「〈象〉，累聖相傳之意；〈大象〉，孔子獨出之事。」元胡一桂在《周易啟蒙翼傳》上篇中提出：「看來六十四卦大象與卦象爻義，全不相蒙，又別是說一道理。」明清時期的易學家王夫之亦在《周易大象解·序》中提出：「〈大象〉之與〈象〉、〈爻〉，自別為一義。取〈大象〉以釋〈象〉、〈爻〉，必齟齬不合，而強欲合之，此易學之所由晦也。」

如前所述，由於學界對於〈象傳〉與〈大象〉孰先孰後，至今尚無定論，所以上述〈大象〉與〈象傳〉之間的三種關係，都有值得商榷之處。僅就二傳同為解卦之作而言，簡繁之說不無道理；僅就二傳的旨歸不同而言，說二者沒有關係似乎也能說得通；但從〈大象〉與〈象傳〉擬辭都據卦象引申發揮來看，說二者沒有任何關係，恐怕難以成立。

第二節　〈大象〉與〈易象〉

〈易象〉最早見於《左傳》一書。《左傳·昭公二年》載：「二年春，晉侯使韓宣子來聘，且告為政而來見，禮也。觀書於太史氏，見〈易象〉與《魯春秋》，曰：『周禮盡在魯矣。吾乃今知周公之德，與周之所以王也。』」

什麼是〈易象〉？傳統觀點認為〈易象〉即是《周易》。而首倡此說者，是晉代的杜預。他在注解上段文字時說：「〈易象〉，上下經之象辭。《魯春秋》，史記之策書。《春秋》遵周公之典以序事，故曰『周禮盡在魯矣』。〈易象〉、《春秋》，文王、周公之制，當此時，儒道廢，諸國多闕，唯魯備，故宣子適魯而說之。」

〈易象〉即是《周易》古經的觀點，對後世影響很大，傳統學者多從此說，如孔穎達等。[7] 清惠棟在《春秋左傳補注》卷四中明確提出：「古謂易為象，故曰〈易

7　孔穎達在〈易象〉即是《周易》古經的基礎上，提出了「易象演德說」。認為韓宣子見

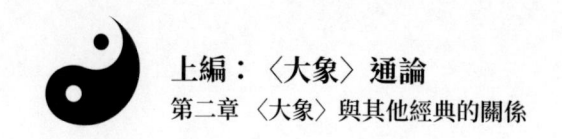

上編：〈大象〉通論
第二章 〈大象〉與其他經典的關係

象〉。左氏稱〈易象〉，猶不失古意。」與惠棟同時代的易學家胡煦，也直接以〈易象〉指稱《周易》。

直到現當代，還有很多學者仍然沿襲〈易象〉即是《周易》古經的觀點。如高亨先生就稱：「〈易象〉為書名，乃講《易經》卦爻之象，維護周禮，無可疑者。」[8] 陳居淵先生亦稱：「所謂〈易象〉，僅是當時《周易》的另一種稱謂而已，它並不神祕。其與今本〈象傳〉沒有直接關係。」[9]

姜廣輝先生認為，在先秦時期，流傳有兩種不同內涵的《周易》，一為祕府《周易》，一為方術《周易》。祕府之《周易》為文王、周公所作，方術之《周易》與文王、周公無關。韓宣子聘魯所見〈易象〉，當是由文王創製、周公完成的今本《周易》。並引蘇蒿坪《周易通義・附錄》說：「〈易象〉屬周，故號《周易》，宣子以周公與周並言，原非專美周公也。」[10]

正如李學勤先生指出的：「《左》、《國》屢次提到《周易》，有的全稱《周易》，有的簡稱為《易》，絕沒有稱之為〈易象〉的。由此可見，把〈易象〉說成《周易》並不合適。」[11] 而且在韓宣子之前，晉國也有用《周易》占筮的記錄。以此可知，《周易》一書在當時並不稀奇，而韓宣子也沒有必要在魯國見到被稱為《周易》古經的〈易象〉時，而發出「知周公之德，與周之所王也」的感慨。因此，將〈易象〉解作《周易》，並不合乎常理。他由此得出以下的結論：

在《易傳》中，有專述卦象的〈說卦〉等篇，為說《易》者所必讀。可以推

〈易象〉，「〈易象〉，魯無增改，故不言《魯易象》」。「文王、周公能制此典，因見此書而追嘆周德，吾乃於今日始知周公之德，以周公制《春秋》之法故也。與周之所以得王天下之由，由文王有聖德能作〈易象〉故也」。參見（唐）孔穎達：《春秋左傳正義》卷四十二，中華書局，1980，第 2029 頁。

8　高亨：《周易大傳今注》，齊魯書社，1979，第 11 頁。
9　陳居淵：《易象新說——兼論《〈周易〉原有〈象經〉問題》，《周易研究》2012 年第 1 期。
10　姜廣輝：《文王演周易新說》，《哲學研究》1997 年第 3 期。
11　李學勤：《周易經傳溯源》，長春出版社，1992，第 46 頁。

第二節 〈大象〉與〈易象〉

想,在《易傳》撰成以前,已經存在類似的講卦象的書籍,供筮者習用。這種書是若干世代筮人知識的綜合,對《易》有所闡發,是後來《易傳》的一項來源和基礎。《左傳》韓起所見〈易象〉,應該就是這樣一部書,係魯人所作所傳。[12]

李學勤雖然認為〈易象〉「是後來《易傳》的一項來源和基礎」,但並沒有直接點明〈易象〉與〈大象〉的關係。

〈易象〉與〈象傳〉之間有無關係,一直是近現代易學研究專家重點思考的問題之一。學界兩種觀點並立,或明確否定〈易象〉與〈象傳〉有關,或認為〈象傳〉中的〈大象〉與〈易象〉的關係極其密切。

明確否定〈象傳〉與〈易象〉有關的學者,有高亨、黃沛榮、陳居淵等先生。高亨先生就此問題曾作過詳細的說明:

〈易象〉為書名乃講《易經》卦爻之象,維護周禮,無可疑者。《左傳》之〈易象〉與《十翼》之〈象傳〉其名同。《左傳》之〈易象〉與《十翼》之〈象傳〉皆講《易經》卦爻之象,其內容又同。但《左傳》之〈易象〉維護周禮,而《十翼》之〈象傳〉則兼有儒法兩家思想,其中無「周禮」字樣,其實質不同。況魯昭公二年(周景王五年、西元前五四〇年),孔丘僅十二歲,此時儒法兩家思想尚未形成,不可能出現反映儒法思想之〈象傳〉。[13]

黃沛榮先生也否認〈易象〉與〈大象〉有關。他認為韓宣子所見之〈易象〉,「其內容如何,已難稽考,然絕非今傳之〈象傳〉。因〈象傳〉主要為孔門思想,從學術史言,絕不能早於孔子之世。而魯昭公二年,孔子年方十二,絕不可能有此作品」。[14]

而陳居淵先生也明確指出:「〈易象〉與今本〈象傳〉沒有直接關係。」[15]

但是當前學界,亦有不少學者認為〈易象〉與〈大象〉的關係極其密切。如

12　李學勤:《周易經傳溯源》,長春出版社,1992,第48頁。
13　高亨:《周易大傳今注》,齊魯書社,1983,第11頁。
14　黃沛榮:《周易象象傳義理探微》,萬卷樓圖書有限公司,2001,第90—91頁。
15　陳居淵:《易象新說——兼論周易原有象經問題》,《周易研究》2012年第1期。

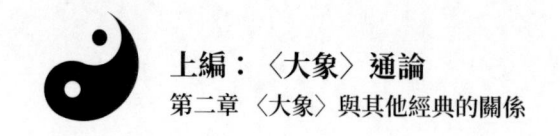

上編：〈大象〉通論
第二章 〈大象〉與其他經典的關係

廖名春先生就認為：「〈大象傳〉源於魯太史所藏之〈象傳〉。」[16] 他不僅對兩者之間的關係進行了細緻的分析，還對高亨先生的相關觀點進行了回應：

筆者認為，就像《魯春秋》與已修《春秋》一樣，〈易象〉與〈大象傳〉是有淵源關係的。第一是名稱一致。司馬遷稱：「孔子晚而喜《易》，序〈彖〉、〈繫〉、〈象〉、〈說卦〉、〈文言〉。」此「象」亦可稱為〈易象〉，它與《左傳》所載之〈易象〉名同，絕非偶然。第二是內容有關。所謂「周公之德」、「周之所以王」，就是敬德保民、謹慎戒懼的思想，認為「天命靡常」、「治民祗懼，不敢荒寧」、「無以水監，當於民監」，這從《尚書》的〈酒誥〉、〈無逸〉、〈召誥〉等篇中，可以看得很清楚。這些思想在〈大象傳〉中盈篇累牘，如「君子以反身修德」、「君子以恐懼修省」、「君子以思患而豫防之」、「君子以慎言語，節飲食」，等等。高亨先生認為，韓宣子所見之〈易象〉，絕非〈象傳〉。其理由是韓氏所見之〈易象〉，乃維護周禮之書，否則韓宣子就不會發出「周禮盡在魯矣」的感慨；而《十翼》之〈象傳〉無「周禮」字樣，又兼有儒法兩家的思想。且魯昭公二年，孔子僅十二歲，此時儒法兩家尚未形成，不可能出現反映儒法思想之〈象傳〉。這種觀點是值得商榷的。第一，即使〈易象〉並非〈大象傳〉，但既然認為兩者「皆講《易經》卦爻之象，其內容又同」，那麼，絕對否認魯史所藏之〈易象〉與傳說中孔子所作之〈大象傳〉的淵源關係，是輕率的；第二，孔子為代表的儒家思想源於周代的禮樂文化，是對周代禮樂文化的繼承和發展，孔子甚至做夢都常夢見周公。因此，魯史所藏之〈易象〉有〈大象傳〉那樣的儒家思想，並不值得奇怪。〈大象傳〉有法家思想，就是所謂「明罰敕法」說、「折獄致刑」說，這些思想絕非法家的專利品，我們只要讀讀《尚書·呂刑》篇就會明白；第三，〈大象傳〉無「周禮」字樣並不能說它與周禮沒有關係，所謂「君子以思不出其位」、「君子以非禮弗履」、「君子以制數度，議德行」、「先王以作樂崇德，殷薦之上帝，以配祖考」云云，能說它們與周禮毫無聯繫嗎？所以，韓宣子所見之〈易象〉絕非〈象傳〉說，

16　廖名春：《周易經傳與易學史新論》，中國人民大學出版社，2014，第 85 頁。

第二節　〈大象〉與〈易象〉

是難以成立的。

鄧立光先生在廖名春先生觀點的基礎上，作了更進一步的探討。他認為《論語·憲問》中的「君子思不出其位」，「並不是孔子的教說，而是引用古語，此當為《艮卦·大象傳》，或即韓宣子所見的〈易象〉」。就〈大象傳〉與〈易象〉的關係而言：「應是〈大象傳〉源於魯太史所藏的〈易象〉」，「〈大象傳〉應當源出商末周初的周王室，而保存於魯國太廟。孔子應該讀過〈易象〉，因而改變了《周易》的觀點」[17]

對於〈大象〉創作的時間研究，從德性的角度，並不能提出一個非常明確的答案，最重要的角度，應當以政治哲學為切入點，因為，政治變革有著非常鮮明的時代特色。我們知道，周人重德，從政治領域到個人的德性修養的要求，一直是周人的主流觀念。透過《尚書》中〈周書〉部分，以及出土的西周時期的彝器銘文，我們可以發現，當時上層統治者對於「德」的重視是一個非常普遍的情況，「德」不僅關乎天子王位的穩定性，同時「德」也是公卿士大夫獲復周王或諸侯冊命的重要標準。從現有的文獻我們可以看到，「德」在西周時期，是政治生活中的一個核心範疇，如果說儒家對於道德哲學的闡發，擴展到了人之為人的普遍性地位，那麼西周時人對於「德」的闡發，則貫通了上承天命，下及萬民的一個核心概念。「德」的重要性，比之於儒家單純的作為一種道德原則，更是關係到王權的合法性，關係到王位的傳承，諸侯之位的世襲，世卿家族的延續，是主宰西周政治生活的一個核心。周人制定的刑法制度，其核心思想是「明德慎罰」。而這一點，儒家並沒有關注的並不充分，儒家主張仁政，對於刑法的問題，甚少探討，以至於有些學者看到〈大象〉談「法治」思想就將其與法家結合起來，認為受到法家的影響。這些學者很少注意到，〈大象〉所提到「明德慎罰」思想在周初的典籍中，反覆出現。僅就文本的比較而言，〈大象〉與周人的法治思想更為密切，甚至可以說，〈大象〉的思想就是周王室法治思想的直接承現，

17　鄧立光：《周易象數義理發微（附五行探原）》，上海辭書出版社，2008，第54頁。

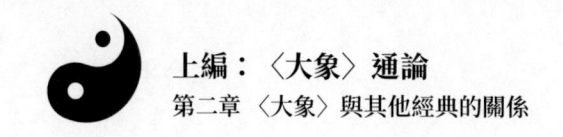

上編：〈大象〉通論
第二章 〈大象〉與其他經典的關係

二者之間並沒有實質性的差別。因此，從制度的層面，結合〈大象〉所體現的治國理政思想與周王室治國思想的密切關係，我們認為〈大象〉與反應「周公之德與周之所以王也」的〈易象〉一書關係，非常緊密。

第三節　〈大象〉與「四書」

　　〈大象〉與先秦儒家思想的關係，是〈大象〉研究領域中一個極其重要的研究方向。傳統易學家認為〈大象〉為孔子所作，因此，往往用儒家思想對其進行解讀。自〈大象〉為孔子所作的觀點被否定之後，〈大象〉與「四書」的關係便成為近現代易學家普遍關注的問題。嚴靈峰先生在《易學新論》一書中提出：「〈大象〉是由《大學》、《中庸》、《論語》等書中精選出儒家有關政教的中心思想編纂而成的。」他將〈大象〉與相關典籍進行了比較歸納，如下表所示：

乾：天行健，君子以自強不息。	《中庸》：至誠無息。
坤：地勢坤，君子以厚德載物。	《中庸》：博厚所以載物也。
屯：雲雷屯，君子以經綸。	《中庸》：為能經綸天下之大經。
蒙：山下出泉，蒙，君子以果行育德。	《論語》：由也果，於從政乎何有？
需：雲上於天，蒙，君子以飲食宴樂。	《論語》：食不厭精，膾不厭細。
訟：天與水違行，訟，君子以作事謀始。	《論語》：人無遠慮，必有近憂。
師：地中有水，師，君子以容民畜眾。	《大學》：道得眾，則得國。
比：地上有水，比，先王以建萬國，親諸侯。	《中庸》：懷諸侯，則天下畏之。
小畜：風行天上，小畜，君子以懿文德。	《論語》：則修文德以來之。
履：上天下澤，履，君子以辨上下，定民志。	《大學》：所惡於上毋以使下，所惡於下毋以事上。
泰：天地交泰，後以財成天地之道，輔相天地之宜，以左右民。	《大學》：財散則民眾。
否：天地不交，否，君子以儉德辟難，不可榮以祿。	《論語》：節用而愛人。
同人：天與火，同人，君子以類族辨物。	《中庸》：序爵所以辨貴賤也，序事所以辨賢也。

第三節 〈大象〉與「四書」

大有：火在天上，大有，君子以遏惡揚善，順天休命。	《中庸》：隱惡而揚善。
謙：地中有山，謙，君子以裒多益寡，稱物平施。	《論語》：不患寡而患不均。
豫：雷出地奮，豫，先王以作樂崇德，殷薦之上帝，以配祖考。	《論語》：慎終追遠，民德歸厚矣。
隨：澤中有雷，隨，君子以嚮晦入宴息。	《論語》：食不語，寢不言。
蠱：山下有風，蠱，君子以振民育德。	《中庸》：不賞而民勸，不怒而民威於鈇鉞。
臨：澤上有地，臨，君子以教思無窮，容保民無疆。	《大學》：君子不出家而成教於國。
觀：風行地上，觀，先王以省方觀民設教。	《大學》：民之所好好之，民之所惡惡之。
噬嗑：雷電，噬嗑，先王以明罰敕法。	《論語》：謹權量，審法度。
賁：山下有火，賁，君子以明庶政，無敢折獄。	《大學》：聽訟吾猶人也，必也使無訟乎。
剝：山附於地，剝，上以厚下安宅。	《論語》：寬則得眾。
復：雷在地中，復，先王以至日閉關，商旅不行，後不省方。	
無妄：天下雷行，物與無妄，先王以茂對時育萬物。	《中庸》：萬物並育而不相害。
大畜：天在山中，大畜，君子多識前言往行，以畜其德。	《論語》：多聞，擇其善者而從之，多見而識之。
頤：山下有雷，頤，君子以慎言語，節飲食。	《論語》：君子食無求飽，居無求安，敏於事而慎於言。
大過：澤滅木，大過，君子以獨立不懼，遯世無悶。	《中庸》：遯世不見知而不悔。
坎：水洊至，習坎，君子以常德行，習教事。	《論語》：為人謀而不忠乎？與朋友交而不信乎？傳而不習乎？
離：明兩作，離，大人以繼明照於四方。	《論語》：克明峻德，皆自明也。
咸：山上有澤，咸，君子以虛受人。	《論語》：不恥下問。
恆：雷風恆，君子以立不易方。	《中庸》：君子素其位而行，不願乎其外。
遯：天下有山，遯，君子以遠小人，不惡而嚴。	《論語》：匿怨而友其人，左丘明恥之，丘亦恥之。

33

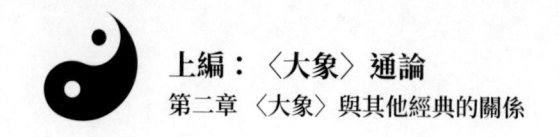

上編：〈大象〉通論
第二章 〈大象〉與其他經典的關係

大壯：雷在天上，大壯，君子以非禮弗履。	《論語》：非禮勿視，非禮勿聽，非禮勿言，非禮勿動。
晉：明出地上，晉，君子以自昭明德。	《大學》：古之欲明明德於天下。
明夷：明入地中，明夷，君子以蒞眾，用晦而明。	《中庸》：君子之道，闇然而日章。
家人：風自火出，家人，君子以言有物而行有恆。	《論語》：人而無恆，不可以作巫醫。
睽：上火下澤，睽，君子以同而異。	《論語》：君子「群而不黨」。「周而不比」。「和而不同」。
蹇：山上有水，蹇，君子以反身修德。	《中庸》：反求諸其身。
解：雷雨作，解，君子以赦過宥罪。	《論語》：先有司，赦小過。
損：山下有澤，損，君子以懲忿窒慾。	《論語》：「棖也欲，焉得剛」。「不憤，不啟」。
益：風雷益，君子以見善則遷，有過則改。	《論語》：過則勿憚改。
夬：澤上於天，夬，君子以施祿及下，居德則忌。	《中庸》：「在上位不陵下」，「居上位不驕」。
姤：天下有風，姤，后以施命誥四方。	《論語》：使於四方，不辱君命。
萃：澤上於地，萃，君子以除戎器，戒不虞。	
升：地中生木，升，君子以順德，積小以高大。	《中庸》：小德川流，大德敦化。
困：澤無水，困，君子以致命遂志。	《論語》：士見危致命。
井：木上有水，井，君子以勞民勸相。	《中庸》：既稟稱事，所以勸百工也。《論語》：君子信而後勞其民。
革：澤中有火，革，君子以治曆明時。	《中庸》：合外內之道也，故時措之宜也。
鼎：木上有火，鼎，君子以正位凝命。	《中庸》：苟無其位，亦不敢作禮樂焉。
震：洊雷，震，君子以恐懼修省。	《論語》：內省不疚，夫何憂何懼。
艮：兼山艮，君子以思不出其位。	《論語》：君子思不出其位。
漸：山上有木，漸，君子以居賢德善俗。	《大學》：道盛德至善，民之不能忘也。
歸妹：澤上有雷，歸妹，君子以永終知敝。	《中庸》：以永終譽。
豐：雷電皆至，豐，君子以折獄致刑。	《論語》：道之以政，齊之以刑。
旅：山上有火，旅，君子以明慎用刑而不留獄。	《孟子》：省刑罰。
巽：隨風巽，君子以申命行事。	《中庸》：故大德者，必受命。

第三節　〈大象〉與「四書」

兌：麗澤兌，君子以朋友講習。	《論語》：「無友不如己者」，「君子以文會友，以友輔仁」。
渙：風行水上，渙，先王以享於帝立廟。	《中庸》：郊社之禮所以事上帝也。宗廟之禮所以祀其先也。
節：澤上有水，節，君子以制數度，議德行。	《論語》：道之以德，齊之以禮。
中孚：澤上有風，中孚，君子以議獄緩死。	
小過：山上有雷，小過，君子以行過乎恭，喪過乎哀，用過乎儉。	《論語》：禮，與其奢也，寧儉；喪，與其易也，寧戚。
既濟：水在火上，既濟，君子以思患而豫防之。	《中庸》：凡事豫則立，不豫則廢。
未濟：火在水上，未濟，君子以慎辨物居方。	《論語》：慎思之，明辨之，篤行之。

透過對比〈大象〉與《論語》、《大學》、《中庸》中的相關文句，嚴靈峰得出的結論：「〈大象〉多採《論語》、《中庸》、《大學》各書文句為之；疑係嬴政焚書以後，《易》以卜筮之書得以流行，當時儒生便利用這個漏洞，編成此編，附入卜筮書內，藉以廣泛地傳播儒家思想。應是始皇時代的產品。總之是後儒所為，斷非周公或孔子的著作。」[18]

張豔芳認為，《周易·大象傳》是孔子及其後學思想的集中體現，是儒家的政治理想和完美的《周易》模式聚合成的相得益彰的體系。〈大象傳〉中重德的相關語句，和孔子的話語可以直接對應，並以表格的形式進行了說明：

卦名	《大象傳》	《論語》中的孔子言論
艮	君子以思不出其位。	子曰：「不在其位，不謀其政。」（〈憲問〉）
咸	君子以虛受人。	子曰：「如有周公之才之美，使驕且吝，其餘不足觀也已。」（〈泰伯〉）

18　嚴靈峰：《易學新論》，福州左海學術研究社 1947 年印行，第 186 頁。林慶彰：《民國時期經書叢書》第二輯，臺中：文聽閣圖書有限公司 2008。

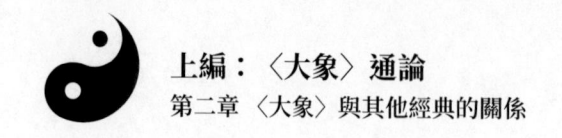

否	儉德避難。	子曰:「奢則不孫,儉則固。與其不孫也,寧固。」(〈述而〉)
大畜	多識前言往行,以畜其德。	子曰:「蓋有不知而作之者,我無是也。多聞,擇其善者而從之,多見而識之,知之次也。」(〈述而〉)
蹇	反身修德。	子曰:「見賢思齊焉,見不賢而內自省也。」(〈里仁〉)
震	君子以恐懼修省。	子曰:「必也臨事而懼,好謀而成者也。」(〈里仁〉) 子曰:「內省不疚,夫何憂何懼。」(〈顏淵〉)
遯	君子以遠小人,不惡而嚴。	子曰:「唯仁者能好人,能惡人。」子曰:「我未見好仁者,惡不仁者。好仁者,無以尚之;惡不仁者,其為仁矣,不使不仁者加乎其身。有能一日用其力於仁矣乎?我未見力不足者。蓋有之矣,我未之見也。」(〈里仁〉)
家人	君子以言有物而行有恆。	子曰:「多聞闕疑,慎言其餘,則寡尤;多見闕殆,慎行其餘,則寡悔。言寡尤,行寡悔,祿在其中矣。」 子曰:「君子恥其言而過其行。」(〈憲問〉)
睽	君子以同而異。	子曰:「君子和而不同,小人同而不和。」(〈子路〉)
損	君子以懲忿窒慾	子曰:「棖也慾,焉得剛?」(〈公冶長〉) 子曰:「一朝之忿,忘其身,以及其親,非惑與?」(〈顏淵〉)
益	君子以見善則遷,有過則改。	子曰:「擇其善者而從之,其不善者而改之。」(〈述而〉) 子曰:「主忠信,毋友不如己者,過則勿憚改。」(〈子罕〉)

大壯	君子以非禮弗履。	顏淵問仁。子曰：「克己復禮為仁。一日克己復禮，天下歸仁焉。為仁由己，而由人乎哉？」顏淵曰：「請問其目。」子曰：「非禮勿視，非禮勿聽，非禮勿言，非禮勿動。」（〈顏淵〉）
大過	君子以獨立不懼，遯世無悶。	子曰：「隱居以求其志，行義以達其道。吾聞其語矣，未見其人也。」（〈季氏〉）

張豔芳由上表得出結論：「〈大象傳〉的思想是孔子、儒家德性思想的體現。」[19]

嚴靈峰先生認為，〈大象〉出於儒家「四書」之後，〈大象〉是以「四書」中的相關文辭為依據而擬定的。不可否認，〈大象〉的文辭與「四書」中的相關文辭，確實有許多相通之處，但牽強附會之處也有不少。如以《論語》的「食不厭精，膾不厭細」作為《需》「雲上於天，需，君子以飲食宴樂」之源頭，就很值得商榷。前者是陳述夫子的飲食之道，而後者是敘述君子的飲食之事，雖然都與飲食有關，但立意並不相同。再如《隨》「澤中有雷，隨，君子以嚮晦入宴息」，講的是君子與時消息的行事方式，而《論語》「食不語，寢不言」，則是講日常的禮儀規矩，故以後者為前者之源頭，亦不妥當。而張豔芳在比較了〈大象〉與《論語》的相通之處後，提出「〈大象傳〉的思想是孔子、儒家德性思想的體現」，也是有失偏頗的。因為與《論語》相比，《尚書》中關於周王室的記載，與〈大象〉相通之處更多。

第四節　〈大象〉與〈月令〉

〈大象〉與古代的月令思想有關，《復》卦〈大象〉文辭稱：「雷在地中，復，先王以至日閉關，商旅不行，后不省方」，這句文辭的表面意思，是指在至日這

19　張豔芳：《周易·大象傳——孔子及其後學的治世理想訴求》，《孔子研究》2011年第5期。

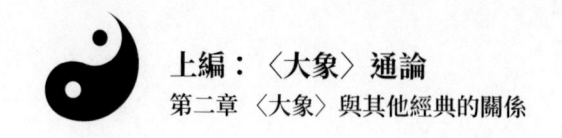

上編：〈大象〉通論
第二章 〈大象〉與其他經典的關係

一天，先王關閉關卡，商旅不外出行商，「后」亦不省視相關職事。根據漢代象數易學十二消息卦理論，《復》卦與月令相配為十一月，是以此處「至日」為冬至日。冬至日休息，是中國古代一種政治通例，《漢書·薛宣傳》曰：「及日至休吏，賊曹掾張扶獨不肯休，坐曹治事。宜出教曰：『蓋禮貴和，人道尚通。日至，吏以令休，所繇來久。』」《白虎通·謀伐篇》亦曰：「冬至所以休兵、不舉事、閉關、商旅不行，何？此日陽氣微弱，王者承天理物，故率天下靜，不復行役，扶助微氣，成萬物也。」由《漢書》與《白虎通義》兩段文字記載，我們可知，在漢代，在官府自上而下，在冬至日已施行休息制度。

劉保貞先生受漢易卦氣說、月體納甲說以及〈象傳〉中《豫》、《隨》、《頤》、《大過》、《坎》、《遯》《睽》、《蹇》、《解》、《姤》、《革》、《旅》等十二卦都盛讚卦之時義的啟發，不再侷限於《復》卦一卦，而是將〈大象〉與《禮記·月令》結合起來，於《象傳性質新探》一文（《周易研究》1996 年第 2 期。）首次〈大象〉與〈月令〉的關係進行系統論證。

《左傳·昭公二年》記載韓宣子見〈易象〉與《魯春秋》，感嘆：「周禮盡在魯矣。吾今知周公之德與周之所以王也」，劉保貞先生受韓宣子將〈易象〉、《魯春秋》與周禮相結合論此二書特色啟發。《禮記·禮運》從宇宙生化論的層面對「禮」的起源進行了說明，其謂：「夫禮必本於太乙，分而為天地，轉而為陰陽，變而為四時，列為鬼神，其降曰命其官於天也。」先秦時期諸子百家的治國理論同樣也將其終極的理論依據歸之於天地之道，也即是本天道以立人道，法天地以開人文，如《管子·版法》謂聖人「法天地之位，象四時之行，以治天下」，又說：「四時之行，有寒有暑，聖人法之，故有文有武。天地之位，有前有後，有左有右，聖人法之，以建經紀。春生於左，秋殺於右，夏長於前，冬藏於後，生長之事，文也；收藏之事，武也。是故文事在左，武事在右，聖人法之，以行法令，以治事理。」劉保貞先生認為，《禮記·月令》篇所記，就是根據這種思想制定的制度，而且，〈大象〉中「君子以……」也是和〈月令〉同樣性質的文字。

第四節　〈大象〉與〈月令〉

也就是說,〈月令〉與〈大象〉其擬辭的理論根源,在宇宙本論論的根源上是一致的。「以」是介詞,是「在……時候」的意思。「君子以……」就是君子在某卦所當日期內,應做什麼事。為了更好地說明〈大象〉的性質,劉保貞先生把〈大象〉按《十二月日行天圖》的時序和〈月令〉作了對比,其圖如下:

	大象		月令
正月	既濟:君子以思患而豫防之。 革:君子以治曆明時。	孟春	命祀山林川澤,犧牲無用牝。禁止伐木,無覆巢,無殺孩蟲、胎夭、飛鳥,無麛無卵,無聚大眾,無置城郭。 命太史守典奉法,司天、日、月、星辰之行,宿離不忒,無失經紀,以初為常。
二月	節:君子以制數度議德行。 中孚:君子以議獄緩死。 損:君子以懲忿窒慾。	仲春	命有司省囹圄,去桎梏,無肆掠,止獄訟。 毋作大事,以妨農事。 同度量,鈞衡石,角斗甬,正權概。
三月	泰:後以財成天地之道,輔相天地之宜,以左右民。	季春	天子布德行惠。命有司發倉廩,賜貧窮,振乏絕;開府庫,出幣帛,周天下,勉諸侯。
四月	大有:君子以遏惡揚善,順天休命。	孟夏	是月也,繼長增高,毋有壞墮,毋起土功,毋發大眾,毋伐大樹。 斷薄刑,決小罪,出輕繫。
五月	大過:君子以獨立不懼,遯世無悶。 恆:君子以立不易方。	仲夏	君子齋戒,處必掩身。毋躁,止聲色,毋或進。薄滋味,毋致和,節嗜慾,定心氣。百官靜,事毋刑。
六月	巽:君子以申命行事。 井:君子以勞民勸相。	季夏	命四監大合百縣之秩芻,以養犧牲。令民無不咸出其力,以共皇天上帝,名山大川四方之神。
七月	坎:君子以常德行,習教事。	孟秋	天子乃命將帥選士厲兵,簡練桀俊,專任有功,以征不義。

39

八月	師：君子以容民畜眾。 旅：君子以明慎用刑而不留獄。	仲秋	養衰老，授幾杖，行糜粥飲食。 命有司，申嚴百刑，斬殺必當，毋或枉橈。
九月	萃：君子以除戎器，戒不虞。	季秋	乃教於田獵，以習五戎，班馬政。
十月	豫：先王以作樂崇德，殷薦之上帝，以配祖考。 觀：先王以省方，觀民設教。	孟冬	是月也，大飲烝。天子乃祈來年於天宗，大割祠於公社及門閭，饗先祖五祀。 飭喪紀，辨衣裳，審棺槨之薄厚，塋丘壟之大小，高卑厚薄之度，貴賤之等級。
十一月	復：先王以至日閉關，商旅不行，后不省方。 頤：君子以慎言語，節飲食。	仲冬	君子齋戒，處必弇，身必寧，去聲色，禁嗜欲，安形性，事欲靜，以待陰陽之所定。
十二月	無妄：先王以茂對時育萬物。	季冬	令告民出五種，命農計耦耕事，修耒耜，具田器。 天子乃與公卿大夫共飭國典，論時令，以待來歲之宜。

經過比較研究，劉保貞先生認為，「二者在內容上有著驚人的相似之處，其不同點僅在於，〈大象〉說得較籠統概括，而〈月令〉則詳細具體些。」〈大象〉與《周禮》所提及的「治象」、「教象」、「政象」、「刑象」示之於民的法典不同，〈大象〉則是王室的法典，是專供王室修身治國參考的。〈大象〉中反覆出現的「君子以……」、「先王以……」、「後以……」，等等，足以說明這個問題。

不可否認，將〈大象〉與〈月令〉進行系統的比較，確實是劉保貞先生的一大創見，但其論述也有值得商榷之處。首先，〈大象〉與〈月令〉的成書先後早晚問題，《禮記·月令》一般認為是成書於戰國時期，[20]〈大象〉的創作時間則如前

---

[20] 關於〈月令〉的成書時間，自古及今有很多討論，當前學界一般認同，〈月令〉成書於戰國時期。當前學界代表性的研究論文有：容肇祖的《月令的來源考》(《燕京學報》1935年第十八18期)、楊寬的《月令考》(《齊魯學報》1941年第2期，收入氏著：《楊寬古史論文選集》，上海人民出版社，2003)、丁鼎的《〈禮記·月令〉與「齊學」的關係——〈禮記·月令〉的作者與成篇時代再探討》(《海岱學刊》2016年第2期)等。

第四節 〈大象〉與〈月令〉

文所歸納,諸說並存,難以判別,因此,從這一角度來看,這也意味著〈大象〉與〈月令〉之間誰受誰的影響,很難論斷。其次,從劉先生的整理,我們可以看到,〈大象〉與〈月令〉在文本的對照上,就沒有嚴謹的相似性,其中或有若干字符的相同,但有的甚至完全不同,所指稱之事,也難明斷二者之間的關係。而且〈大象〉共有六十四卦,而劉先生中文章所舉共有二十卦,尚有四十四卦,沒有找到根據,樣本不足,恐難以斷言〈大象〉據〈月令〉而作。再次,就〈大象〉文本本身來看,它是一篇訓誡君子如何觀象進德修業治國的作品,其中涉及到明德慎罰、保民容民、制禮作樂等制度,很多都與《尚書》等所載的西周早期的周王室思想關係密切。〈月令〉也有很多制度性的東西,也源出周王室的政教思想,二者之間有共同的源頭,因此,二者當是同源異流之作品,難以斷定二者之間內在的源流問題。

丁鼎先生在總結前人相關研究成果的基礎上,提出了有關《禮記・月令》作者及成書時代的八種觀點:一、〈月令〉為周公或周代所作說,或以為即《逸周書・月令》篇;二、〈月令〉出於《呂氏春秋》說;三、夏代所作說;四、雜有虞夏殷周之法說;五、〈月令〉因《夏小正》、《呂氏春秋》因〈月令〉說;六、秦漢人所作說;七、戰國時期,齊人鄒衍所作說;八、戰國時期,晉人所作說。楊寬先生對於前六種觀點進行了有力批判,認為〈月令〉乃戰國時期晉人之作;而丁鼎先生則認同容肇祖「〈月令〉成於齊人鄒衍」的觀點。

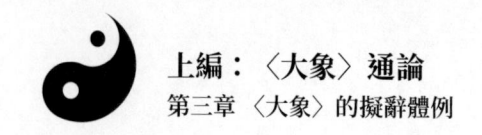

上編：〈大象〉通論
第三章 〈大象〉的擬辭體例

第三章 〈大象〉的擬辭體例

〈大象〉由卦象、卦名和卦義三部分組成，對於三者的擬辭體例以及三者之間的內在關係，歷代易學家都作過精闢的分析和論述。本章將分別從卦象擬辭以及卦象、卦名、卦義三者之間的內在關係等維度，對前人的相關研究成果加以總結。

第一節　卦象擬辭

〈大象〉的卦象擬辭研究，一直是易學領域的一個極為重要的研究方向，而最早對其進行整理歸納的是唐代的孔穎達。他在《周易正義》卷一中，主要從以下七個方面對〈大象〉的卦象擬辭方式進行了分析：

凡六十四卦，說象不同：或總舉象之所由，不論象之實體，又總包六爻，不顯上體下體，則《乾》、《坤》二卦是也。

或直舉上下二體者，若「雲雷，屯」也，「天地交，泰」也，「天地不交，否」也，「雷電，噬嗑」也，「雷風，恆」也，「雷雨作，解」也，「風雷，益」也，「雷電皆至，豐」也，「洊雷，震」也，「隨風，巽」也，「水洊至，習坎」也，「明兩作，離」也，「兼山，艮」也，「麗澤，兌」也。凡此一十四卦，皆總舉兩體而結義也。

取兩體俱成，或有直舉兩體上下相對者，「天與水違行，訟」也，「上天下澤，履」也，「天與火，同人」也，上火下澤，睽」也。凡此四卦，或取兩體相違，或取兩體相合，或取兩體上下相承而為卦也，故兩體相對而俱言也。

雖上下二體，共成一卦，或直指上體而為文者，若「雲上於天，需」也，「風行天上，小畜」也，「火在天上，大有」也，「雷出地奮，豫」也，「風行地上，觀」也，「山附於地，剝」也，「澤滅木，大過」也，「雷在天上，大壯」也，「明出地上，晉」也，「風自火出，家人」也，「澤上於天，夬」也，「澤上於地，萃」也，「風

第一節　卦象擬辭

行水上，渙」也，「水在火上，既濟」也，「火在水上，未濟」也。凡此十五卦，皆先舉上象而連於下，亦意取上象以立卦名也。

亦有雖意在上象，而先舉下象，以出上象者，「地上有水，比」也，「澤上有地，臨」也，「山上有澤，咸」也，「山上有火，旅」也，「木上有水，井」也，「木上有火，鼎」也，「山上有木，漸」也，「澤上有雷，歸妹」也，「山上有水，蹇」也，「澤上有水，節」也，「澤上有風，中孚」也，「山上有雷，小過」也。凡此十二卦，皆先舉下象以出上象，亦意取上象，共下象而成卦也。

或先舉上象而出下象，義取下象以成卦義者，「山下出泉，蒙」也，「地中有水，師」也，「山下有風，蠱」也，「山下有火，賁」也，「天下雷行，無妄」也，「山下有雷，頤」也，「天下有山，遯」也，「山下有澤，損」也，「天下有風，姤」也，「地中有山，謙」也，「澤中有雷，隨」也，「地中生木，升」也，「澤中有火，革」也。凡此十三卦，皆先舉上體，後明下體也。其上體是天，天與山則稱「下」也。若上體是地，地與澤則稱「中」也。

或有雖先舉下象，稱在上象之下者，若「雷在地中，復」也，「天在山中，大畜」也，「明入地中，明夷」也，「澤無水，困」也。是先舉下象而稱在上象之下，亦義取下象以立卦也。

孔穎達將〈大象〉的擬辭方式，從以下七個方面作了總結歸納：一、總舉象之所由，不論象之實體，又總包六爻，不顯上體下體，如《乾》、《坤》二卦。二、或總舉兩體而結義，如《屯》、《泰》、《否》等十四卦。三、兩體相對而俱言，或取兩體相違，或取兩體相合，或取兩體上下相承而為卦，如《訟》、《履》、《同人》、《睽》四卦。四、雖上下二體，共成一卦，或直指上體而為文，先舉上象而連於下，亦意取上象以立卦名，如《需》、《小畜》、《大有》、《豫》、《觀》、《剝》、《大過》、《大壯》、《晉》、《家人》、《夬》、《萃》、《渙》、《既濟》、《未濟》十五卦。五、有雖意在上象，而先舉下象，以出上象者，或者意取上象，共下象而成卦，如《比》、《臨》、《咸》、《旅》、《井》、《鼎》、《漸》、《歸妹》、《蹇》、《節》、《中孚》、《小

43

上編：〈大象〉通論
第三章 〈大象〉的擬辭體例

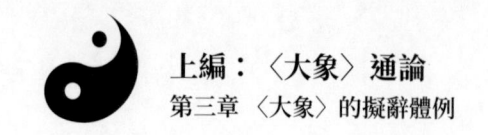

《過》十二卦。六、或先舉上象而出下象，義取下象以成卦義，如《蒙》、《師》、《蠱》、《賁》、《無妄》、《頤》、《遯》、《損》、《姤》、《謙》、《隨》、《升》、《革》十三卦。七、先舉下象而稱在上象之下，亦義取下象以立卦，如《復》、《大畜》、《明夷》、《困》四卦。

總體來看，以上七種方式可將六十四卦的卦象擬辭方式大體該盡。此外，孔穎達還以自然界中是否客觀存在為依據，將〈大象〉所擬象辭分為「實象」與「假象」，「實象」是自然界實有的，而「虛象」則是自然界中不存在的。如「地上有水，比也」、「地中生木，升也」之類的為「實象」；「天在山中」，「風自火出」之類的為「虛象」。在孔穎達看來，對於〈大象〉文辭而言，「實象」與「虛象」的意義是一樣的：「雖有實象、假象，皆以義示人，總謂之『象』也。」[1]

孔穎達歸納的〈大象〉的七種擬辭方式對後世的易學家產生了深刻的影響，不少易學家在其研究成果的基礎上，進行了深入的研究。

一、八經卦的取象特徵

就八經卦相重而成六十四別卦來說，因有上下之別，故八純卦的取象各具特色。俞琰在《周易集說》卷十一中，對於八經卦在六十四幫卦體系中的取象的特色作了說明：

象辭則止乎象而已，並無吉凶悔吝之占辭，故特謂之象辭。其象則乾坤為天地，艮兌為山澤，震為雷，更不別取他物。巽坎離則不然，巽為風，遇天遇雷在上、在下，皆為風，在地澤水火之上，亦為風。遇山則在下為風，在上為木，在地澤水火之中亦為木。坎為水，遇地風火澤之上下，皆為水，在山上亦為水，在山下則為泉，在天下亦為水，在天上則為雲，遇雷而在上，亦為雲，在下則為雨。離為火，純離之象，不言火而言明，遇地亦皆言明，遇天、山、水、澤、風、木則皆為火，遇雷則為電。凡此取象，皆以人所共見者言之也。

乾、坤、坎、離、震、巽、艮、兌八經卦的基本取像是天、地、水、火

---

[1] 參見劉玉建：《周易正義導讀》，齊魯書社，2005。

雷、風、山、澤，但是當其兩兩相疊而為六十四卦之後，〈大象〉在這八卦基本取象的基礎上又所有變化。俞琰在綜合整理了〈大象〉的擬辭方式後，對於這種差別進行了分析：乾、坤、艮、兌、震五卦取象分別與天、地、山、澤、雷相對應，與八卦的基本取象並無出入，而巽、坎、離三卦則有所差別。因上下組合有別，巽與其他七卦相重，則有為風、為木兩種取象。坎與其他七卦相重，則有為水、為泉、為雲、為雨四種取象。離與其他七卦相重，則有為火、為明、為電三種取象。

二、八純卦的敘象差別

六十四卦當中的八純卦，指《乾》、《坤》、《坎》、《離》、《震》、《巽》、《艮》、《兌》八卦。這八卦〈大象〉的敘象方式如下：

《乾》：天行健。

《坤》：地勢坤。

《坎》：水洊至，習坎。

《離》：明兩作，離。

《震》：洊雷，震。

《巽》：隨風，巽。

《艮》：兼山，艮。

《兌》：麗澤，兌。

《乾》、《坤》、《坎》、《離》四卦的敘象文辭分別是「天行」、「地勢」、「水洊至」、「明兩作」，皆是卦象在前。《震》、《巽》、《艮》、《兌》四卦的敘象文辭分別是「洊雷」、「隨風」、「兼山」、「麗澤」，皆是卦象在後。我們知道，《周易》的經文分為「上經」、「下經」兩部分，《乾》、《坤》、《坎》、《離》四卦在「上經」，《震》、《巽》、《艮》、《兌》四卦在「下經」。因此，有的學者就根據上、下經有別，對於〈大象〉敘象的差異進行瞭解釋。明代張次仲《周易玩辭困學記》卷一引宋人胡仲虎曰：

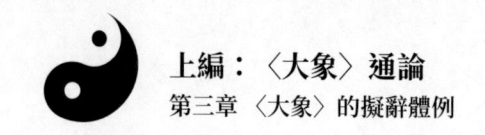

上編：〈大象〉通論
第三章 〈大象〉的擬辭體例

上經四卦，《乾》曰「天行」，《坤》曰「地勢」，《坎》曰「水洊至」，《離》曰「明兩作」，先體而後用也。下經四卦，《震》曰「洊雷」，《艮》曰「兼山」，《巽》曰「隨風」，《兌》曰「麗澤」，先用而後體也。《乾》、《坤》不言重，異於六子也，稱健不稱乾，異於《坤》也。

胡仲虎認為，上經四卦言象，是自體而用，天、地、水、明，皆是體，天行、地勢、水洊、明兩作皆是體之用。而下四卦敘象，則是由用及體，故而雷、山、風、澤皆在後。元代解蒙在《易精蘊大義》卷一中，立足於胡氏體用先後的觀點，又結合卦形反覆有無變化，對此問題作了進一步的說明：

又以八卦言之，則《乾》、《坤》、《坎》、《離》四卦，〈大象〉皆言象在上，四卦覆而無變，體卦也，故其象自體而起用。《震》、《艮》、《巽》、《兌》四卦，〈大象〉皆言象在下，四卦覆而相變，用卦也，故其象攝用而歸之體。

我們由胡、解二氏的敘述可知，二人皆是立足於《周易》上、下經之別，再結合體用先後思想以及八純卦的卦形特色，對於八純卦的敘象差異展開分析的。

三、八純卦之外的五十六卦的敘象方式

易學史上，歷代易學家在對八純卦之外的五十六卦的敘象方式進行系統研究後，得出的基本共識是：〈大象〉的敘象方式是自上而下的，先說上卦，後說下卦；或者是雖說下卦，而釋卦重心仍在上卦。針對這一現象，程頤提出「象無倒置者」的觀點。他以「象無倒置者」為依據，認為《噬嗑·大象》「雷電，噬嗑，先王以明罰敕法」中的「雷電」當作「電雷」。此外，晁公武、朱熹也都贊同此處的「雷電」當作「電雷」。

廖名春先生將八純卦之外的五十六卦的敘象原則，大體歸納為以下三類：

第一，自上而下，共三十九卦，分別是「雲雷，屯」、「山下有泉，蒙」、「雲上於天，需」、「天與水違行，訟」、「地中有水，師」、「風行天上，小畜」、「上天下澤，履」、「天地不交，否」、「天與火，同人」、「火在天上，大有」、「地中有山，謙」、「雷出地奮，豫」、「澤中有雷，隨」、「山下有風，蠱」、「風行地上，觀」、「山

第一節　卦象擬辭

下有火，賁」、「山附於地，剝」、「天下雷行，無妄」、「山下有雷，頤」、「澤滅木，大過」、「雷風，恆」、「天下有山，遯」、「雷在天下，大壯」、「明出地上，晉」、「風自火出，家人」、「上火下澤，睽」、「雷雨作，解」、「山下有澤，損」、「風雷，益」、「澤上於天，夬」、「天下有風，姤」、「澤上於地，萃」、「地中生木，升」、「澤無水，困」、「澤中有火，革」、「雷電皆至，豐」、「風行水上，渙」、「水在火上，既濟」、「火在水上，未濟」。他由此得出結論：「〈大象傳〉釋以上三十九別卦之體，皆是自上而下，先言上經卦之象，再說下經卦之象，無一例外。」[2]

第二，形式上雖先下後上，實質上卻是自上而下。這類卦共十五個，分別是「地上有水，比」、「澤上有地，臨」、「山上有澤，咸」、「山上有水，蹇」、「木上有水，井」、「木上有火，鼎」、「山上有木，漸」、「澤上有雷，歸妹」、「山上有火，旅」、「澤上有水，節」、「澤上有風，中孚」、「山上有雷，小過」、「雷在地中，復」、「天在山中，大畜」、「明入地中，明夷」。

廖名春先生進一步指出，上述十五例還可分為兩類。《比》、《臨》、《咸》、《蹇》、《井》、《鼎》、《漸》、《歸妹》、《旅》、《節》、《中孚》、《小過》是一類，其表述方式為「乙上有甲」。表面上是乙在甲下，釋別卦之體是從下卦到上卦，但從語意上看，上卦在下卦之上，仍是遵循由上而下之序。《復》、《大畜》、《明夷》是一類，其表述方式是「下卦在上卦之中」，或「下卦入於上卦之中」，上卦居外，下卦居里，仍是以上下之序分析別卦的卦象結構。

第三，自下而上，只有兩卦，即「天地交，泰」和「雷電，噬嗑」。程頤、朱熹皆以為今本《噬嗑·大象》有誤。項安世在《周易玩辭》卷五中指出：「石經作『電雷，噬嗑』；晁公武氏曰，六十四卦〈大象〉無倒置者，當從石經。」而「天地交，泰」與「天地不交，否」正好構成一對卦象相反的卦，文辭釋名當無問題。廖名春認為，出現自下而上的敘象方式的原因不外乎兩個：一是「天地」系

---

[2] 廖名春：《大象傳早於彖傳論》，載氏著：《周易經傳與易學史新論》，中國人民大學出版社，2014，第69頁。

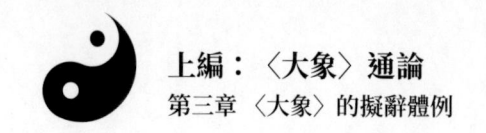

上編：〈大象〉通論
第三章 〈大象〉的擬辭體例

「地天」之誤；二是「天地」和「陰陽」一樣，都是成辭，人們不習慣說「地天」，就如同不習慣說「陽陰」一樣。〈繫辭〉雖強調「天尊地卑」，但總是稱「陰陽」，而不說「陽陰」。究其原因，就是習慣在起作用。因此，〈大象傳〉的作者在解釋《泰》卦之象時，就不自覺地打破了自上而下之例。相比較而言，後者似乎有更強的解釋力。

由廖先生的分析，我們可知，〈大象傳〉在解釋八純卦之外的五十六卦的別卦之體時，儘管提出了兩種不同的表述方式，但除《泰》卦之外，其餘五十五卦都採取了自上而下之序。因此，程頤、晁公武等所持的〈大象〉釋別卦之體「無倒置者」的觀點，應該是正確的。

第二節　卦象與卦名

〈大象〉的卦象與卦名之間的關係，一直是易學研究者普遍關注的一個問題。如《訟》卦〈大象〉：「天與水違行，訟。」李鼎祚《周易集解》引荀爽說：「天自西轉，水自東流，上下違行，成訟之象也。」孔穎達《周易正義》釋曰：「天道西轉，水流東注，是天與水相違而行，像人彼此兩相乖戾，故致訟也。」《訟》卦的上卦為天，下卦為坎，荀爽與孔穎達皆以「天道西轉」、「水往東流」的自然現象為依據，解釋《訟》卦卦名的由來。又如《同人》卦〈大象〉：「天與火，同人。」朱熹《周易本義》釋曰：「天在上而火炎上，其性同也。」無不是以八卦取象結合自然界的物象來解釋卦名的來源。

關於卦象與卦名的關係，漢唐時期的象數派易學家做了大量的解釋性工作，但過於零散，不成體系。清李光地在《周易通論》卷二中，立足於前人的相關研究成果，對卦名與卦象的關係、卦名的來源等問題進行了集中的探討：

卦之名不盡取於象也，然而取於象者多矣，是故夫子之以〈象傳〉釋卦也，卦象、卦德、爻義蓋兼取焉。而又專立一傳，特揭兩象以明卦意。易者，象也。本天道以言人事，此夫子特揭之旨也。約之則有三例：

第二節　卦象與卦名

　　有卦名所以取者，如地天為泰，天地為否，火地為晉，地火為明夷，澤水為困，水澤為節，水火為既濟，火水為未濟之類是也。

　　其有別取卦名而像意則切者，如一陽統眾，所以為師；而地中有水，亦似之一陽御下，所以為比；而地上有水，亦似之一陽來反，所以為復。而地中有雷，亦其時也。一陰始生，所以為姤，而天下有風，亦其候也。此類皆是也。

　　其有卦名，別取象意又不甚切，而其理則可通者，如隨之為隨，剛來下柔也。澤中有雷，陽氣下伏，亦有其象焉。蠱之為蠱，剛上柔下也。山下有風，陰氣下行，亦有其象焉。四陽居中，則為大過，澤之滅木，亦氣盛而大過之象也。四陰居外，則為小過，山上有雷，亦氣微而小過之象也。此類皆是也。

　　李光地將〈大象〉釋卦名的方式歸納為三種：第一類是就上下卦對應的物象特徵而取卦名，如《泰》、《否》、《晉》、《明夷》、《困》、《節》、《既濟》、《未濟》之類。第二類是就別卦的爻象之間的特殊關係，如陰陽爻的多少、爻位的特殊情況以及因爻象特徵而蘊含的卦象理論來取卦名，如《師》、《比》、《復》、《姤》之類的別卦卦名。第三類是就卦爻的陰陽剛柔與往來上下、爻位與卦氣理論所彰顯的氣之盛微、八經卦取象所對應的自然現象之間的關係來取卦名，如《隨》、《蠱》、《大過》、《小過》之類。

　　宋代鄭汝諧認為《周易》的卦名，跟〈彖傳〉關係密切，〈彖傳〉是研究〈大象〉的必由門徑，他將〈彖傳〉與卦名之間的關係歸納為取象、取義、取畫三種：

　　讀〈大象〉者，當先觀〈彖〉。不觀〈彖〉，則不識名卦之義。蓋合二卦以成名，有取象者，有取義者，有取畫者。天、地、水、火、山、澤、風、雷，八卦之象也。健、順、明、險、動、止、說、入，八卦之義也。以奇偶分剛柔，八卦之畫也。如〈彖〉言「明出地上，晉」，「明入地中，明夷」，「雷雨作，解」，其辭與〈大象〉同者，皆以象名，而以義兼之也。至言險在前為需，險而健為訟，行險而順為師，若此類，專以義名也。柔得位而上下應之曰小畜，柔得尊位大中而上下應之曰大有，若此類，專以畫名也。

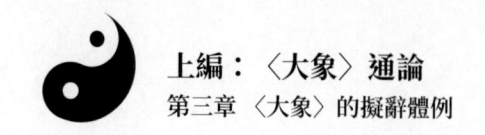

上編：〈大象〉通論
第三章 〈大象〉的擬辭體例

　　鄭氏以〈彖傳〉為依據，將卦名的命名方式歸納為三種：取八卦之象、取八卦之義、取別卦之爻象關係。其中，取八卦之象以名卦，〈彖傳〉、〈大象〉相合者有《晉》、《明夷》、《解》三卦，鄭氏皆歸之於〈彖傳〉。而以卦義或卦德名卦，如《需》、《訟》、《師》三卦，或以別卦六爻之內在關係論卦名之源，如《小畜》、《大有》之類，則是鄭氏的發明。在鄭氏看來，釋卦名不能侷限於〈大象〉之言，而應以〈彖傳〉為依據。他在《易翼傳‧上經上》中指出：「蓋〈大象〉專取象以繫卦，至於成卦之名，不止在是。欲識名卦之義，求之於〈彖〉足矣。泥〈大象〉而曲為之說者，蓋不深考也。」

　　近現代學者對卦名的來源及卦象與卦名關係的探討，主要形成了兩種觀點：

　　一種觀點認為，卦象與卦名之間沒有內在的邏輯關係。如李鏡池先生說：「〈大象〉的卦象，不過註明每一卦由外內兩卦構成，這些卦象和體會出來的政治修養思想卻很少聯繫。」[3]

　　另一種觀點則認為，卦名與卦象之間存在著一定的關係。如戴璉璋認為：「〈大象〉解釋卦名，全都是據重卦的卦象。」[4] 黃沛榮先生認為：「〈大象傳〉的作者往往以卦體來闡釋卦名之取義。」[5] 對於卦象與卦名之間的關係，戴璉璋先生沒有論及，而黃沛榮先生則是以《訟》、《同人》、《晉》、《明夷》、《睽》、《比》幾卦為例，來探討卦象與卦名之間的對應關係。在論述時，也只是引用《周易集解》、《周正正義》、《周易本義》、《周易程氏傳》中的相關內容，並無新說。

　　總而言之，就〈大象〉中卦象與卦名之關係而言，李鏡池認為二者之間並無邏輯的必然關係，〈大象〉作者只是先敘說卦象，再說卦名，進行陳述卦義，敘說卦象的文辭只是對於該卦卦象的一個直接描述，與卦名並無內在關係，這種觀點有其合理之處。但是就《周易》文本的創造是一個動態的歷史過程而言，這種

3　李鏡池：《周易探源》，中華書局，1978，第 344—345 頁。
4　戴璉璋：《易傳之形成及其思想》，文津出版社，1989，第 101 頁。
5　黃沛榮：《周易彖象傳義理探微》，萬卷樓圖書有限公司，2001，第 99 頁。

觀點，恐難成立，因為，〈大象〉的卦名必然是在卦象產生之後擬定的，這也就意味著，觀象命名這種思路應當符合六十四卦取名的內在邏輯。但正如李光地、鄭汝諧等學者所指出的那樣，六十四卦的取名不僅與組成六十四別卦的八經卦上下象之間的關係有關，還與六十四別卦爻象的內在特性有關。而就卦名與卦象的關係來說，〈大象〉的敘象擬辭只涉及組成六十四卦的上下八經卦的關係，而沒有涉及爻象關係。此外，近現代出土的先秦易著，如馬王堆帛書《周易》中的卦名就與通行本的卦名有所不同，這又從另一個方面印證了李光地的「卦之名不盡取於象也，然而取於象者多矣」的觀點正確性。因此，李光地的觀點可以視為卦象與卦名關係的定論之言。

第三節　卦義與卦象、卦名

　　在〈大象〉六十四卦文辭中，「卦義」是指「君子以……」、「後以……」、「先王以……」、「大人以……」、「上以……」之類的句式所指稱的文辭。如「天行健，君子以自強不息」，「君子以自強不息」即是卦義。關於卦義與卦象、卦名的關係，學界的普遍共識是卦義或取於卦象，或取於卦名。

　　易學史上，據現存史料，孔穎達是最早對〈大象〉中卦義與卦象、卦名關係進行系統研究者，他說：

　　凡〈大象〉君子所取之義，或取二卦之象，而法之者，若「地中有水，師，君子以容民畜眾」，取卦象包容之義。若《履》卦象云「上天下澤，履，君子以辨上下」，取上下尊卑之義。如此之類，皆取二象，君子法以為行也。

　　或直取卦名，因其卦義，所有君子法之，須合卦義行事者，若《訟》卦云「君子以作事謀始」，防其所訟之源，不取「天與水違行」之象。若《小畜》「君子以懿文德」，不取「風行天上」之象，餘皆仿此。[6]（《周易正義》卷二）

　　孔穎達對於〈大象〉中卦義與卦象、卦名的關係簡單明瞭，在他看來，〈大

6　劉玉建：《周易正義導讀》，齊魯書社，2005，第161頁。

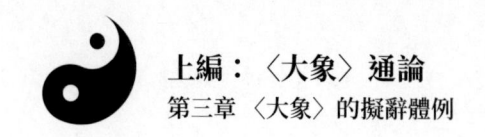

上編：〈大象〉通論
第三章 〈大象〉的擬辭體例

象〉六十四卦的卦義不是取法於組成六十四卦的上下經卦卦象，如《師》、《履》卦，就是源自於卦名，是圍繞著卦名之意的進行闡發，如《訟》、《小畜》二卦，宋代魏了翁於《周易要義》一書再次重申了孔穎達的觀點。

關於卦義與卦象、卦名之間的關係，李鏡池先生曾有過不同的認識。早期他在《易傳思想的歷史發展》一文中，以《屯》卦「雲雷，屯，君子以經綸」，《蒙》卦「山下出泉，蒙，君子以果行育德」兩卦為例，認為卦義與卦象、卦名之間沒有內在的關聯：「〈大象〉的卦象，不過註明每一卦由外內兩卦構成，這些卦象和體會出來的政治修養思想卻很少聯繫。」[7]而在後期《談易傳大象的體例》一文中，他將〈大象〉的體例分為前後兩部分，前一部分由卦象與卦名組成，後一部分是卦義。卦義主要是從卦象或卦名詞義引申出的政治、修養的道理。雖然其「內容不外發揮儒家的政治哲學和人生哲學，但它的引申發揮也是有一定的法則的」[8]此外，李鏡池先生立足於孔穎達的學說，總結出〈大象〉擬辭的兩個法則：

一、取構成一個卦的上下兩卦的卦象關係進行引申發揮。如《泰》卦是乾下坤上，〈象〉說：「天地交，泰。後以財成天地之道，輔相天地之宜，以左右民。」《否》卦是坤下乾上，〈象〉說：「天地不交，否。君子以儉德辟難，不可榮以祿。」是從上下二卦之象交不交來推演其卦義的。

二、不取卦象，而是根據卦名詞義進行引申發揮。如：《大畜》，「天在山中，大畜。君子以多識前言往行以畜其德」，取義於蓄積。

在陳述〈大象〉卦義擬辭的兩個原則之後，李鏡池認為，〈象傳〉重象，凡能從象取義的，它就從卦象來生髮；卦象找不出它的關係來，就從卦名的詞義來引伸。——這也可以說明後部「君子法以為行」是承前部卦象和卦名來。

當前學界關於卦義與卦象、卦名關係的認識，大體與孔穎達、李鏡池思路一致，戴璉璋先生認為，〈大象〉「申述卦義則是把卦象與卦名關聯起來，形成一

---

7 李鏡池：《周易探源》，中華書局，1978，第 345 頁。
8 李鏡池：《周易探源》，中華書局，1978，第 372 頁。

第三節　卦義與卦象、卦名

些事物的情境，然後再由此而申述君子修身、治國之道。」[9]但是他否認卦義與卦象、卦名之間有內在的必然關係，在他看來，「卦象、卦名，與卦義之間沒有必然的聯繫。作者之所以能從卦象、卦名導出卦義，完全是取類比推理的方式，更深一層的思想根據，則是一種道德上的興會，一種全宇宙是一個道德宇宙的想法。」[10]黃沛榮先生亦發揮孔穎達的觀點，他認為〈大象〉「取義生象」主要有兩種類型：一是據卦名以取義，他認為〈大象傳〉取義生象，而最基本之法，乃自卦名取義，或更由卦名引申為卦義。並舉了《觀》、《大畜》、《小過》、《師》、《履》、《頤》、《恆》、《解》、《震》、《艮》十卦為例予以說明。一是據卦體以生卦象。他認為〈大象傳〉所觀法之象，往往來自卦體。古代民智未開，於自然界現象之不可解者，輒以神道為說。並以《噬嗑》、《豐》之卦體，乃生「明罰敕法」、「折獄致刑」之象，予以說明。[11]

〈大象〉的卦義除與卦名、卦象有關外，還與卦意關係密切。所謂卦意，指一卦之主旨思想，或者卦爻擬辭的核心問題。如清代易學家王又樸在《易翼述信》卷一中，就將卦義與卦意的關係分為以下三種：

君子之體卦德，亦有三例：

有直以卦意言者，如《乾》之自強，《坤》之厚載，《師》之容民畜眾，《比》之建國親侯，《噬嗑》之明罰敕法，《頤》之慎言語、節飲食之類是也。

有就卦意而推廣言之者，如《晉》之自昭，《明夷》之用晦，《損》之懲忿窒慾，《益》之遷善改過之類是也。

有本卦意而偏指一事言者，如《豫》之作樂，《隨》之宴息，《革》之作曆，《渙》之立廟之類是也。

至體卦德而以其道與之相仿者，如天地交泰則萬物生，君子裁成輔相則萬

9　戴璉璋：《易傳之形成及其思想》，文津出版社，1989，第101—102頁。
10　戴璉璋：《易傳之形成及其思想》，文津出版社，1989，第102頁。
11　黃沛榮：《周易彖象傳義理探微》，萬卷樓圖書有限公司，2001，第101—107頁。

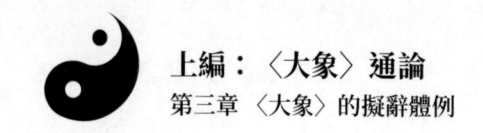

上編：〈大象〉通論
第三章 〈大象〉的擬辭體例

物各遂其生，非偏言開治之時，裁成輔相也；天下雷行，則萬物育，君子對時育物，則萬物各得其性，非偏言雷行之時，茂對育物也；雷風至變而有常理，君子之行亦至變而有常度，非偏言變動之時，立不易方也；洊雷震肅，以作其氣，君子之行，亦震肅以勵其心，非偏言震驚之時，恐懼修省之類是也。

　　從卦意與〈大象〉的內在關聯性來看，王又樸的觀點是可取的。如將《乾‧大象》中的「自強」與《乾》卦的卦意對照，證明卦義有「直以卦意言者」。《乾》卦六爻的爻辭分別為「潛龍勿用」，「見龍在田，利見大人」，「君子終日乾乾，夕惕若厲」，「或躍在淵，無咎」，「飛龍在天，利見大人」，「亢龍有悔」。而《乾》卦之卦意是君子要隨時通變以適道，時位雖有隱有顯，但「自強不息」的精神卻一直貫徹始終。「君子終日乾乾」與「自強不息」有著高度的一致性。

　　總而言之，關於卦義與卦象、卦名之間的關係，孔穎達所提出的兩種卦義擬辭原則，雖然證之於某些卦的卦義如《訟》、《履》等有其可成立之處，但是也無法貫通於所有的六十四卦，即如《渙》「風行水上，渙，先王以享於帝，立廟」，《夬》「澤上於天，夬，君子以施祿及下，居然則忌」之類，無論是從卦象還是從卦名，都難以從中推出卦義的擬辭之源。王又樸以卦義與卦意的互通的觀點，試圖說明卦義的來源，並不僅限於卦象、卦名，而涉及到整個卦名、卦象、爻象、卦辭、爻辭所綜合體現的一卦卦意。這種觀點，擴大了卦義的擬辭來源，可以彌補孔穎達等於拘於上下卦象、卦名探討卦義來源的不足。但是這種觀點，同樣也存在問題，那就是拘於卦意或者僅限於六十四卦文辭，而沒有考慮到〈大象〉與《周易》經文內在關係的複雜性、《周易》相關篇章成書過程的複雜性，及〈大象〉所依託的整個時代的文本語境及問題意識。因此，他論述卦義與卦意關係的觀點，也難以貫通於六十四卦所有的文辭。

第四章　君子觀象以進德承命

　　關於〈大象〉的作者及其創作時代，易學史上，眾說紛紜，其中以朱熹、李光地等人視為周公之作，廖名春認為〈大象〉與源於魯太史所藏之〈易象〉，鄧立光在此基礎上指出〈大象〉為的周王室史官遺作，這一緊扣〈大象〉與周王室關係論其作者及創作時間的觀點，最為妥當。透過考察《尚書》、《逸周書》、《左傳》、《國語》、「三禮」及出土文獻，我們不難發現，無論是君子的個人德行修養，還是在上位者的治國理政方略，〈大象〉都與先秦典籍及出土文獻中所反映的周王室的思想貼近，且大多能從與周王室的個人德行修養、治國理政相關的先秦典籍中找到類似的表達。本章及第五、六章旨在透過結合相關典籍中，與周王室有關，特別是周公告誡王室成員如何治國理政的記載，探討〈大象〉的作者如何透過卦象來告誡君子進德修業。

　　因論述的主體不同，〈大象〉文辭可分為君子類、先王類、后類、大人類、上類五類。其中，君子類有五十三卦，先王類有七卦，后類有三卦（《復》卦與先王類相重），大人類與上類各一卦。需要指出的是，對於〈大象〉六十四卦的文辭，本書擬分為三章進行解讀，本章及第五章主要闡發與「君子」有關之文辭，第六章主要闡發與「先王」、「后」、「大人」、「上」有關之文辭。

第一節　「君子」釋名（本節有圖片）

　　「君子」一詞，由「君」和「子」兩個字組成，其中「君」在甲骨文中的字形為 ，上部為手持權杖之形，為權力之象徵，下為口，有發號施令之意，故君為掌權之人。金文中作 （《令鼎》）。《說文解字》釋之曰：「君，尊也，從尹；發號，故從口， 古文象君坐形。」段玉裁注「尹，治也」；《尚書·多方》「天唯式教我用休，簡畀殷命，尹爾多方」；《矢令彝》「王令（命）周公子明保尹三

55

上編：〈大象〉通論
第四章　君子觀象以進德承命

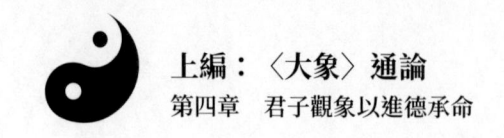

事四方」；此皆以「尹」為治理之意。「君」又從口，故君為發號施令者。合而言之，「君」為發號施令，掌治下民之意。

「子」字，甲骨文字形為🈚️，◯指頭、〲為頭髮、儿為兩腳，為小孩之象。又寫作 🈚️、🈚️ 之者，◯象小兒頭部，ᐱ為揮動手臂之象，🈚️為小兒之意。金文中字形為 ᐞ。《說文解字》釋曰：「子，十一月，陽氣動，萬物滋，人以為偁。象形。凡子之屬皆從子。※，古文子，從巛，象髮也。※，籀文子，囟有髮，臂脛在几上也。」、「子」，本指小兒，《說文》以「子」為「十一月，陽氣動，萬物滋」，應為後起之說。

「君子」一詞，其出甚早。殷周之際，已為時人所用。如《尚書・大禹謨》「反道敗德，君子在野，小人在位，民棄不保」；《尚書・泰誓下》載武王曰「我西土君子，天有顯道，厥類唯彰」；《尚書「旅獒》記成王時之太保曰「狎侮君子，罔以盡人心」；《尚書・無逸》載周公曰「君子所其無逸」。武王、太保、周公稱人為「君子」，證明「君子」一詞最晚於殷周之際已出現。

「君子」作為一個複合詞，在先秦早期典籍當中的具體含義是什麼，歷代學者眾說紛紜。其中，有兩種觀點比較有代表性：

其一，以「君子」指國君或王侯之子。

俞琰在《讀易舉要》卷一《象占所稱》中釋「君子」時說：「《大禹謨》云『君子在野，小人在位』，君子猶今王公大臣之貴子。小人猶今閭閻市井之賤人。唐虞之時，天下萬國是時在官者，無非國君之子，故有君子之稱。古之所謂君子，只是國君之子，凡王子、公子皆是也。」[1]

清黃宗炎《周易尋門余論》卷下曰：「稱為君子者，『君』令人可敬畏，『子』令人可親愛也。上古、中古，士俱世族王侯之子孫，多賢才，王天下，君邦國者，皆世胄。故在上在下或有位或有德，俱得稱為君子也。」

---

[1] 俞琰：《讀易舉要》，文淵閣《四庫全書》第 21 冊，臺灣商務印書館，1986，第 21—406 頁。

第一節　「君子」釋名（本節有圖片）

其二，以「君子」作為自天子以至於諸侯卿大夫之有位、有德者之通稱。

孔穎達在注解《禮記‧曲禮上》「君子恭敬撙節，退讓以明禮」時說：「君子是有德有爵之通稱。王肅云『君上位，子下民』，又康成注《少儀》云『君子，卿大夫』。」而他在注釋《周易‧乾‧大象》「天行健，君子以自強不息」時又說：「言『君子』者，謂君臨上位，子愛下民，通天子諸侯，兼公卿大夫有地者。凡言『君子』，義皆然也。」而《毛詩正義》卷十七曰：「君子者，言其德可以君上位，子下民，雖天子亦稱之。《易‧乾卦》九三『君子終日乾乾』，謂天子是也。公卿以下有德者，亦稱之。」

宋王安石在《臨川文集》卷八十二〈君子齋記〉中說：「天子諸侯謂之君，卿大夫謂之子，古之為此名也，所以命天下之有德。故天下之有德，通謂之君子。有天子、諸侯、卿大夫之位，而無其德，可以謂之君子，蓋稱其位也；有天子、諸侯、卿大夫之德而無其位，可以謂之君子，蓋稱其德也。」

以上兩種觀點中，以「君子」指國君或王侯之子，應為「君子」之本義。理由有二：其一，其與「君」、「子」二字原始之義相契。其二，殷周之世，爵位職官皆為世襲，故而自天子以至於諸侯卿大夫，其爵位及祿位皆從先祖那裡繼承而來，故「君子」雖是天子、諸侯、卿大夫之通稱，然從血緣關係而言，又實同出一脈。以西周宗法製為例，周王自稱天子，其王位由嫡長子繼承，其餘諸子則分封為諸侯或王朝公卿大夫；諸侯之位同樣由其嫡長子繼承，其餘諸子受封邑而為卿大夫。這種天子、諸侯、卿大夫爵祿之位的承襲，從根上是由血緣關係決定的。這就意味著被稱為「君子」的天子、諸侯及卿大夫，從血緣關係上來看，確實為「君」之子，或「君」之子孫。因此，從血緣和爵祿傳承關係的角度來看，以「君子」指國君或王侯之子，當為其源初之義。

早期「君子」其源初之義指國君、王侯之子，但隨著血脈關係的不斷擴散，「君子」又成為通天子以至於諸侯、卿大夫之通稱，君子有「位」，是君子之顯性特色。自周王朝建立起之後，周王室以周人有德而殷人喪德，為周人克殷承天

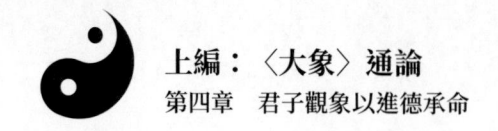

上編：〈大象〉通論
第四章　君子觀象以進德承命

命，作為周王朝合法性的解釋。以周公為代表的王室領袖，訓誡在位周王室子弟，以修德為本，以守其位，成為周王室治國理政思想的重要組成部分，「君子」有德，亦成為周王室成員的普遍要求，旁及於諸侯、卿士大夫之有爵祿者。春秋戰國時期，由於王室衰微，社會動盪，以孔子、孟子、荀子為代表的儒者為了適應時代的需要，在吸收前人思想的基礎上，對「君子」一詞的內涵進行了有意識的詮釋轉換。在德位關係上，以「德」為君子之本，有德無位者亦可稱之為君子，有位無德者亦可稱之為小人。《荀子‧儒效》曰：「故人知謹注錯，慎習俗，大積靡，則為君子矣。縱情性而不足問學，則為小人矣。」荀子謂「知謹注錯，慎習俗，大積靡」為「君子」，「縱性情而不足問學」為「小人」的觀點，在孔孟的「君子」、「小人」之辨強調德性為本，但仍然承認「君子」為有位者之稱謂觀點的基本上，徹底將是否有「位」作為判斷是否為君子的標準。後世儒家在「君子」評判的標準上，以「德」為本棄位不談，成為普遍觀點，今人論「君子」，亦以尚德為本。

　　作為周王室的遺作，〈大象〉中的「君子」指的應是周王室子弟，其主旨是在教導作為周王室統治者的天子或諸侯卿大夫觀象以修身進德，治國理政。〈大象〉六十四卦中，與君子進德修業有關的共有五十三卦。為了論述方便，筆者將主旨相近或意思相近的文辭進行分組探討。

第二節　重德修德以固本

　　據古文字學家考證，「德」字在甲骨文、金文中早已有之。「德」字在甲骨文中的字形是䘩、�等，相關用例有「王𢛳出」（《甲骨文合集》7421），「王𢛳土方」（《甲骨文合集》559）。金文中的字形為𢛳、𢛳、德、（缺圖片）等，相關用例有西周早期《班簋》（毛伯彝）「唯敬德」（《殷周金文集成》04341），西周早期《德作（尊）彝簋》「德乍（作）尊彝」（《殷周金文集成》03388）。徐中舒先生在《甲骨文字典》中說：「『𢛳』是德的初文，此字從彳從直。釋義為循行察視。」金文

第二節　重德修德以固本

或在「值」下加「心」寫作「德」，或直接寫作「惪」。《說文·心部》曰：「惪，外得於人，內得於己也，從直從心。」段玉裁注曰：「惪，內得於己，謂身心所自得也；外得於人，謂惠澤使人得之也。俗字假德為之。」《廣韻·德韻》曰：「德，德行。惪，古文。」

關於「德」字的源頭、內涵及衍變，學界有許多學者做過研究。[2] 陳來先生認為：「德的原義與行、行為有十關，從心以後，則多與人的意識、動機、心意有關。行為與動機、心念密切相關，故德的這兩個意義是很自然的。從西周到春秋的用法來看，德的基本含義有二：一是指一般意義上的行為、心意，二是指具有道德意義的行為、心意。由此衍生出的德行、德性則分別指道德行為和道德品格。」[3]

〈大象〉中「德」字的內涵，與陳來對於「德」字的分析相合，既指德行也指德性，既強調君子內在德性的培育，也強調外在德行的修養。郭沫若認為「德」字始見於周文，並對周人重德的意義進行了分析，他說：「德有『得之於內者』，『有得之於外者』，前者乃道德、品德之醞釀，後者在於『崇祀鬼神，師型祖德……有德者得其壽，得其祿，得延其福澤與子孫。德以齊家，德以治國，德以平天下。德大者配天，所謂大德者必在位也。可見，周代思想中的宗教、政治、道德之三位一體。」[4]

西周以來的文獻如《詩》、《書》，都明白地顯示著「天不可信、天命靡常」的意思。《詩經·大雅·大明》之「天難忱斯」，《大雅·文王》之「天命靡常」和《尚書·康誥》之「唯命不于常」。郭沫若認為，殷商滅亡的深刻教訓，刺激了周人徹底反思天命恆常的觀念，並由此衍生了「天不可信」、「天命靡常」的思想。〈大象〉對於君子之「德」的反覆強調，同樣也是這種思想的表現，它意在

---

[2] 鄭開先生從文字、音韻、訓詁等方面，探討了前諸子時期，「德」的涵義及其流變。參見氏著：《德禮之間：前諸子時期的思想史》，三聯書店，2009。

[3] 陳來：《古代宗教與倫理：儒家思想的根源》，北京大學出版社，2017，第339頁。

[4] 郭沫若：《金文叢考·周彝中之傳統思想考》，科學出版社，2002，第75—80頁。

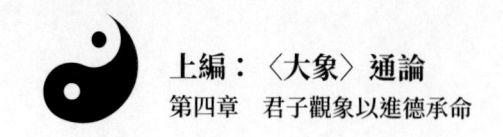

上編：〈大象〉通論
第四章　君子觀象以進德承命

訓誡周王室成員觀象進德，最根本之緣由是「有德」為在位君子守位的根本。不論是天子延續國祚，還是諸侯卿大夫保其爵祿之位，都必須以德為本。〈大象〉六十四卦中，「君子」與「德」一同出現的有十二卦，但與君子觀象以修德進德有關之卦，為以下九條：

《坤》：地勢，坤，君子以厚德載物。
《蒙》：山下出泉，蒙，君子以果行育德。
《小畜》：風行天上，小畜，君子以懿文德。
《大畜》：天在山中，大畜，君子以多識前言往行，以畜其德。
《坎》：水洊至，習坎，君子以常德行，習教事。
《蹇》：山上有水，蹇，君子以反身修德。
《升》：地中升木，升，君子以順德，積小以高大。
《益》：風雷，益，君子以見善則遷，有過則改。
《震》：洊雷，震，君子以恐懼修省。

上述9卦中，《坤》、《小畜》兩卦謂君子觀象以厚德、懿文德，皆在強調君子應重視德行的培養。《蒙》、《大畜》、《坎》、《蹇》、《升》、《益》、《震》7卦則分別從個人意志、先祖先賢的言行、積極學習、自我反思、德行培養的持久性等方面對君子修德的提出了諸多訓誡。

《坤》卦曰：「地勢坤，君子以厚德載物。」

《坤》卦卦象，上下卦皆為坤象地。天尊於上，無物不覆，地卑於下，無物不載。地之能載萬物，皆因其厚重，所以在位君子欲上承天命，下得民心，應取法於地，效法地之博厚無邊，以敦厚其德行。《中庸》曰：「博厚所以載物也，高明所以覆物也，悠久所以成物也。博厚配地，高明配天，悠久無疆。」其直接以博厚載物作為地之特徵與德性，與《坤》卦的「地勢坤，君子以厚德載物」的思想相契。因《周易》乾象天、坤象地之思想，早已有之，故《中庸》「博厚配地，高明配天」之思想或即源於《周易》。

第二節　重德修德以固本

　　《小畜》卦曰：「風行天上，小畜，君子以懿文德。」
　　《小畜》卦象，上卦為巽象風，下卦為乾象天。《小畜》卦辭曰「密雲不雨，自我西郊」，「密雲」與「風行天上」之意相契，「不雨」之象與「小畜」之意相通。畜者，積也。雲積而雨未下，有「小畜」之義。《周易集解》引《九家易》曰：「風者，天之命令也。今風行天上，則是令未下行：畜而未下，『小畜』之義也。」懿，指德行美好，《說文》曰「懿，嫥久而美也」。此處則作動詞用，以「修美」為義。「文德」為先秦論德之一種形式，如明德、懿德之類。
　　什麼是「文德」？春秋早期的單襄公有過說明。《國語·周語下》記載：「襄公有疾，召頃公而告之，曰：『必善晉周，將得晉國。其行也文，能文則得天地，天地所胙，小而後國。夫敬，文之恭也；忠，文之實也；信，文之孚也；仁，文之愛也；義，文之制也；智，文之輿也；勇，文之帥也；教，文之施也；孝，文之本也；惠，文之慈也；讓，文之材也。象天能敬，帥意能忠，思身能信，愛人能仁，利制能義；事建能智，帥義能勇，施辯能教，昭神能孝，慈和能惠，推敵能讓。此十一者，夫子皆有焉』。」以單襄公之言而論，「文德」之目有敬、忠、信、仁、義、智、勇、教、孝、惠、讓十一種，「文德」即是能有國家之德，是一種政治德行，非一般意義上的人倫德行，不具有普遍性的意義。
　　《小畜》卦象辭之旨在要求君子觀「風行天上」，有雲聚而不雨的《小畜》之象，故修其文德，以獲得天命的認可、四方之民的擁戴。《論語》的「遠人不服，則修文德以來之」，就是對這一思想的繼承。孔子倡導的「仁、義、禮、智、信」五常之說，《中庸》視「智、勇、仁」為「三達德」，皆是對周王室「文德」之教的損益。
　　《蒙》卦曰：「山下出泉，蒙，君子以果行育德。」
　　此卦意在強調君子修德必須果決，有堅強的決心。《蒙》卦卦象，上卦為艮象山，下卦為坎象泉水。艮為山，有止之象，泉水可以養物，但其出不易，需克服山之阻撓。君子之德為嘉美之物事，上可承天命，下可濟民，比之於此卦，則

61

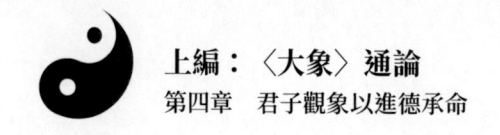

上編：〈大象〉通論
第四章　君子觀象以進德承命

似可養物之泉水，泉水之出艱難。故而，君子觀《蒙》卦之象，亦當以果決的品行，培育自身的德性。

《大畜》曰：「天在山中，大畜，君子以多識前言往行，以畜其德。」

此卦意在強調君子應當認真學習先祖先賢的美言善行，以培養積畜自身的美德。《大畜》卦卦象，下卦為乾象天，上卦為艮象地。「天在山中」，此象非真實可見，故朱熹說：「不必實有是事，但以其象言之耳。」畜為畜積，「大畜」之名，本之卦象，向秀曰：「止莫若山，大莫若天，天在山中，大畜之象。天為大器，山則極止，能止大器，故名『大畜』也。」此言頗可取。識，即「知」，《說文》卷三釋曰：「常也。一曰知也。」《詩‧大雅‧瞻卬》「君子是識」，箋曰：「知也。」此與「多識」之「識」相通。前言往行，指往聖先賢或先王的言行。此卦象辭之旨在訓誡「君子」觀《大畜》「天在山中」之象，知畜德之要，離不開對於往聖先賢或先王言行的學習。程頤謂：「人之蘊畜，由學而大，在多聞前古聖賢之言與行，考蹟以觀其用，察言以求其心，識而得之，以畜成其德。」甚得其意。

「多識前言往行，以畜其德」的思想淵源甚早。如《尚書‧說命下》：「人求多聞，時唯建事。學於古訓，乃有獲。事不師古，以克永世，匪說攸聞。唯學遜志，務時敏，厥修乃來。允懷於茲，道積於厥躬。唯教學半，念終始典於學，厥德修罔覺。監於先王成憲，其永無愆。唯說式克欽承，旁招俊乂，列於庶位。」《說命下》「學於古訓，乃有獲，事不師古，以克永世，匪說攸聞」，與「多識前言往行」之意相通。作為王室政典，《尚書》諸篇訓誡之言，是以「學以為王」、「學以為君上」為重要目標的。《論語》所說的「多聞，擇其善者而從之，多見而識之」、「博學篤志」，也是以「學以成人」、「學以成君子」為目標的。「多識前言往行，以畜其德」，作為一種普遍性的為學思想，無論是作為王室之教，還是作為儒家成人之教，都有重要意義。若以其源論之，則出於王室之教。

《坎》卦曰：「水洊至，習坎，君子以常德行，習教事。」

第二節　重德修德以固本

　　此卦意在強調君子既要將修德作為一種常態化行為，也要認真習練政教之事，以確立起一種常態的德行政治。

　　《坎》卦卦象，上下卦皆為坎象水，故曰「習坎」。「洊雷」，皆是以「重」為義。「水洊至」即是水流重重而至。「習」亦是「重」義。常，恆常。習，習練、勤習。教事，指「政教之事」。「君子」觀《坎》水流綿延不絕之象，知德行之修亦當恆常不已，政教之事亦當勤習不已而不能荒廢，如此才能久保其位。程頤謂：「其因勢就下，信而有常，君子觀坎水之象，取其有常，則常久其德行。人之德行不常，則偽也。當如水之有常，取其洊習相受，則以習熟其教令之事。」

　　《蹇》卦曰：「山上有水，蹇，君子以反身修德。」

　　此卦意在強調君子修德，必須要善於自我反思，自我檢討，有過則改，見善則從。

　　《蹇》卦卦象，下卦為艮象山，上卦為坎象水。〈序卦〉曰：「蹇者，難也。」《蹇》卦上卦為水，為坎陷之象，下卦為山，亦有險阻之義，二者相重故有「蹇」義。孔穎達曰：「山者是岩險，水是阻難；水積山上，彌益危難，故曰『山上有水，蹇』。」此卦象辭之旨在訓誡君子觀《蹇》卦之象及思「蹇」難之義，則當時時反思自身，並加強德行修養，以預防蹇難，或作為克蹇之方。《周易正義》曰：「蹇難之時，未可以進，唯宜反求諸身，自修其德，道成德立，方能濟險。故曰『君子以反身修德』也。」

　　先秦儒家非常重視個體德行修養中的自我反省功夫。《論語》曰「見賢思齊焉，見不賢而內自省也」。《中庸》載孔子曰「射有似乎君子。失諸正鵠，反求諸其身」。《孟子》亦曰「行有不得者，皆反求諸己」。皆與《蹇》卦強調君子處蹇難之時，應「反身修德」之教一理同然。

　　《升》卦曰：「地中生木，升，君子以順德，積小以高大。」

　　此卦意在告誡君子，德行的養成是一個漸進的過程，必須要持之以恆，積少成多。

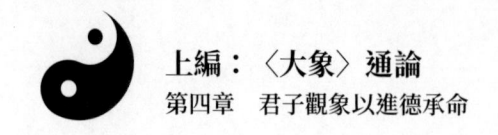

上編：〈大象〉通論
第四章　君子觀象以進德承命

《升》卦卦象，上卦為坤象地，下卦為巽象木。〈序卦〉謂「聚而上者為升」，《升》卦以樹木從土地中長出來，由小變大為象，故以「升」名之。荀爽曰：「地謂坤，木謂巽；地中生木，以微至著，升之象也。」此義可從。順，亦有作「慎」者，朱熹《周易本義》曰：「王肅本『順』作『慎』，今案他書引此，亦多作『慎』，意尤明白，蓋古字通用也。」朱子此說可從。「慎德」，即是慎重地培養自己的德行。此卦象辭意在訓誡君子觀樹木由小變大之象，而思透過不斷培養德行，以成就自己的事功。孔穎達曰：「地中生木，始於細微，終於合抱：君子象之，以順行其德，積其小善以成大名。〈繫辭〉云『善不積不足以成名』是也。」

王者慎德之教，其出甚早，《尚書》中屢屢言及。如〈五子之歌〉「弗慎厥德，雖悔可追」；〈太甲上〉「慎乃儉德，唯懷永圖」；〈太甲下〉「終始慎厥與，唯明明後；先王唯時懋敬厥德，克配上帝」；〈旅獒〉「明王慎德，四夷咸賓」；〈文侯之命〉「丕顯文、武，克慎明德，昭升於上，敷聞在下，唯時上帝集厥命於文王」。對於王者而言，「慎德」是指要慎重地培養自己的德行，使之可與自己所得的天命——有天下相配，並永保其「得」——世代承襲王位。

〈大象〉以「地中生木」為象來闡發君子「順德」之思想，可聯繫〈繫辭〉「善不積不足以成名，惡不積不足以滅身」來理解。〈繫辭〉所言意在強調，德行之培育應慎其所修，「成名」、「滅身」皆是慢慢積累而來，或為善，或為惡，故需慎重對待。程頤曰：「萬物之進，皆以順道也。『善不積不足以成名』，學業之充實，道德之崇高，皆由積累而至。」

《益》卦曰：「風雷，益，君子以見善則遷，有過則改。」

《益》卦卦象，上卦為巽象風，下卦為震象雷。卦象與卦名之關係有兩重解釋，或以風雷於萬物之長養有功，故為「益」。如《周易正義》引《子夏易傳》云：「雷以動之，風以散之，萬物皆盈。」或以風雷二者並見，可以相互增助其威，則為「益」。如程頤曰：「風烈則雷迅，雷激則風怒，二物相益者也。」遷，《爾雅》謂「徙也」；《說文》卷二釋之曰「登也」。「見善則遷」，字面意思是見到善的好

第二節　重德修德以固本

的就向其靠近,引申則有見善事善行則為之之意。此卦象辭意在訓誡「君子」觀《益》上巽下雷之象,及卦名「益」之義,能思遷善改過以增益自身之德行修養。程頤謂:「見善能遷,則可以盡天下之善。有過能改,則無過矣。益於人者,莫大於是。」

改過之教,淵源甚早。如《尚書‧仲虺之誥》曰「用人唯己,改過不吝」。《逸周書‧文政解》亦告誡王者應「尊九德,止九過」,「九過」之具體條目為:「一視民傲,二聽民暴,三遠慎而近藐,四法令殊亂,五仁善是誅,六不察而好殺,七不念而害行,八不思前後,九偷其身不路而助無漁。」學者或謂《論語》「過則勿憚改」為此卦象辭之源,並不妥當,應當質諸《尚書》等先秦典籍詳加分辨。

《震》卦曰:「洊雷,震,君子以恐懼修省。」

《震》卦卦象,上下卦皆為震象雷。「洊」,孔穎達曰:「洊者,重也,因仍也。雷相因仍,乃為威震也。此是重震之卦,故曰『洊雷,震』也。」

此卦象辭中的「恐懼修省」是意在訓誡「君子」觀震雷相重之象,而生驚恐惕懼之心,自思己過,以加強自己的修養。孔穎達曰:「君子恆自戰戰兢兢,不敢懈惰;今見天之怒,畏雷之威,彌自修身,省察己過,故曰『君子以恐懼修省』也。」

王者觀震雷而恐懼,故反躬自省,這種思想早已有之。《尚書‧金縢》載:「秋,大熟,未穫。天大雷電以風,禾盡偃,大木斯拔。邦人大恐,王與大夫盡弁,以啟金縢之書,乃得周公所自以為功,代武王之說。二公及王乃問諸史與百執事。對曰:『信。噫!公命,我勿敢言。』王執書以泣,曰:『其勿穆卜。昔公勤勞王家,唯予沖人弗及知。今天動威,以彰周公之德。唯朕小子其新逆,我國家禮亦宜之。』王出郊,天乃雨。反風,禾則盡起。二公命邦人,凡大木所偃,盡起而築之,歲則大熟。」〈金縢〉這段話的大意是:武王病重,周公代禱。武王去世之後,成王聽信讒言,懷疑周公之德。當秋熟之時,天以雷電致災以警之,成王自省罪己,最終反災為慶。《清華大學藏戰國竹簡》(一)收錄的《周

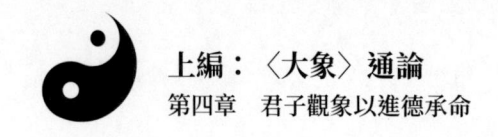

上編：〈大象〉通論
第四章　君子觀象以進德承命

武王有疾周公所自以代王之志》中，亦有類似的記載。

第三節　自強不息以砥志

古往今來，欲成大事者，必遇大困局，破之，則事可成；畏難不進，則終必敗。而君子要想成就一番大事業，不僅要處理好與外界的諸種關係，還要不斷錘鍊自身的意志特質，提升各方面的能力素養。〈大象〉擬辭就極其重視對君子內在的意志品格的訓誡培養，以下六卦就是其中的代表：

《乾》：天行，健，君子以自強不息。

《恆》：雷風，恆；君子以立不易方。

《家人》：風自火出，家人；君子以言有物而行有恆。

《損》：山下有澤，損，君子以懲忿窒慾。

《困》：澤無水，困，君子以致命遂志。

《大過》澤滅木，大過，君子以獨立不懼，遯世無悶。

上述六卦中，《乾》卦意在強調君子應當樹立堅韌不拔、積極奮進的精神。《恆》、《家人》二卦則意在強調君子應當確立不可動搖的為人處世的原則。《損》卦則意在強調君子應當控制負面情緒和個人的慾望。《困》卦則意在強調君子為了堅守正道，雖死不悔。《大過》卦則意在強調君子應志向堅定，即使不被世人所認可，也不畏懼，不苦悶。下面將結合先秦典籍中，與周王室有關的一些記載，對上述六卦進行詳細分析。

《乾》卦曰：「天行健，君子以自強不息。」

別卦《乾》卦，上下卦皆是乾，以天為象。《周易集解》引宋衷釋卦象曰「晝夜不懈，以健詳其名」。君子法天道健行不止之象，故而一切境遇，無論順逆都要樹立起一種堅韌不拔、積極奮進的精神。《乾》卦「天行健，君子以自強不息」，主要從內在精神的維度，要求君子應樹立起自強奮發的精神，故雖不明言進德修業之事，而君子之進德修業未嘗離乎是。自天子以至於庶人，欲有所作

第三節　自強不息以砥志

為，皆不能無此精神。「自強不息」是成事者必須具備的精神特質，〈大象〉作者將其繫之於六十四卦之首，正是欲以此卦之精神統攝六十四卦。示之於人事，則是訓誡君子，欲有所成，須以立志自強為先。

《恆》卦曰：「雷風，恆，君子以立不易方。」

《恆》卦卦象，上卦為震象雷，下卦為巽象風。方，道也，當指原則、方法。此卦意在訓誡「君子」應效法《恆》卦之象與卦名「恆久」之義，確立自己不可動搖的處世原則及應事方式。孔穎達謂：「君子立身，得其恆久之道，故不改易其方。」

元人胡震在《周易衍義》卷八中解釋《恆》卦卦辭時說：「恆有二義，有不易之恆，有不已之恆。利貞者，不易之恆也。利有攸往者，不已之恆也。合而言之，乃常道也；倚於一偏，則非道矣。」此說頗為確當。

《家人》卦曰：「風自火出，家人，君子以言有物而行有恆。」

《家人》卦卦象，上卦為巽象風，下卦為離象火。《歸藏》稱此卦為「散家人」，與通行本有異。風與火之卦象如何有「家人」之義？孔穎達釋曰：「火出之初，因風方熾；火既熾盛，還復生風，內外相成，有似家人之義。」風自火出，離火中虛，風亦虛，風火為家人，然皆不實不可長久之象，故君子觀此不實不久之象，而思言有實，而行有恆，以求長存。孔穎達謂：「言之與行，君子樞機。出身加人，發邇化遠，故舉言行以為之誡。言既稱物，而行稱『恆』者，發言立行，皆須合於可常之事，互而相足也。」斯言可為借鑑。

言行之道，為王者從政之重要手段，《逸周書》中多有提及，〈繫辭〉也說：「言出乎身，加乎民；行發乎邇，見乎遠。言行，君子之樞機，樞機之發，榮辱之主也。言行，君子之所以動天地也，可不慎乎？」此卦文辭可與《頤》卦「君子以慎言語」相結合來研究。

《損》卦曰：「山下有澤，損，君子以懲忿窒慾。」

《損》卦卦象，上卦為艮象山，下卦為兌象澤。《周易集解》引鄭玄曰：「艮

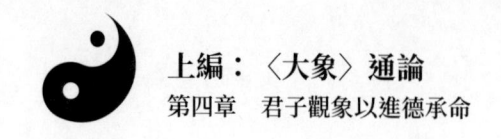

上編：〈大象〉通論
第四章　君子觀象以進德承命

為山，兌為澤，互體坤，坤為地。山在地上，澤在地下，澤以自損，增山之高也。猶諸侯損其國之富，以貢獻於天子，故謂之『損』也。」

懲，《玉篇》謂「戒也」。懲忿，即警戒忿怒。窒，《說文》卷七釋曰「塞也」。窒慾，即遏止慾望。此卦象辭意在訓誡「君子」觀《損》卦山在上，澤處下，澤水退而山顯高之象，以自損不善而揚其美。孔穎達說：「君子以法此『損』道，以懲止忿怒，窒塞情慾。夫人之情也，感物而動；境有順逆，故情有忿慾。懲者，息其既往；窒者，閉其將來。忿、欲皆有往來，懲、窒互文而相足也。」

馬王堆帛書《周易·要》載孔子釋《損》、《益》二卦之言曰：「二三子，夫《損》、《益》之道，不可不審察也，吉凶之門也。」又曰：「《損》、《益》之道，足以觀天地之變，而君者之事已。是以察於《損》、《益》之變者，不可動以憂喜。故明君不時不宿，不日不月，不卜不筮，而知吉與凶，順於天地之道也，此謂《易》道。」由帛書《要》篇可知，孔子以春夏秋冬、陰陽、剛柔、上下論「損益之道」，與〈象傳〉「損益盈虛，與時偕行」之旨相契。而〈大象傳〉曰「山在澤上，損，君子以懲忿窒慾」，則更多強調的是君子觀象以自修，主要是從個體內在的情慾入手，去其不善而成其善。這與孔子及〈象傳〉從宏觀的天地人三才之道解讀損益之道，有明顯區別。學者或謂《論語》「棖也慾，焉得剛」、「不憤不啟」、「一朝之忿，忘其身，以及其親，非惑與」，為此卦象辭之源。其說不確。警惕忿怒、遏止私慾之訓教，淵源甚早。《逸周書》卷三《酆保解》論「十敗」曰：「一佞人敗樸，二諂言毀積，三陰資自舉，四女貨速禍，五比黨不揀，六佞說罷獄，七神龜敗卜，八賓祭推谷，九忿言自辱，十異姓亂族。」忿言敗事即是其一。《尚書·太甲中》「慾敗度，縱敗禮」，則是戒慾之言。此二者或為周王室之言，或為往聖先賢之遺言，皆早出於《論語》，故論《損》卦象辭「懲忿窒慾」之源，此更當得視。

《困》卦曰：「澤無水，困，君子以致命遂志。」

《困》卦卦象，上卦為兌象澤，下卦為坎象水。此卦卦象以水居澤下，為澤

乾涸之象，於澤而言為困。孔穎達曰：「『澤無水，困』者，謂水在澤下，則澤上枯槁，萬物皆困，故曰『澤無水困』也。」

「致命」在先秦典籍中，一般有兩種含義。一是指使臣代君傳命，如《左傳‧文公十五年》載：「齊人許單伯請而赦之，使來致命。」《左傳‧宣公十五年》載：「使呼宋人而告之，遂致其君命。」二是指獻出生命，如《論語‧子張》曰：「士見危致命，見得思義。」此處「致命」當指獻出性命。朱熹曰：「猶言授命，言持以與人而不之有也。」遂，有亡、進、安、達、成、順等多種含義，「遂志」當為順志。此卦象辭旨在訓誡「君子」觀《困》卦「澤無水」之象，而明居窮守困之時，一定要堅守正道，雖死不悔。孔穎達曰：「君子之人，守道而死，雖遭困厄之世，期於致命喪身，必當遂其高志，不屈撓而改移也。故曰『致命遂志』也。」此說平實可取。

《大過》卦曰：「澤滅木，大過，君子以獨立不懼，遁世無悶。」

《大過》卦卦象，上卦為兌象澤，下卦為巽象木。水潤木生，然亦有度，此卦兌澤在巽木之上，為水多滅木之象，故卦名以「大過」稱之。孔穎達謂：「『澤滅木』者，乃是澤之甚極而至滅木，是極大過越之義。」遁世，即逃世、避世。此卦象辭旨在訓誡「君子」觀《大過》卦澤水過大而滅木之象，以人事之危有傷身之患，故將「獨立不懼，遁世無悶」作為應事之方。程頤謂：「君子觀《大過》之象，以立其『大過人』之行。君子所以『大過人』者，以其能獨立不懼，遁世無悶也。天下非之而不顧，獨立不懼也。舉世不見知而不悔，遁世無悶也。」

第四節　慎始慎終以謀事

君子在位，欲要有所成就，任何事情都要經過慎重的思考謀慮，不僅要有周密的計劃，還要有堅定不移的意志，防患於未然的洞見，行之有效的處世方式。〈大象〉對於君子在成事的過程中，應該考慮諸多因素，有過抽象的提及，以下4卦是其中的代表：

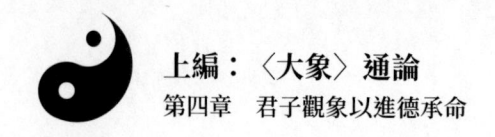

上編：〈大象〉通論
第四章　君子觀象以進德承命

《屯》：雲雷，屯，君子以經綸。

《訟》：天與水違行，訟，君子以作事謀始。

《歸妹》：澤中有雷，歸妹，君子以永終知敝。

《既濟》：水在火上，既濟，君子以思患而預防之。

上述四卦中，《屯》卦強調的是君子處屯難之時，應經略匡濟四方；《訟》強調的是要慎始，《歸妹》強調的是能善終，而《既濟》強調的則是防患於未然。下面將結合先秦典籍中，與周王室有關的一些記載，對上述四卦進行細緻分析：

《屯》卦曰：「雲雷，屯，君子以經綸。」

《屯》卦卦象上卦為坎象雲，下卦為震象雷。《屯》卦有險難之義，〈彖〉曰「屯，剛柔始交而難生」，就卦象而言，上卦為坎象水，下卦為震象雷。坎本象水，而此卦稱「雲」不稱「水」，朱熹《周易本義》認為此為「未通之意」，亦即是象徵屯難。經綸，孔穎達釋曰「『經』謂經緯，『綸』謂綱綸」。象辭之意在於強調，君子觀《屯》卦「雲雷」積聚而未能成雨之象，比之於人事，則思居處險難之境遇時，應早作謀劃，制定好各種方略，以匡濟時難，而有所作為。[5]

《訟》卦曰：「天與水違行，訟，君子以作事謀始。」

《訟》卦卦象上卦為乾象天，下卦為坎象水。違，違背。「天與水違行」，荀爽釋之曰：「天自西轉，水自東流，上下違行，成訟之象也。」孔穎達亦謂：「天

---

[5] 連劭名認為：「〈象〉曰『君子以經綸』是對卦辭『利建侯』而言，知《經典釋文》引黃穎說『經綸，匡濟也』。最為合理。」而尚秉和的解釋只注意了卦象而忽略了卦辭。西周晚期《虢季子白盤》銘曰：「丕顯子白，壯武於戎工，經（維）四方，搏伐（玁）（狁），於洛之陽，折首五百……」《殷周金文集成》110173）。連劭名認為，銘文中的「經維」即是「經綸」，《詩經·六月》「玁狁孔熾，我是用急，王於出征，以匡王國」，「以匡王國」與銘文中的「經維四方」同義，「匡」與「正」同義。《國語·楚語》「武丁於是作書曰：以余正四方，余恐德之不類，茲故不言」；《呂氏春秋·審應覽》「高宗乃言曰：以余一人正四方，余唯恐言之不類，茲故不言」。「正四方」即是「經維四方」。凡此之類，都佐證黃穎釋「經綸」為「匡濟」之義。參見連劭名：《西周金文與〈周易·象傳〉》，《周易研究》1994年第2期。

第四節　慎始慎終以謀事

道西轉，水流東注，是天與水相違而行，像人彼此兩相乖戾，故致訟也。」此卦象辭旨在訓誡「君子」觀《訟》卦「天與水違行」之象，而思凡作事之始，應當慎重謀慮，防患於未然。程頤《周易程氏傳》謂：「凡所作事，必謀其始，絕訟端於事之始，則訟無由生矣，謀始之義廣矣。」斯言甚切。

《歸妹》曰：「澤中有雷，歸妹，君子以永終知敝。」

《歸妹》卦卦象，下卦為兌象澤，上卦為震象雷。歸妹，指女子出嫁。《歸妹》卦上震下兌，震為長男，兌為少女，有少女隨長男之象，故謂之「歸妹」。程頤曰：「雷震於上，澤隨而動；陽動於上，陰說而從，女從男之象也，故為『歸妹』。」永，永遠、永久。永終，永遠有善終。敝，弊病。知敝，知道弊病在哪裡。此卦象辭旨在訓誡「君子」觀《歸妹》卦象，又以夫婦相處之道為鑒，而思凡事都要以有善終為目標，並要知道破壞這種善終的問題可能在哪裡，並克服它。程頤說：「《歸妹》說以動者也，異乎恆之巽而動，久必敝壞。知其必敝，則當思永其終也。天下之反目者，皆不能永終者也。不獨夫婦之道，天下之事，莫不有終有敝，莫不有可繼可久之道。觀《歸妹》則當思永終之戒也。」

《既濟》卦曰：「水在火上，既濟，君子以思患而預防之。」

《既濟》卦卦象上卦為坎象水，下卦為離象火。濟，成。既濟，既成。就卦爻象而言，六十四卦以陰居陰位，陽居陽位為正位，而《既濟》卦為正位之卦，故以「既濟」名之。就其卦形而言，水在火上，有烹飪食物而熟之象。故孔穎達釋曰：「水在火上，炊爨之象，飲食以之而成，性命以之而濟，故曰『水在火上，既濟』也。」豫，與「預」同義，預防。此卦象辭旨在訓誡「君子」觀《既濟》卦「水在火上」之象，知水火相宜則利物，水火失衡則火滅水涸，措之於人事，則應居安思危，防患於未然。荀爽曰：「六爻既正，必當復亂，故君子象之。『思患而豫防之』，治不忘亂也。」

從治國之道而言，居安思危，在位思亂，是新王朝建立之後的常規做法。《尚書》當中，大量的篇章都反應了在位君王對於興衰之道的探討，其中〈周書〉

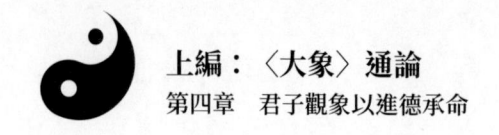

上編：〈大象〉通論
第四章　君子觀象以進德承命

部分周王室對於王位更迭，天命如何延續的探討更為充分。〈蔡仲之命〉謂：「皇天無親，唯德是輔；民心無常，唯惠之懷。為善不同，同歸於治；為惡不同，同歸於亂。」為了維護周王朝的統治，周王室制定了一系列的禮儀法度，此皆可視為周王室「思患而豫防」之的政治實踐，且《周易》一書，又被稱為「憂患之書」，〈繫辭下〉曰：「作《易》者其有憂患乎」。《周易》經文中的大量存在的吉、凶、悔、吝、無咎之類的文辭，也將作《易》者的憂患意識體現在淋漓盡致。在一定程度上，周王室的憂患思想，是宗周禮樂文明昌盛的根源，〈大象〉「水在火上，既濟，君子以思患而豫防之」與之深深相契，可以視為周王室滅商建國之後，制定一系列禮儀典章制度的內在動力。

第五節　正位明德以受命

中國傳統政治觀念認為，王朝更迭，最終的決定者是天命，王者得天命而有天下，是王權合法性的終極依據。這一思想淵源甚早，如《尚書·盤庚》「先王有服，恪謹天命」、「罔知天之斷命」、「天其永我命於茲新邑」。范文瀾認為，「《盤庚》三篇是無可懷疑的商朝遺文」。[6] 陳來認為：「這裡的天命應與〈周書〉中的天命不同，表示上天授賜人世王朝的政治權利和政治壽命。」[7] 周人的天命觀相較於殷人，發生了重大的變化，他們依然認為天命決定了王權的歸屬，但是「天」不再是高高在上，沒有道德內涵的「天」，而是變成了具有道德內涵的存在，賞善罰惡、弼佑萬民、授命於有德者是其基本特徵。因此，在君權與天命的關係中，以德承天命，成為周王朝天命思想的核心觀點，後世王朝更迭也多是以此為理論依據。周代的臣僚與君權的關係，亦如君權與天命的關係，諸侯卿大夫等享有其爵祿之位皆來之於天子或諸侯的錫命（冊命）。

〈大象〉中言「命」者，有《大有》、《鼎》、《姤》、《巽》四卦。「命」或指天命，

6　范文瀾：《中國通史簡編》（修訂本），中華書局，1972，第114頁。
7　陳來：《古代宗教與倫理》，北京大學出版社，2017，第188頁。

第五節　正位明德以受命

或指王命、後命，但其基本內容都是指賜命，或為賜命，或為受命。下面將結合周王室的「天命論」思想，對〈大象〉六十四卦中，與「君子」受命有關的三卦進行具體分析：

《晉》：明出地上，晉，君子以自昭明德。

《大有》：火在天上，大有，君子以遏惡揚善，順天休命。

《鼎》：木上有火，鼎，君子以正位凝命。

《晉》卦曰：「明出地上，晉，君子以自昭明德。」

《晉》卦卦象，上卦為離象明，下卦為坤象地。《周易集解纂疏》釋本卦卦象曰：「日出於地，進於天以照地，故曰『明出地上』。」昭，明也，作動詞，猶言「昭著」。明德，「光輝的道德。此卦象辭旨在訓誡「君子」要效法《晉》象，不斷加強自身的修養，昭著美德。《周易程氏傳》曰：「君子觀明出地上而益明盛之象，而以自昭其明德。去蔽致知，昭明德於己也。」

「明德」是一個十分重要的概念，按字面義可釋為「光明的德行」，在先秦典籍中多指天子、諸侯等上位者的德行。如《尚書‧堯典》「克明俊德」，《尚書‧梓材》「先王既勤用明德」，《尚書‧多士》「罔不明德恤祀」，《尚書‧君奭》「嗣前人恭明德」，《尚書‧多方》「罔不明德慎罰」，《尚書‧君陳》「明德唯馨」。《左傳‧隱公八年》「敢不承受君之明德」，《左傳‧僖公二十三年》「先王之明德，猶無不難也」，《左傳‧文公十八年》「傲很明德，以亂天常」。《左傳‧宣公三年》「天祚明德」，《左傳‧襄公十九年》「昭明德而懲無禮也」，《左傳‧襄公二十四年》「恕思以明德」。《左傳‧襄公二十六年》「晉君宣其明德於諸侯」，《左傳‧定公四年》「以昭周公之明德」，《左傳‧昭公七年》「聖人有明德者」，《左傳‧昭公八年》「舜重之明德」。《國語‧周語》「懋昭明德，物將自至」。《墨子‧明鬼下》「帝享汝（指鄭穆公）明德，使予錫汝壽十年有九」。「明德」皆就統治者而言，無一例外，〈大象〉所講「明德」，亦是如此。

「明德」作為西周時期的一個重要概念，通常指的是上位者的德行。首先，

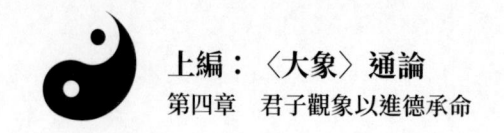

上編：〈大象〉通論
第四章　君子觀象以進德承命

對於天子而言，「自昭明德」有兩個方面的意義。其一，就天子與上天的關係而言，昭顯明德，是天子祭祀上天，獲得天命以保王位的根本。其二，就天子與諸侯臣子之關係而言，自昭明德則表現為冊封諸侯，賞賜臣下。如《左傳‧定公四年》中對周公之冊命諸侯，賞賜臣下，即是以「以昭周公之明德」來論斷之。其次，對於諸侯卿大夫而言，昭其明德也是受天子冊命的重要根據。《左傳‧定公四年》載：「昔武王克商，成王定之。選建明德，以蕃屏周。」即是選擇有明德的人進行冊命分封。

《大有》卦曰：「火在天上，大有，君子以遏惡揚善，順天休命。」

《大有》卦卦象上卦為離象火，下卦為乾象天。「大有」之說，大體有二。或以離為火為日，有助萬物生成之用。如荀爽稱：「火王在天，萬物並生，故曰大有。」或以離為火為明，高懸於天，普照萬物，「大有」之象。如程頤說：「火高在天上，照見萬物之眾多，故為大有。」

遏，遏止。揚，倡揚。休，美，此處有嘉美之義。休命，美善的命令，多指天子或神明的旨意，為先秦早期常用的冊命辭。如《尚書‧益稷》「朕志以昭受上帝，天其申命用休」。《尚書‧說命中》「臣不命其承，疇敢不祇若王之休命」。《尚書‧說命下》「敢對揚天子之休命」。「休命」指天命或王命時，有時二字連用，有時單言「休」字。西周時期的彝器銘文中反覆出現的「對揚王休」，即是單言「休」字。孔穎達釋「休命」為「休美物之性命」，在此並不恰當。此卦象辭旨在訓誡人君觀《大有》卦離日懸空，登之於天之象，而思身居顯位，應當止惡揚善，以順承天命，延存國祚。

上天賞善罰惡，是西周「天命觀」的重要內容，人君當順天而行，為善去惡，也成為周王室政教典籍中常見的訓教。如《尚書‧湯誥》「天道福善禍淫，降災於夏，以彰厥罪」；「凡我造邦，無以匪彝，無即慆淫。各守爾典，以承天休」。《尚書‧伊訓》：「唯上帝不常，作善降之百祥，作不善降之百殃。爾唯德罔小，萬邦唯慶；爾唯不德罔大，墜厥宗。」《國語‧周語中》：「先王之令有之

曰：『天道賞善而罰淫，故凡我造國，無以非彝，無即慆淫，各守爾典，以承天休。』」皆有訓誡人君要為善去惡，以承天休之意。雖然《中庸》開篇即謂「天命之謂性」，但此「天命」已非西周典籍中所稱之「天命」。按周王室政教典籍所體現的思想指向，唯有王者才可承天休命。《大有》「君子以遏惡揚善，順天休命」，此言當是訓示人君之言，而不是後世所泛稱之道德君子。司馬光謂：「火在天上，明之至也。至明則善惡無所遺矣。善則舉之，惡則抑之，上之職也。明而能健，慶賞刑威得其當，然後能保有四方，所以順天美命也。」亦是立意於此。

《鼎》卦曰：「木上有火，鼎，君子以正位凝命。」

《鼎》卦卦象下卦為巽象木，上卦為離象火。鼎有烹飪食物之用，但須以木火輔之方可。故荀爽謂：「木火相因，金在其間。調和五味，所以養人。鼎之象也。」正，端正。正位，正守自己所居之位。凝，凝聚、凝結。如《坤》卦初六爻辭曰「履霜」，〈象傳〉釋之曰：「履霜堅冰，陰始凝也。」、「凝」有凝聚、凝結之意，「凝命」之「凝」，亦與此同義，故當取凝聚、聚結之義。於王者而言，「凝命」即是凝聚天命；於臣下而言，「凝命」即是凝聚上位者的賜命。程頤謂：「凝，聚止之義。」此說可從。此卦象辭旨在訓誡「君子」觀《鼎》卦之象，法鼎之形，效鼎之用，正守自己所處之位，既不失禮，也不失其職守，以凝聚天命或上位者之賜命。

第六節　日用倫常有其道

作為教育周王室子弟之政教典籍，〈大象〉除了從宏觀的方面，訓誡君子應當敬德修德、明慎用刑、保民安民、掌握各種御下之術，還從微觀的日常倫常方面，對於君子的言行舉止、處世應變之道等提出了要求。以下七卦即是其中的代表：

《大壯》：雷在天上，大壯，君子以非禮弗履。

《艮》：兼山，艮；君子以思不出其位。

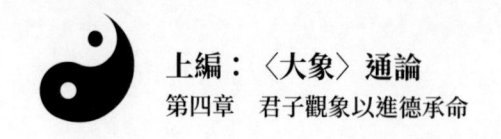

上編：〈大象〉通論
第四章　君子觀象以進德承命

《否》：天地不交，否，君子以儉德辟難，不可榮以祿。

《小過》：山上有雷，小過；君子以行過乎恭，喪過乎哀，用過乎儉。

《隨》：澤中有雷，隨，君子以向晦入宴息。

《遯》：天下有山，遯，君子以遠小人，不惡而嚴。

《萃》：澤上於地，萃，君子以除戎器，戒不虞。

以上七卦中，《大壯》與《艮》兩卦或曰「非禮弗履」，或曰「思不出其位」，其思想實質都在強調君子必須知位守禮。《左傳‧莊公十八年》載：「王命諸侯，名位不同，禮亦異數。」而《周禮》一書所載「典命」、「大行人」等職官其職責是負責規範爵祿位次不同之公卿士大夫之禮儀用度的差別，因此，就「禮」與「位」之關係而言，禮以別位，是周代禮樂文化之基本特徵，「非禮弗履」與「思不出其位」，二者雖用辭不同，而其意則相通。《否》與《小過》二卦，都從日常用度上，告誡君子當崇尚儉德。《隨》卦則告誡君子既要勤政也要勞逸結合。《遯》則告誡君子要擇人而處，遠離小人，或者要做到對小人既不露厭惡之色也又不失威嚴。《萃》卦則強調在位君子要勤修武備，以防不測，所謂「國之大事，在祀在戎」，當時時銘記於心。以下就上述7卦結合典籍中周王室的相關事蹟進行詳細分析。

《大壯》卦曰：「雷在天上，大壯，君子以非禮弗履。」

《大壯》卦卦象上卦為震象雷，下卦為乾象天。易學家或以「壯」為「傷」，如《周易集解》引虞翻釋卦象與卦名之關係曰：「陽息，泰也。『壯』，傷也。『大』謂四失位，為陰所乘，兌為毀折傷。」或以「壯」為「強壯」，如《周易集解》引侯果曰：「此卦本坤陰柔消弱，剛大長壯，故曰大壯也。剛以動，故壯。」荀爽曰：「乾剛震動，陽從下升，陽氣大動，故壯也。」履，踐履。震為雷為威，《大壯》震雷居於乾天之上，有雷威高懸，犯之必危，為其所傷之象。此卦象辭旨在訓誡「君子」觀《大壯》卦雷威高懸，犯之必危之象，而知禮不可逾，逾禮有危，是以「非禮弗履」。易學家或以乾為健，震為動，「大壯」為強壯，「非禮弗履」則

• 76

第六節　日用倫常有其道

是告誡君子於強盛之時，必須守正履禮，善保其「壯」。孔穎達曰：「盛極之時，好生驕溢，故於『大壯』誡以非禮勿履也。」

周王朝建立之後，周公制禮作樂，諸種禮儀規範，通行於社會方方面面，明禮知禮守禮不逾禮，是宗周社會禮樂文明的基本要求。孔子之前，宗周禮樂制度能夠運行幾百年，「非禮弗履」思想功不可沒。因此，「非禮弗履」當是隨著宗周禮樂制度的建立而興起的一種思想，而非禮崩樂壞之後的誡勉之言。學者或謂《論語》「四非」之言為「非禮弗履」之源，當是於宗周禮樂制度暢行幾百年之由未及深思之言。

《艮》卦曰：「兼山，艮，君子以思不出其位。」

《艮》卦卦象上下卦皆為艮，為重山之象。兼，《說文》釋之曰「並也」。兼山，即兩山相併。或釋「兼」為「重」，此義亦可通。如孔穎達說：「兩山義重，謂之『兼山』也。直置一山，已能鎮止，今兩山重疊，止義彌大，故曰『兼山艮』也。」位，此處當指「爵位」、「爵次」。鄭玄注《周禮·天官·小宰》所提及之「四曰祿位，以馭其士」之「位」，說：「位，爵次也」。「位」之高低上下之別，即是爵位之等級差別，「爵」有八類，鄭玄注《周禮·天官·宰夫》中「一曰爵，以馭其貴」之「爵」，說：「爵謂公、侯、伯、子、男、卿、大夫、士也。」《艮》卦之意在訓誡「君子」觀《艮》兩山相重之象，又知艮為「止」為義，故所思所慮所為，皆應與自身之爵次相應，而不失位。易學家或淡化「位」的禮制色彩，而將其抽象化的理解為「角色」之位，進行釋之，亦是一普遍化觀點，如程頤曰：「君子觀《艮》止之象，而思安所止，不出其位也。位者，所處之分也。萬事各有其所，得其所，則止而安；若當行而止，當速而久，或過或不及，皆出其位也。況逾分非據乎？」此說亦可為參考。

我們知道周王朝建立之後，制禮作樂，遂漸建立起一個禮儀的體制，「君子以思不出其位」，這種思想必然是與禮樂制度甫建立起就並存。「不出位」與「正位」作為一對悖反概念，相生相伴。「正位」思想《尚書》屢屢提及，而「出位」

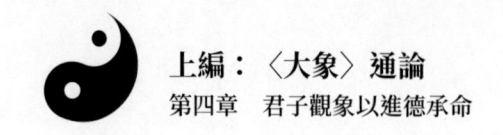

上編：〈大象〉通論
第四章　君子觀象以進德承命

之舉，先秦典籍也屢見記載。是知「君子以思不出其位」之思想周禮創立之初即已伴隨而出，而非待春秋禮崩樂壞之後，方始為儒家所提出，〈大象〉之辭當在曾子之前即已存在，而為曾子所引用。

《否》卦曰：「天地不交，否，君子以儉德辟難，不可榮以祿。」

《否》卦卦象上卦為乾象天、下卦為坤象地。《泰》卦卦象以「通」義，《否》卦象與之相反，否為不通。宋衷解釋卦象卦名關係稱：「天地不交，猶君臣不接；天氣上升而不下降，地氣沉下又不上升，二氣特隔，故云『否』也。」儉德，即是「以儉為德」。辟，通「避」。《否》卦卦象卦名皆示以「不通」之義，以人事言，上下不通則危至，故而「儉德辟難，不可榮以祿」正是上位者辟危之方。孔穎達於《周易正義》曰：「言君子於此『否』時，以節儉為德，辟其危難，不可榮華其身以居祿位。此若據諸侯公卿言之，辟其群小之難，不可重受官爵；若據王者言之，謂節儉為德，辟陰陽厄運之難，不可自重榮貴而驕逸也。」於理亦可通。

《尚書‧太甲上》：「慎乃儉德，唯懷永圖。」《尚書‧大禹謨》：「欽哉！慎乃有位，敬修其可願，四海困窮，天祿永終。唯口出好興戎，朕言不再。」《尚書‧咸有一德》曰：「克綏先王之祿，永底烝民之生。」《尚書‧君奭》：「迪見冒聞於上帝，唯時受有殷命哉。武王唯茲四人，尚迪有祿。後暨武王，誕將天威，咸劉厥敵。唯茲四人，昭武王唯冒，丕單稱德。」《尚書‧周官》：「位不期驕，祿不期侈。恭儉唯德，無載爾偽。」《尚書》在關記載，表明西周人以「儉德」為天子及有祿位之人之德，故此《否》卦言「君子以儉德辟難，不可榮以祿」，當指有位之人，自天子以至下臣，皆須以儉為德，而不期奢，如此方可辟難。周初王室以紂之驕奢為鑒，提倡儉德，是王室訓教的一個重要內容。

《小過》卦曰：「山上有雷，小過，君子以行過乎恭，喪過乎哀，用過乎儉。」

《小過》卦卦象下卦為艮象山，上卦為震象雷。馬王堆帛書《周易》稱此卦為「少過」。過，有過越之意。「行過乎恭，喪過乎哀，用過乎儉」，意在告誡「君

第六節　日用倫常有其道

子」觀《小過》卦四陰居外，二陽居中而不失其體之象，在待人接物、喪葬、日常用度等方面，可以過恭、過哀、過儉，這既不離其常，又可以示下以救弊。胡瑗謂：「君子當天下小有差弊之時，將以矯世勵俗，驅合於大中之道，是以過行小事於身，使天下之人觀而化之。故若天下之人有所行過差，而失於傲慢，君子則過恭以矯之。若天下之人居喪過差，而失於率易，君子則過哀以矯之。若天下之人用度過差，而失於奢侈，君子則過儉以矯之。是皆君子之人過為小事，以矯天下之大中也。」此說可備參考。

《隨》卦曰：「澤中有雷，隨；君子以向晦入宴息。」

《隨》卦卦象，上卦為兌象澤，下卦為震象雷。《周易程氏傳》曰：「雷震於澤中，澤隨震而動，為『隨』之象。」晦，昏晦。宴，安也。「宴息」即「休息」之意。《隨》卦為「澤中有雷」之象，雷主動，而藏於澤中，則有藏而不動之象。故君子法此澤中有雷，靜而不動之象，以「向晦入宴息」。因「隨」有「隨時」之義，故程頤認為：「君子晝則自強不息，及向昏晦，則入居於內，宴息以安其身，起居隨時，適其宜也。《禮》『君子晝不居內，夜不居外』，隨時之道也。」此說可從。

《遯》卦曰：「天下有山，遯，君子以遠小人，不惡而嚴。」

《遯》卦卦象上卦為乾象天，下卦為艮象山。《周易集解》引崔覲釋此卦象曰：「天喻君子，山比小人。小人浸長，若山之侵天；君子遯避，若天之遠山。」尚秉和先生結合先後天卦位說，以「明」之藏為遯，對卦象與卦名之關係解釋道：「凡卦皆合上下卦以立名。乾健艮止，皆無退義，然而遯者，以乾與艮先後天皆居西北也。西北者，幽潛無用之地，《太玄》謂曰冥。冥者，明之藏也，故曰遯。」[8] 惡，憎惡。嚴，猶言「威嚴」，有凜然不可侵犯之意。此卦象辭旨在指出君子在小人當道之時的應對方法。俞琰曰：「君子觀象以遠小人，豈有它哉！不過危行言遜而已。遜其言則不惡，不使之怨也；危其行則有不可犯之嚴，不使

8　尚秉和：《周易尚氏學》，中華書局，2016，第157頁。

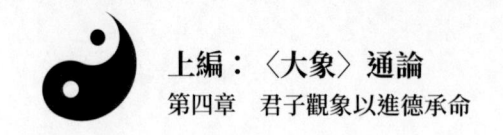

上編：〈大象〉通論
第四章　君子觀象以進德承命

之不遜也。此『君子遠小人』之道也。」此言可從。

　　《萃》卦曰：「澤上於地，萃，君子以除戎器，戒不虞。」

　　《萃》卦卦象上卦為兌象澤，下卦為坤象地。〈彖〉曰：「萃，聚也。順以說，剛中而應，故聚也。」是以上下卦之卦德及爻位關係來解釋卦象與卦名。澤為水，水在地上，有大地含蓄水而聚之，成長萬物之象。故荀爽曰：「澤者卑下，流潦歸之，萬物生焉，故謂之『萃』也。」除，《說文》釋為「殿陛也」，段玉裁注曰：「殿謂宮殿。殿陛謂之除，因之凡去舊更新皆曰除。」此處亦以「修」、「治」為義。戎，《說文》曰「兵也」，指兵器。不虞，不可預測。如《詩經・大雅・抑》曰：「質爾人民，謹爾侯度，用戒不虞。」此卦象辭旨在訓誡「君子」觀《萃》卦之象，則思事物久「聚」必生變亂，人情久「聚」或萌異心，故修治兵器，以防不測。王弼《周易注》曰：「聚而無防，則眾心生。」孔穎達疏曰：「人既聚會，不可無防備，故君子於此之時修治戎器，以戒備不虞也。」

　　卦爻以萃為聚眾是克難平亂之義，而〈大象〉諸家解釋則多以「除戎器，戒不虞」為觀民聚而防生亂之義。諸家以觀眾聚而修治戎器為象辭之旨，並不妥當。「萃」除有「聚」之義外，本身亦指戰車。據《周禮・春官・車僕》載車僕之職守曰：「車僕掌戎路之萃，廣車之萃，闕車之萃，萃車之萃，輕車之萃。凡師，共革車，各以其萃，會同亦如之。」鄭玄注曰：「萃，猶副也。此五者皆兵車，所謂五戎也。」故而象辭曰「澤上有水，萃，君子以除戎器，戒不虞」，此處或即以「萃」指戰車，而非以「聚」為義，是告誡王者觀此卦象卦名而思備戰防戰之事。非指因眾聚而防其作亂，故「除戎器，戒不虞」，實指王者觀戰車而思備戰，以防不測。

第五章　君子觀象以治國安邦

　　如何治國理政是周王室在位君子，必須關注的一個核心問題，保境安民以維護天下的穩定、王室不可動搖的統治地位，是他們的根本職責。為了維護周王室的統治，周王室在吸收前代治國思想的基礎之上，圍繞著如何處理君民、君臣、同族與異族、天子與諸侯、宗族內部、德刑等關係問題，制定了一系列的典章制度，禮儀規範，以建構一個上下有序，尊卑有等的等級秩序。其中重要的制度有分封制、宗法制、世卿世祿制、爵祿等級制等。〈大象〉作為與周王室關係極緊密的易作，作者在擬辭的過程中，融入了許多周王室治國理政的思想，周王室所推行的宗法制、分封制、世卿世祿制都隱藏於相關文辭當中，周王室在處理君臣關係中的所強調的保民容民、明慎用刑思想更是在〈大象〉中反覆提及，下文將四節對於〈大象〉所強調的君子觀象以治國理政、保民慎刑等思想進行分析。

第一節　御下之方

　　作為在位君子，如何御使臣下，使其在遵循自己統治的前提下，調動其做事的積級性，是人君治國理政的必備能力。〈大象〉中對於如何御下的問題，除了涉及制度方面，還涉及到君子的御下心術問題。〈大象〉中涉及君子御下之術的卦辭大體有以下八卦：

《履》：上天下澤，履，君子以辨上下，定民志。
《咸》：山上有澤，咸，君子以虛受人。
《明夷》：明入地中，明夷，君子以莅眾用晦而明。
《睽》：上火下澤，睽，君子以同而異。
《夬》：澤上於天，夬，君子以施祿及下，居德則忌。
《巽》：隨風，巽，君子以申命行事。

上編：〈大象〉通論
第五章　君子觀象以治國安邦

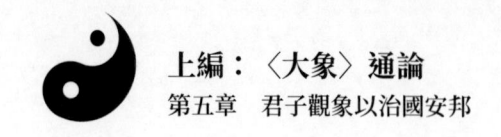

《節》：澤上有水，節，君子以制數度，議德行。

《未濟》火在水上，未濟，君子以慎辨物居方。

上述八卦，其中《履》、《夬》、《睽》、《巽》、《節》、《未濟》涉及爵祿制、九命禮、重命制、職官制度等制度，主要是從制度方面談御下之方。《咸》、《明夷》則主要是從心術方面談御下之方。

《履》卦曰：「上天下澤，履，君子以辨上下，定民志。」

《履》卦卦象上卦為乾象天，下卦為兌象澤。程頤釋卦象與卦名之關係曰：「天在上，澤居下，上下之正理也。人之所履當如是，故取其象而為『履』。」可存一義。辨，分辨。定，定正，有規定端正之意。志，《說文》釋曰「：從心之聲。志者，心之所之也。」《禮記‧少儀》：「問卜筮曰：『義歟？志歟？義則可問，志則否。」注曰：「義，正事也。志，私意也。」志為「私意」，故須正之，與「志者，心之所之也」，一理同然。天在上為尊，澤處下為卑，尊卑有別，《爾雅‧釋言》曰「履者，禮也」。禮之用，在別上下、分尊卑。《履》卦「君子以辨上下，定民志」，即是要「君子」效法《履》象，制定禮樂，以別上下尊卑，使民眾有正確的志向。孔穎達於《周易正義》曰：「君子法此《履》卦之象，以分辯上下尊卑，以定正民之志意，使尊卑有序也。」此言得之。

《節》卦曰：「澤上有水，節；君子以制數度，議德行。」

《節》卦卦象，下卦為兌象澤，上卦為坎象水。節，節制、節度。澤之容水有限，過之則溢，不足則乾涸，故以不溢不涸為當，《節》卦之名本之於此。程頤說：「澤之容水有限，過則盈溢，是有節，故為《節》也。」

「數度」，或指衡量物之大小、輕重、高下、文質之標準尺度，或指禮數法度。議，評議、商議。此卦象辭旨在訓誡「君子」觀《節》卦「澤上有水」之象，以節為本，制定與爵位等級匹配的禮儀數度規範，評議臣下的德行，以定爵位之次序及職官的大小。孔穎達說：「『君子以制數度，議德行』者，數度，謂尊卑禮命之多少。德行，謂人才堪任之優劣。君子象節以制其禮數等差，皆使有度，議

第一節　御下之方

人之德行任用，皆使得宜。」

關於宗周時期的爵祿情況，《孟子》、《禮記·王制》、《周禮》等典籍中都有記載。如《禮記·王制》：「王者之制祿爵：公、侯、伯、子、男，凡五等。諸侯之上大夫卿、下大夫、上士、中士、下士，凡五等。」為了區別爵位高低、貴賤之等，周王室制定了一系列的禮儀規範。《左傳·莊公十八年》有言：「王命諸侯，名位不同，禮亦異數。」這種禮儀規範，在絕大多數情況下，表現為爵位不同，使用器物多少，儀仗規模有數量大小之差別，如《論語》以季氏「八佾舞於庭」為不知禮之表現。《荀子·王制》謂：「王者之制，衣服有制，宮室有度，人徒有數，喪葬械用，皆有等宜。」鄭玄注解《周禮》所載大宗伯之職守「以九儀之命，正邦國之位。」時說：「每命異儀，貴賤之位乃正」。[1]《周禮·春官·典命》謂：「典命：掌諸侯之五儀、諸臣之五等之命。」《周禮·秋官·大行人》載：「大行人：以九儀辨諸侯之命，等諸臣之爵，以同邦國之禮，而待其賓客。」其中典命、大行人之職守對於公、伯、侯、子、男五等爵的禮儀器物之數量差別做了詳細說明，先秦出土文物中因爵位高低用鼎數量的差異，也證明了當時這種禮制的存在。[2] 雖然也有學者置疑《周禮》等典籍記載的五等爵制是否真實存在，但這並不影響宗周時期自天子以至於庶人，因爵位高低，禮儀器物使用數量有等級差別的事實。

需要指出的是，在宗周時期，爵位的高低、職官的大小也與個人的德行有重要關係。《禮記·祭統》稱「明君爵有德而祿有功」。而《節》卦象辭「澤上有水，節，君子以制數度，議德行」，即表明以功德授官命爵，是在位君子行之有效的御下之方，既可明分貴賤，又可激發臣下的積極性。《禮記·燕義》曰：「臣下竭力盡能以立功於國，君必報之以爵祿，故臣下皆務竭力盡能以立功，是以國安

1　（漢）鄭玄注，（唐）賈公彥疏：《周禮注疏》，上海古籍出版社，2016，第 674 頁。
2　相關研究成果有：俞偉超：《周代用鼎制度研究（上、中、下）》，《北京大學學報》1978 年第 1、2 期，1979 年第 1 期。林澐：《周代用鼎制度商榷》，《史學集刊》1990 年第 3 期。張聞捷：《周代用鼎制度疏證》，《考古學報》2012 年第 2 期等。

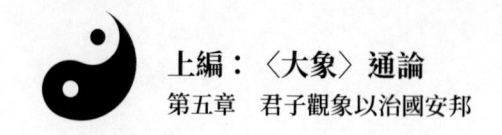

上編：〈大象〉通論
第五章　君子觀象以治國安邦

而君寧。」即是謂此。

《夬》卦曰：「澤上於天，夬，君子以施祿及下，居德則忌。」

《夬》卦卦象上卦為兌象澤，下卦為乾象天。夬，《說文》釋曰「分決也」。卦象與卦名之關係，前人或以爻象關係釋之，如《夬》卦一陰居上為柔，五陽在下為剛，故〈象傳〉釋其卦象曰「夬，決也，剛決柔也」。或以上下卦之卦象取義釋之，如《周易集解》引陸績曰：「水氣上天，決降成雨，故曰『夬』。」

祿，《說文》釋曰「福也」，先秦典籍中常指恩澤、賞賜、俸祿。如《禮記・祭統》謂「古者明君爵有德而祿有功」，《尚書・周官》「位不期驕，祿不期侈」。施祿及下，或是指施予臣下恩澤，或是指賜給臣下俸祿。「德」有多重含義，或釋為「升」，如說文》（卷二）釋之曰「升也」，《周易・剝》「君子德車」即是此義；或釋為「得」，如《老子・四十九章》「善者吾善之，不善者吾亦善之，德善」；或指德行，如《周易・晉》「君子以自昭明德」。「居德則忌」之「德」，當釋為「得」，王者所得之大，莫過於天下。居，《說文》釋曰「蹲也」，又有「居住」等義。「居德」之「居」，當釋為占據。忌，《說文》「憎惡也」。「施祿及下，居德則忌」，意在訓誡「君子」觀《夬》卦「澤上於天」或「剛決柔」之象，不應將天下視為私有產業，而應廣施恩德於臣民百姓。明代來知德曰：「言澤在於君，當施其澤，不可居其澤也，居澤乃人君之所深忌者。」此言可備一說。《逸周書・寶典解》載成王之言曰：「上設榮祿，不患莫仁。仁以愛祿，允維典程，既得其祿，又增其名，上下咸勸，孰不競仁。維子孫之謀，寶以為常。」成王「上設榮祿」之御下思想可以與此卦象辭，兩相比較加以研究。

《未濟》卦曰：「火在水上，未濟，君子以慎辨物居方。」

《未濟》卦卦象上卦為離象火，下卦為坎象水。就爻象而言，《未濟》卦陰居陽位，陽居陰位，六爻皆失其位，故為「未濟」。就上下卦之構成而言，水火相濟，有烹飪食物之功，此卦卻水火倒置，水在下，火在上，而敗其能，故以「未濟」稱之。辨，明辨、分辨。物，名物。居，處也。方，此處指爵位、職位等。

第一節　御下之方

此卦象辭旨在訓誡在位「君子」觀《未濟》卦水火顛倒、陰陽失位之象，比之於人道，則思慎辨諸種名物，使之各安其位。孔穎達謂：「『君子以慎辨物居方』者，君子見《未濟》之時，剛柔失正，故用慎為德，辨別眾物，各居其方，使皆得安其所，所以濟也。」

《周禮》開篇謂：「唯王建國，辨方正位，體國經野，設官分職，以為民極。」又據《周禮》記載，不同的職官有不同的職守，而其職守的重要特徵就在於辨別名物，如大司徒其職守就包括：「辨其山，林，川，澤，丘，陵，墳，衍，原，隰，之名物，而辨其邦國都鄙之數。」、「以土會之法，辨五地之物生。」、「以土宜之法，辨十有二土之名物，」、「以土均之法，辨五物九等」。明慎「辨物」，是《周禮》所載士官的基本要求，官職的覆蓋範圍涉及到天官、地官、春官、夏官、秋官中的七十餘種，可以說所辨之物不同，正是官職劃分是重要依據之一，也是當值職官明曉自身職責的重要本職要求。又據《周禮》可知，這些職官辨別名物，是周代爵位等級制度為依託，以名物使用之數量多寡，等級高低與爵位匹配，以維護禮樂文明秩序下等級制度的嚴肅性與不可僭越性。如《周禮·天官·宰夫》：「掌治朝之法，以正王及三公、六卿、大夫、群吏之位。」《周禮·春官·大宗伯》「以九儀之命，正邦國之位。」《周禮·春官·典命》「掌諸侯之五儀、諸臣之五等之命。」《周禮·春官·小宗伯》載其職守為：「掌五禮之禁令，與其用等，辨廟祧之昭穆，辨吉凶之五服，車旗宮室之禁。掌三族之別，以辨親疏，其正室皆謂之門子。」《周禮·夏官·大司馬》謂：「掌建邦國之九法，以佐王平邦國，制畿封國，以正邦國，設儀辨位，以等邦國。」《周禮·秋官·大行人》：「以九儀辨諸侯之命，等諸臣之爵，以同邦國之禮，而待其賓客。」雖然《周禮》成書時間有諸種爭議，但是《周禮》所反映的「辨方正位，設官分職」的治國思路，無疑是與周王室的治國思路是一以貫之的。以《周禮》為參考文本，〈大象〉「火在水上，未濟，君子以慎辨物居方」，大體有兩種理解方式，其一、君子根據自己的爵位或職官職守，明辨名物以盡職，不亂逾名物使用之規格以正守其

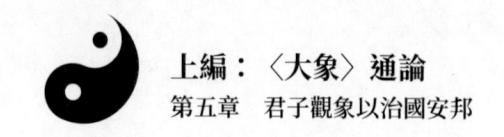

上編：〈大象〉通論
第五章　君子觀象以治國安邦

位，是為「慎辨物居方」。其二，以「君子」指在位王者，慎重的制定各種名物使用等級制度，使不同的爵位的公卿士大夫及職官能夠有典章制度可以依據，措之於政治社會活動及日常倫常的方方面面，而不悖亂無序。總之〈大象〉「君子以慎辨物居方」與周王室的制禮作樂、設官分制宗法等級制度的精神內在一致，同時也與《既濟》「君子以思患而豫防之」的思想一脈相承，君子思患而預防，制定明確的名物使用等級制度以使尊卑有序、貴賤有等，使上下皆能知其所應居之位，有序不紊亂。

《睽》卦曰：「上火下澤，睽，君子以同而異。」

《睽》卦卦象上卦為離象火，下卦為兌象澤。《尚書‧洪範》謂：「水曰潤下，火曰炎上」，水、火二者物性差異明顯，因澤又為水，故《睽》卦卦象象上為火下為澤，有睽違之象，故曰「睽」。《周易集解》引荀爽曰：「火性炎上，澤性潤下，故曰睽也。」

《睽》卦象辭之旨，在於訓誡「君子」觀《睽》火澤睽違乖離之象，而知在治國理政或日用倫常當中發生岐見之時，既知其同而又辨能其異，同異並存。荀爽曰：「大歸雖同，小事當異。百官殊職，四民異業；文武並用，威德相反，共歸於治。故曰『君子以同而異』也。」即是從理政的角度闡發其義。程頤謂：「蓋於秉彝則同矣，於世俗之失則異也。不能大同者，亂常拂理之人也，不能獨異者，隨俗習非之人也。要在同而能異耳。」則重在從日用倫常當中闡發「以同而異」之理。

此外，同與異，作為一個相對範疇，可以涵攝多個方面，〈大象〉傳中《同人》曰「君子以類族辨物」、《履》「君子以辨上下，定民志」，《節》「君子以制數度，議德行」，《未濟》「君子以慎辨物居方」，皆可以「同異」這對範疇來分析。

《巽》卦曰：「隨風巽，君子以申命行事。」

《巽》卦卦象，上下卦皆為巽，為兩風相隨之象。隨，有相隨、相繼之意。胡瑗《周易口義》曰：「《巽》之體，上下皆《巽》，如風之入物，無所不至，無

第一節　御下之方

所不順，故曰『隨風，巽』。」、「以申命行事」之「申」，可釋為「重」。申命，即重命或再命。行事，與「以」字相連解釋，「以……行事」，以什麼樣的方式行事。此卦象辭旨在訓誡在位君子應效法《巽》卦風與風相隨而吹之象，施行政令也要保持前後一致性。

　　需要指出的是，「申」在先秦典籍中，常用於冊命、賞賜的語境，而「申命」作為一個重要的政治術語，主要涉及君王重新冊命官員、上天重新賜命君王等，具有非常明確的政治色彩。如偽古文《尚書・堯典》「申命羲叔」、「申命和叔」，保留了這一用法，此處「申命」、「分命」即是指任命；《尚書・益稷》中的「徯志以昭受上帝，天其申命用休」，則是指上天降命天子。《荀子・王霸》「賞賢使能以次之，爵服賞慶以申重之」中的「爵服賞慶以申重之」，即是君上不斷對下層進行冊命授職與輿服賞賜，以示嘉獎。此外，再結合出土文獻來看，「申命」作為一種重要的命官制度，在西周的冊命銘文中也頻頻出現。以「申命」為代表的西周冊命制度，是維持周代世卿世祿制的基本制度。

　　《咸》卦曰：「山上有澤，咸，君子以虛受人。」

　　《咸》卦卦象下卦為艮象山，上卦為兌象澤。咸，〈彖傳〉曰「感也」。〈說卦〉曰「天地定位，山澤通氣」。《咸》卦卦象上澤下山，有二者交感之象，故鄭玄曰：「艮為山，兌為澤，山氣下，澤氣上。二氣通而相應，以生萬物，故曰『咸』也。」孔穎達曰：「澤性下流，能潤於下；山體上承，能受其潤；以山感澤，所以為咸。」二人均從山澤交感立論。受，受納。「以虛受人」意在訓誡「君子」觀《咸》卦山澤通氣，兩相交感之象，措之於人事，則應以謙虛為待人之本，容納別人，如此方能為人所接受認同。故孔穎達謂：「君子法此《咸》卦下山上澤，故能空虛其懷，不自有實；受納於物，無所棄遺。以此感人，莫不皆應。」

　　《明夷》卦曰：「明入地中，明夷，君子以蒞眾用晦而明。」

　　《明夷》卦卦象下卦為離象明，上卦為坤象地。夷者，傷也；明夷，即光明受傷。卦象為日入地中，即明夷之象。《周易集解》引鄭玄曰：「日出地上，其

87

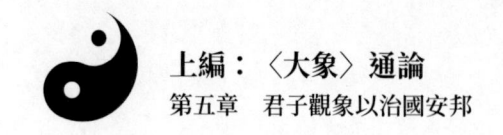

上編：〈大象〉通論
第五章　君子觀象以治國安邦

明乃光；至其入地，明則傷矣，故謂之『明夷』。」莅，《說文》（卷十）釋之曰「臨也」，其意如「刁莅事三年」（《韓非子・十過》）、「楚莊王莅政三年」（《韓非子・喻老》）之「莅」，為治理、統治之意。「莅眾」即「治眾」。「晦」與「明」相對，《說文》釋之曰「月盡也」，引伸為昏暗。《左傳・僖公十五年》曰「己卯晦，震夷伯之廟」。《公羊傳》注曰「晦者何，冥也」。又有隱晦、含蓄之意。如「志而晦」（《左傳・成公十四年》）。此卦象辭旨在訓誡在位「君子」觀《明夷》卦象而知治理民眾，不可過於明察秋毫，而應適當表現出昏昧的狀態。正如程頤所說：「明所以照，君子無所不照。然用明之過，則傷於察，太察則盡事而無含弘之度。故君子觀『明入地中』之象，於『莅眾』也，不極其明察而用晦，然後能容物和眾，眾親而安，是用晦乃所以為明也。」林希元亦謂：「蓋盡用其明，則傷於太察，而無含弘之道，唯明而用晦，則既不汶汶而暗，亦不察察而明。雖無所不照，而有不盡照者，此古先帝王所以莅眾之術也。」此皆見理甚明。

〈象〉曰：「明入地中，明夷。內文明而外柔順，以蒙大難，文王以之。利艱貞，晦其明也。內難而能正其志，箕子以之。」此卦卦爻辭及〈象傳〉都以「明夷」喻指政治黑暗之時，其主旨皆是強調君子處「明夷」之世或遇「明夷」之時，如何保存自身，以克時艱，而〈大象〉之意則是強調是在位「君子」如何御下。一為存身之道，一為上位者御下之術，二者雖皆於「明夷」之道有所發明，然二者之別亦不可不辨也。

此外，孔穎達從帝王諸侯冠冕「冕旒垂目，黈纊塞耳」的形制特徵出發，指出「用晦而明」的帝王之術，源淵有自，其觀點頗有可取之處。

第二節　宗族親友

辨別宗族差異，以明遠近之分，是先秦社會政治秩序建構的一個重要基點。《國語・晉語四》曰：「凡黃帝之子，二十五宗，其得姓者十四人為十二姓。姬、酉、祁、己、滕、箴、任、荀、僖、姞、儇、依是也。唯青陽與蒼林氏同於黃

第二節　宗族親友

帝，故皆為姬姓。同德之難也如是。昔少典娶於有蟜氏，生黃帝、炎帝。黃帝以姬水成，炎帝以姜水成。成而異德，故黃帝為姬，炎帝為姜，二帝用師以相濟也，異德之故也。異姓則異德，異德則異類。異類雖近，男女相及，以生民也。同姓則同德，同德則同心，同心則同志。同志雖遠，男女不相及，畏黷敬也。黷則怨，怨亂毓災，災毓滅姓。是故娶妻避其同姓，畏亂災也。故異德合姓，同德合義。義以導利，利以阜姓。姓利相更，成而不遷，乃能攝固，保其土房。」《國語》所闡述的「異姓則異德，異德則異類」、「同姓則同德，同德則同心，同心則同志」的思想，自殷商至後世一直流傳。以血緣關係的親疏遠近來明分族類、分邦建國，也是周王朝政治制度的一個基本特徵。如宗法制是周人把血緣紐帶同政治關係結合起來的一種措施，而分封制則是以宗族血緣關係為標準、分邦建國的一種制度。由此可知，宗法制是和分封制緊密結合在一起的。

　　周王朝建立後，專門設立了負責宗室世系以及宗族事務管理的職官。以《周禮》為據，掌管宗族事務的官長是大宗伯，如《周禮‧春官‧大宗伯》曰：「以飲食之禮，親宗族兄弟」，「以脤膰之禮，親兄弟之國。以賀慶之禮，親異姓之國」。《周禮‧春官‧小宗伯》曰：「掌三族之別，以辨親疏。」鄭玄注：「三族，謂父、子、孫。」說明小宗伯主要掌管區別三族，辨別他們的親疏。《周禮‧春官‧小史》曰：「掌邦國之志，奠系世，辨昭穆。」鄭玄注：「系、世，謂《帝系》、《世本》之屬是也。」《周禮‧春官‧瞽矇》曰：「諷誦詩，世奠系。」鄭玄注引杜子春曰：「世奠系，謂《帝系》，諸侯、卿大夫《世本》之屬是也。」小史、瞽矇作為大宗伯的屬官，其職守都與宗族事務有關，只是具體分工不同。雖然《周禮》並非周制的實錄，但它也在一定程度上反映了周制對於姓氏譜系、血緣關係及高低貴賤的重視。

　　周王室在宗族血緣關係的基礎上，透過實行分封制和宗法制，以治天下。據史籍記載，武王滅商建國之後，武王、周公等先後分封宗族子弟為諸侯。《左傳‧僖公二十四年》載：「昔周公弔二叔之不咸，故封建親戚以蕃屏周。管蔡郕

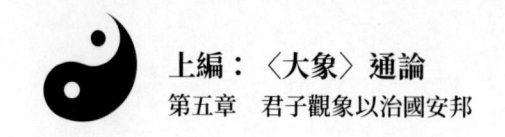

上編：〈大象〉通論
第五章　君子觀象以治國安邦

霍，魯衛毛聃，郜雍曹滕，畢原酆郇，文之昭也。邢晉應韓，武之穆也。」《左傳·昭公二十八年》載：「昔武王克商，光有天下。其兄弟之國者十有五人，姬姓之國者四十人，皆舉親也。」《左傳·定公四年》載：「昔武王克商，成王定之，選建明德，以蕃屏周。」由《左傳》中的相關記載可知，周王室封建諸侯之所以以宗族為主，主要是為了拱衛王室。

周王室極為重視宗族譜系，並在其基礎上構建了以分封制、宗法制、朝聘制、賜氏命官等為主體框架的政治制度體系。在〈大象〉部分，涉及宗族關係的象辭共有四卦，其中《比》「地上有水，比，先王以建萬國，親諸侯」，是以「先王」為主體，而其餘三卦則是以「君子」為主體。

《需》：雲上於天，需，君子以飲食宴樂。

《同人》：天與火，同人，君子以類族辨物。

《兌》：麗澤，兌，君子以朋友講習。

以上三卦象辭旨在訓誡在位「君子」要重視區分宗族血緣關係，既要用飲食之禮團結宗族朋友，也要與親族群僚共同探討治國理民之道。

《需》卦曰：「雲上於天，需，君子以飲食宴樂。」

此卦象辭旨在訓誡在位「君子」應當以飲食之禮團結宗族子弟及臣僚。

《需》卦卦象為「雲上於天」，象徵有雨在天，待時而下，先儒取《需》卦有「等待」之意，謂君子觀此卦象，則飲食宴樂，居易以待命，如程頤《周易程氏傳》曰：「君子觀『雲上於天，需』而為雨之象，懷其道德，安以待時，飲食以養其氣體，宴樂以和其心志，所謂居易以俟命也。」朱熹《周易本義》則進一步闡述道：「雲上於天，無所復為，待其陰陽之和而自雨爾。事之當『需』者，亦不容更有所為；但飲食宴樂，俟其自至而已，一有所為，則非需也。」

先儒視「飲食宴樂」為君子的個體行為，其說雖有一定的道理，但忽略了在先秦，「君子」是特指在位者的，其所作所為皆有一定的政治意涵，故應從禮制中的飲食之禮（包括鄉飲酒禮和饗禮）的角度來解釋卦辭。《周禮·春官·大宗

第二節　宗族親友

伯》曰「以飲食之禮，以親宗族兄弟」；《儀禮·鄉飲酒禮》中對飲、食、宴、樂之禮記之甚詳。「鄉飲酒禮」在殷商時已經存在，周人則推之於鄉里，天子、諸侯皆曾主持之。殷商《宰甫卣》曰「王鄉（饗）酉（酒），王光宰甫貝五朋」（《殷周金文集成》05395.2）；商末《尹光方鼎》曰「王鄉酉（酒），尹光遷」（《殷周金文集成》02709）；周穆王時期的《遹簋》曰「呼漁於大池，王鄉酉（酒）」（《殷周金文集成》04207）；無不是商王、周王舉行鄉飲酒禮的實錄。鄉飲酒禮的意義重大，《儀禮·鄉飲酒禮》曰：「尊讓、絜、敬也者，君子之所以相接也。君子尊讓則不爭，絜、敬則不慢，不慢不爭則遠於鬥、辨矣，不鬥、辨則無暴亂之禍矣，斯君子之所以免於人禍也。」[3]楊寬先生於《「鄉飲酒禮」與「饗禮」新探》一文中對此論之甚詳。《需》卦之「飲食宴樂」，既是對「鄉飲酒禮」中「敬賓之禮」、「作樂」兩個環節的概括，也指出了身處上位的「君子」舉行「鄉飲酒禮」的兩個政治目的，即或是為了表達尊長敬老之情，或是為了定分止爭，商定大事。

《同人》卦曰：「天與火，同人，君子以類族辨物。」

《同人》卦卦象上卦為乾象天，下卦為離象火。與，《說文》（卷十四）釋之曰：「賜予也。一勺為與。此與與同。」又釋「與」曰：「黨與也，從舁從與。」而「天與火」之「與」，則當釋為「黨與」。《管子·霸言》「諸侯之所與也」注謂：「與，親也。」[4]「與」作動詞，有同黨親和之義。就物象而言，天體在上，火性亦炎上，兩相親和，故孔穎達《周易正義》曰：「天體在上，火又炎上，取其性同，故云『天與火，同人』。」此說中肯。另《周易集解》引《九家易》曰：「謂乾捨於離，同而為日，天日同明，以照於下，君子則之，上下同心，故曰同人。」

3　楊寬先生在《「鄉飲酒禮」與「饗禮」新探》一文中，對相關問題進行了詳細分析。參見氏著：《西周史》，上海人民出版社，1999年，第742—769頁。

4　黎翔鳳：《管子校注》，中華書局，2004，第471頁。

上編：〈大象〉通論

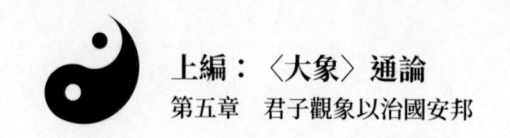

第五章　君子觀象以治國安邦

類，分類；辨，辨別，「類」、「辨」二字互文見義。族，指族群；物，指名物。《同人》卦卦象為天與火，與，有「黨與」之義。君子觀此卦卦象則思「同人」之義。〈大象〉之所以繫以「類族辨物」，旨在告誡在位「君子」要正確區分宗族與外宗族，以明遠近之分。

周人分封諸侯，以親戚宗族為主體，「選建親戚，以蕃屏周」即是「類族」思想在政治秩序建構中的具體運用。由於先秦時，族徽是區別不同族群的主要標誌，因此「類族辨物」中所辨之物為族徽之可能性甚大。[5]

《兌》卦曰：「麗澤，兌，君子以朋友講習。」

《兌》卦卦象上下卦皆為兌，為澤水並連之象。麗，《玉篇》曰「麗，偶爾」；孔穎達謂「猶連也」，麗澤，即兩澤並連。故曰：「『麗澤兌』者，麗，猶連也，兩澤相連，潤說之盛，故曰『麗澤，兌』也。」另，「麗」又可釋為「附麗」，麗澤，即兩澤交通。故程頤說：「麗澤，二澤相附麗也。兩澤相麗，交相浸潤，互有滋益之象。」此兩說皆可作參考。

「朋」與「友」，在殷商甲骨文中皆已存在，起初為單獨使用，西周中晚期時變成一個複合詞，《衛鼎》（《集成》2733，昭王時期）、《乖伯簋》（《集成》4331，西周中晚期）、《克盨》（《集成》4465，宣王時期）等，皆有「朋友」二字連用之實例。「朋友」的詞義隨著時代的發展而逐漸擴大，由最初僅指有血緣關係的族人，擴展到也可指群臣，最後演變成五倫之一的「朋友」。《說文》釋「朋」曰「輔也」，釋「友」曰「同志為友」。孔穎達曰：「同門曰朋，同志曰友，朋友聚居，講習道義，相說之盛，莫過於此也。」其說雖於「朋友」的詮釋未必妥當，但也可備一說。

「朋友」作為一種人倫關係，淵源甚早，朱鳳瀚在《商周家族形態研究・「朋

---

[5] 關於先秦時期的族徽研究，學界已取得不少研究成果。如王長豐：《殷周金文族徽研究》，上海古籍出版社，2015。雒有倉：《商周青銅器族徽文字綜合研究》，黃山書社，2017。

第二節　宗族親友

友」考》中即以西周銘文為據，強調指出，「西周青銅器銘文中所見『朋友』『友』是對親族成員的稱謂，其義不同於現代漢語詞彙中的朋友。其實即使在東周文獻中，『朋友』一詞有時仍用來指稱本家族的親屬」；而「西周器銘文中未見朋友、兄弟並稱者，當是親兄弟亦包含在朋友之稱中」。[6]查昌國則認為，兩周時期的「友」義發生了三次變化，最初僅指有血緣關係的族人；後來突破了血緣關係，統指志同道合之人，而「君臣」之倫也包含其中；春秋之際，君臣之倫從「友」義中獨立出來，「友」則專指五倫之一的朋友。[7]胡發貴先生在對「朋友」的詞義進行深入探究之後，精闢指出，「朋」側重於客觀的關係，「友」則重在精神層面。「朋友」起初用來指稱血緣間的兄弟情誼，最晚到孟子時，「朋友」演變為一種非親的社會關係了。[8]而以「友」為效法學習對象的思想，可以追溯到先秦時期。如西周早期的《曆鼎》「肇對元德，孝友唯型」（《集成》02614）。西周晚期的《寅簋》「善效及友，大辟勿事」（《集成》04469），徐中舒釋「友」曰「即大史友、內史友之友」。西周晚期的《毛公鼎》「善效乃友正」（《集成》02841），於省吾釋「友正」曰「謂同官僚友，及正長也」。皆可為證。

《詩經‧大雅‧假樂》云：「之綱之紀，燕及朋友。」毛亨注曰：「朋友，群臣也。」孔穎達《毛詩正義》卷二十四疏曰：「又言『天子燕及故知，朋友是群臣』。《尚書》武王曰『我友邦冢君』，亦是稱臣為朋友也。」由此可知，「朋友」在先秦兼有宗族、君臣之義。故〈大象〉言「君子以飲食宴樂」、「君子以類族辨物」，探討的是如何處理宗族關係；而「君子以厚下安宅」、「君子以施祿及下」，探討的則是如何處理君臣關係。因此，結合《尚書》中周王室的相關記載可知，《兌》卦象辭旨在訓誡在位「君子」要觀《兌》卦上下皆兌，有「兩澤相連」、「兩澤附

---

[6] 朱鳳瀚：《商周家族形態研究》，天津古籍出版社，1990，第 293、297 頁。

[7] 查昌國先生在《「友」與兩周社會的變遷》、《「友」與兩周君臣關係的演變》兩文中，詳細論述了「友」在兩周時期的涵義及演變。參見氏著：《先秦「孝」、「友」觀念研究——兼漢宋儒學探索》，安徽大學出版社，2006。

[8] 參見胡發貴：《儒家朋友倫理研究》，光明日報出版社，2008。

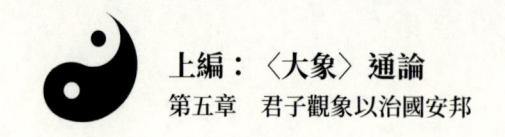

上編：〈大象〉通論
第五章　君子觀象以治國安邦

麗」之象，則跟宗族群臣探討治國理政之道，而非後世易學家所理解的研究所習之學問。

第三節　保民容民

重民思想也稱民本思想，是中國古代政治思想的核心主張之一。《尚書·盤庚上》載，盤庚遷都，民不適，盤庚慰之曰「重我民，無盡劉」；「汝克黜乃心，施實德於民」。《尚書·盤庚中》曰：「古我前後，罔不唯民之承保。」充分表明商代統治者已認識到民眾的重要性。周革殷命之後，周王室的天命觀也發生了變化，雖仍認為王位由「天」決定，但「民」卻可通天，而「天」、「上帝」也不再是遠絕於人的存在，而是被賦予了人的道德價值傾向。

需要提及的是，《尚書》中包含著豐富的「天人關係」論述，而「天民一體」是其中最重要的維度，如《尚書·皋陶謨》曰：「天聰明，自我民聰明；天明威，自我民明威。」《尚書·泰誓》篇記載的是武王伐紂時發布的誓約，其中的「天視自我民視，天聽自我民聽」、「民之所欲，天必從之」等，明確指出民是天的耳目，天並不直接向人說話，而是藉著人民來表達意思和施行選擇。在「天民一體」思想指導下，周王室極其重視保民、容民，並制定了一套以「民本」理念為核心的仁政措施。

在《尚書·周書》中的〈大誥〉、〈康誥〉、〈洛誥〉、〈無逸〉、〈召誥〉等篇中，「民」字頻繁出現。如〈康誥〉篇載周公之言曰：「天畏棐忱，民情大可見，小人難保。」這句話說的是天命雖然不是專一不變的，但可以透過民情顯現，因此，他反覆告誡以成王為代表的王室成員，一定要把敬天、保民作為施政的根本來抓。如在〈梓材〉篇中，他告誡成王說：「欲至於萬年，唯王子子孫孫永保民。」在〈召誥〉篇中，他又對成王說：「欲王以小民，受天永命。」在〈康誥〉篇中，他對康叔語重心長地說：「汝唯小子，乃服唯弘王應保殷民。」、「唯命不於常，汝念哉！無我殄享，明乃服命，高乃聽、用康乂民。」周公的這些訓誡都強調了

第三節　保民容民

民眾的重要性，強調只有把民眾治理好了，國家才能長治久安。

〈大象〉結合《周易》卦象、卦名，進一步繼承並發揚了周王室敬天保民的思想。〈大象〉中言及保民、治民者，共有以下七卦：

《師》：地中有水，師，君子以容民畜眾。

《謙》：地中有山，謙，君子以裒多益寡，稱物平施。

《蠱》：山下有風，蠱，君子以振民育德。

《臨》：澤上有地，臨，君子以教思無窮，容保民無疆。

《井》：木上有水，井，君子以勞民勸相。

《革》：澤中有火，革，君子以治曆明時。

《漸》：山上有木，漸，君子以居賢德善俗。

上述七卦旨在告誡在位君子，要想治理好民眾，必須要注意以下幾個問題：一、制定曆法，使民眾按節令從事農業生產。二、要根據物品的多少分配物品，做到施與均衡。三、教化民眾，使之安分守己。四、培養民眾的德行，使之友愛互助。

《師》卦曰：「地中有水，師，君子以容民畜眾。」

《兌》卦卦象下卦為坎象水，上卦為坤象地，〈彖〉曰「師，眾也」，地能畜水，有容眾之象，故李鼎祚《周易集解》引陸績曰：「坎在坤內，故曰地中有水；師，眾也，坤中眾者，莫過於水。」、「容」有包容之義，「畜」有畜養之義，「容」、「畜」二字互文。《師》卦卦象為「地中有水」，為大地含容江河之象，故在位君子觀此則容民畜眾。《尚書·五子之歌》曰：「民唯邦本，本固邦寧。」《尚書·秦誓》曰：「人之彥聖，其心好之，不啻若自其口出，是能容之。以保我子孫黎民，亦職有利哉。人之有技，冒疾以惡之；人之彥聖，而違之，俾不達，是不能容。以不能保我子孫黎民，亦曰殆哉。邦之杌隉，曰由一人；邦之榮懷，亦尚一人之慶。」這段話所包含的保民、容民思想，與《師》「君子以容民畜眾」實同出一源，一脈相承。

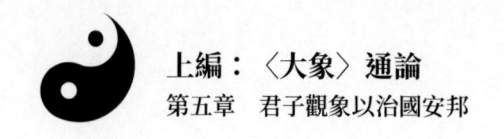

上編：〈大象〉通論
第五章　君子觀象以治國安邦

《謙》卦曰：「地中有山，謙，君子以裒多益寡，稱物平施。」

《謙》卦卦象下卦為艮象山，上卦為坤象地。《周易集解》引劉表曰：「地中有山，以高下下，故曰謙。謙之為道，降己升人，山本地上，今居地中，亦降體之義，故為謙象也。」

今通行本「裒多益寡」之「裒」，為王弼所定，然陸德明《經典釋文》卷二稱「鄭、荀、董、蜀才作『捊』，云取也。字書作『抷』，《廣雅》云『抷減』」。[9]《說文》卷十二釋「捊」曰：「捊，引取也。」《說文》卷八釋「裒」曰：「衣博裾。」故從字源來看，裒、捊二字音同義異，後世則二字通用，以「裒」為「捊」，以「取」為義。「稱」，指「權衡」。此卦象辭旨在訓誡在位「君子」觀《謙》卦「地中有山」之象，修身則以「謙」為本，治國理政則以損有餘補不足、施與均衡為本。

「均平」是周王室治國理政的核心思想之一，《國語·周語》中屢有提及。如《國語·周語上》載：「（惠王）十五年，有神降於莘。王問於內史過，曰：『是何故？固有之乎。』對曰：『有之。國之將興，其君齊明、衷正、精潔、惠和，其德足以昭其馨香，其惠足以同其民人。神饗而民聽，民神無怨，故明神降之，觀其政德而均布福焉。國之將亡，其君貪冒、闢邪、淫佚、荒怠、粗穢、暴虐；其政腥臊，馨香不登，其刑矯誣，百姓攜貳，明神不蠲而民有遠志，民神怨痛，無所依懷，故神亦往焉，觀其苛慝而降之禍。」《國語·周語上》又載：「禮所以觀忠、信、仁、義也。忠，所以分也；仁，所以行也；信，所以守也；義，所以節也。忠分則均，仁行則報，信守則固，義節則度。分均無怨，行報無匱，守固不偷，節度不攜。若民不怨而財不匱，令不偷而動不攜，其何事不濟！」《周語》這兩段論述突出強調了惠澤均分的重要性，即在上位者若施與均衡，則民眾無怨，民眾無怨則國家財用就不會匱乏；若不能均分澤惠，必將招致民眾怨恨，最終危及自身。此外，《管子》一書對「均分」思想也多有創見。

---

[9] （唐）陸德明：《經典釋文》，中華書局，1983，第 21 頁。

第三節　保民容民

《蠱》卦曰:「山下有風,蠱,君子以振民育德。」

《蠱》卦卦象下卦為巽象風,上卦為艮象山。「蠱」有敗壞之義。振,《說文》卷十二釋之曰:「舉救也。從手辰聲。一曰奮也。」陸德明《經典釋文》卷二釋曰:「濟也。」因「山下有風,蠱」有敗壞之義,故君子須悟知當「蠱」之時,應振濟民眾,培育德行,努力救弊。此卦象辭旨在告誡在位「君子」觀《蠱》卦有敗壞之象,則思振民育德,拯弊治亂。

《臨》卦曰:「澤上有地,臨,君子以教思無窮,容保民無疆。」

《臨》卦卦象下卦為兌象澤,上卦為坤象地。教,教化;思,思考、思慮;教思無窮,即要求在位「君子」時刻不忘教導民眾。容,《說文》卷七釋為「盛也」,此處當釋為包容、容納。保,《說文》卷八釋為「養也」,「保民」即養民。故程頤謂:「物之相臨與含容,無若水之在地,故澤上有地為臨也。君子觀親臨之象,則教思無窮,親臨於民,則有教導之意思也。」又說:「觀含容之象,則有容保民之心。」

《尚書・康誥》曰:「嗚呼!封。汝念哉!今民將在祇遹乃文考,紹聞衣德言,往敷求於殷先哲王,用保乂民。汝丕遠唯商耇成人,宅心知訓。別求聞由古先哲王,用康保民,弘於天若。德裕乃身,不廢在王命。」《尚書・秦誓》曰:「人之彥聖,其心好之,不啻若自其口出,是能容之。以保我子孫黎民,亦職有利哉。人之有技,冒疾以惡之;人之彥聖,而違之,俾不達,是不能容。以不能保我子孫黎民,亦曰殆哉。」《尚書・梓材》曰:「欲至於萬年唯王,子子孫孫永保民。」上述三則史料中,〈康誥〉、〈秦誓〉分別從敬賢、容民的角度闡述了保民的重要性,而〈梓材〉則直接點明,王位傳承之根本就在於保民。由此可見,周王室的容民、保民思想與《臨》卦的「教思無窮,容保民無疆」思想,是一脈相承的。

《井》卦曰:「木上有水,井,君子以勞民勸相。」

《井》卦卦象下卦為巽象木,上卦為坎象水。勞,孔穎達、程頤皆以「勞徠」

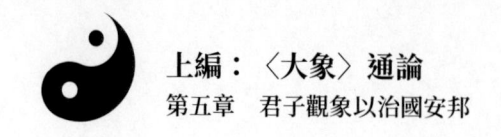

上編：〈大象〉通論
第五章　君子觀象以治國安邦

釋之，故「勞民」即慰勞民眾。相，相助，「勸相」即勸導民眾互相幫助。此卦象辭旨在訓誡在位「君子」觀木上有水，取水於井之象，當效法〈彖傳〉所謂井有「井養而不窮」之德，慰勞民眾，勸導民眾相互幫助。故孔穎達謂：「勞，謂勞賚。相，猶助也。《井》之為義，汲養而不窮；君子以勞來之恩，勤恤民隱，勸助百姓，使有成功，此則養而不窮也。」

需要指出的是，卦爻辭將卦象爻位與井之象相配擬辭，示人以吉凶禍福之道，與象辭示君子觀象以效法井養之用，以治國治民，有內在之別。《逸周書‧文政解》載管蔡治國之道有「順九典」，「一祗道以明之，二稱賢以賞之，三典師以教之，四四戚以勞之，五位長以遵之，六群長以老之，七群醜以移之，八什長以行之，九戒卒以將之。嗚呼，虛為害，無由不通，無虛不敗」。其中的「四戚以勞之」，即有慰勞臣民之意，可與《井》卦象辭中的「勞民相勸」互相參看。

《革》卦曰：「澤中有火，革，君子以治曆明時。」

《革》卦卦象下卦為離象火，上卦為兌象澤。革，改革、改變。〈彖〉曰「革，水火相息」。「相息」即「相長」，更迭用事。崔覲釋卦象、卦名關係曰：「火就燥，澤資濕，二物不相得，終宜易之，故曰『澤中有火，革』也。」治，修治。曆，曆法。明，明辨。時，時令節氣。此卦象辭旨在訓誡在位「君子」觀「澤中有火」，二性相息，勢必變革之象，又知日月星辰皆因時而變，故思修治曆法，使民眾按時令從事農業生產。故程頤謂：「君子觀變革之象，推日月星辰之遷易，以治曆數，明四時之序也。」治曆明時的思想，起源甚早，《尚書‧堯典》曰：「乃命羲和，欽若昊天，曆象日月星辰，敬授人時。」即是王者治曆明時之具體記載。夏、商、周建立之後，均對前代曆法進行了變革，以求與農業生產和民眾的日常生活相適應。《革》卦象辭亦向君子強調了及時變革曆法的重要性。

《漸》卦曰：「山上有木，漸，君子以居賢德善俗。」

《漸》卦卦象下卦為艮象山，上卦為巽象木。以物理而論，種子自生根發芽到長成參天大樹，是一個漸進的過程。正如李光地《周易折中》所說：「地中生

木,始生之木也。山上有木,高大之木也。凡木始生,枝條驟長,旦異而夕不同。及既高大,則自拱把而合抱,自挍手而干霄,必須踰年積歲。此《升》與《漸》之義所以異也。」居,居處,也可釋為「積」。善,改善。陸德明《經典釋文》曰:「善俗,王肅本作『善風俗』。」此卦象辭旨在訓誡在位「君子」觀《漸》卦「山上有木」,而木漸長大之象,而知無論是培養自身的德行修養,還是培育民眾的良風美俗,都需要一步一步的積累。故程頤曰:「人之進於賢德,必有其漸,習而後能安,非可陵節而遽至也。在己且然,教化之於人,不以漸,其能入乎?移風易俗,非一朝一夕所能成,故善俗必以漸也。」

第四節　明罰慎刑

　　西周建立之後,周王室在《禹刑》和《湯刑》等前代曆法的基礎上,制定了《九刑》。《左傳·昭公六年》載:「夏有亂政而作《禹刑》,商有亂政而作《湯刑》,周有亂政而作《九刑》。」《逸周書·嘗麥》曰:「四年孟夏,王命大正正刑書」,「太史策刑書九篇,以升授大正」。《左傳·文公十八年》引周公所作之《誓命》曰:「毀則為賊,掩賊為藏,竊賄為盜,盜器為奸,主藏之名,賴奸之用,為大凶德,有常無赦,在《九刑》不忘。」以上史料皆可為周王室作《九刑》以治國理政之證據。

　　「明德慎罰」一詞最早見於《尚書》的〈多方〉、〈康誥〉兩篇,而〈康誥〉是周公告誡康叔治理殷民的誥詞。〈康誥〉中的「唯乃丕顯考文王,克明德慎罰」,即是周公汲取殷商滅亡的教訓而提出的重要思想之一。周公要求成王及王室其他成員在推行德政的基礎上,謹慎使用刑罰,而後世的「德主刑輔」思想就是周公「明德慎罰」思想的進一步發展和深化。

　　〈大象〉中涉及刑罰的象辭共有以下六條:
　　《噬嗑》:「雷電,噬嗑,先王以明罰敕法。」
　　《賁》:山下有火,賁;君子以明庶政,無敢折獄。

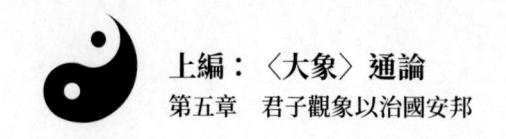

上編：〈大象〉通論
第五章　君子觀象以治國安邦

《解》：雷雨作，解；君子以赦過宥罪。

《豐》：雷電皆至，豐；君子以折獄致刑。

《旅》：山上有火，旅；君子以明慎用刑，而不留獄。

《中孚》：澤上有風，中孚；君子以議獄緩死。

以上六卦中，除《噬嗑》卦外，其餘五卦象辭的主旨均與《尚書》中所記載的周公刑獄思想一脈相承。

《賁》卦曰：「山下有火，賁，君子以明庶政，無敢折獄。」

《賁》卦卦象下卦為離象火，上卦為艮象山。賁，〈序卦〉曰「飾也」，火在山下，而眾物皆顯，故有賁飾之象。無敢折獄，不敢率意斷獄。《賁》卦以「山下有火」為象，山上庶物為火所照，無論小大皆現其形。故君子觀《賁》卦之象，須悟應如火照萬物，使政務清明，且不敢率意斷獄也。程頤謂：「君子觀山下有火，明照之象，以修明其庶政，成文明之治，而無敢果於折獄也。折獄者，人君之所致慎也，豈可恃其明而輕自用乎？乃聖人之用心也，為戒深矣」。「折獄者，專用情實，有文飾則沒其情矣，故無敢用文以折獄也」。

《尚書‧立政》載周公之言曰：「繼自今，文子文孫其勿誤於庶獄庶慎，唯正是乂之。」周公這句話旨在告誡文王之子孫，對於司法訴訟、刑罰獄政方面的事務一定要十分謹慎，切不可僅憑己意裁斷。此外，周公又以文王之事為例，告誡成王說：「文王罔攸兼於庶言；庶獄庶慎，唯有司之牧夫是訓用違；庶獄庶慎，文王罔敢知於茲。」周公這段話的大意是，文王在將司法訴訟、刑罰獄政方面的事務交給專門的主管部門去處理，並由「法官」具體負責辦理之後，既不再輕易過問具體案情，也不再干預有關部門對刑獄之事的裁斷。由此不難看出，《賁》卦象辭旨在訓誡在位「君子」應當將刑獄之事交給「有司之牧夫」，切不可僅憑己意去裁斷刑獄之事。

《解》卦曰：「雷雨作，解，君子以赦過宥罪。」

《解》卦卦象下卦為坎象雨，上卦為震象雷。解，〈序卦〉曰：「物不可以終

第四節　明罰慎刑

難，故受之以《解》。解者，緩也。」對於萬物而言，雷雨有緩解死難之危、滋養助長之功，故〈象傳〉曰：「天地解而雷雨作，雷雨作而百果草木皆甲坼。」赦，赦免。宥，寬宥。《解》卦象辭旨在訓誡在位「君子」觀《解》卦「雷雨作」而萬物復甦之象，須悟當赦免百姓小的過失，寬宥其輕微的罪過。故孔穎達謂：「赦謂放免，過謂誤失，宥謂寬宥，罪謂故犯。過輕則赦，罪重則宥，皆『解』之義也。」此亦平實之解。

　　王者治國，應寬刑赦過以彰顯德政的思想，在《尚書》中屢有提及。如《尚書・大禹謨》載皋陶之言曰：「帝德罔愆，臨下以簡，御眾以寬，罰弗及嗣，賞延於世，宥過無大，刑故無小，罪疑唯輕，功疑唯重。與其殺不辜，寧失不經。好生之德，洽於民心，茲用不犯於有司。」《尚書・君陳》載王之言曰：「君陳，爾唯弘周公丕訓，無依勢作威，無倚法以削。寬而有制，從容以和。殷民在辟，予曰辟，爾唯勿辟；予曰宥，爾唯勿宥，唯厥中。有弗若於汝政，弗化於汝訓，辟以止辟，乃辟。狃於奸宄，敗常亂俗，三細不宥。」此外，《周禮》中有關赦宥的記載也是隨處可見的。如《周禮・春官・大司樂》在描述「大射禮」時說：「大射，王出入，令奏王夏；及射，令奏騶虞，詔諸侯以弓矢舞。王大食，三宥，皆令奏鐘鼓。」至於如何「赦過宥罪」，《周禮・秋官・司刺》解釋說：「司刺掌三刺三宥三赦之法，以贊司寇聽獄訟。一刺曰訊群臣，再刺曰訊群吏，三刺曰訊萬民。一宥曰不識，再宥曰過失，三宥曰遺忘。一赦曰幼弱，再赦曰老旄，三赦曰蠢愚。以此三法者求民情，斷民中，而施上服下服之罪，然後刑殺。」由《尚書》、《周禮》中的相關記載可知，赦過宥罪的淵源甚早，它既是古聖先王治理天下的重要舉措，也體現了周王室反對苛政和任意刑殺，寬民愛民、以民為本的思想。

　　《豐》卦曰：「雷電皆至，豐，君子以折獄致刑。」

　　《豐》卦卦象下卦為離象電，上卦為震象雷，有天威盛大之象，故孔穎達曰：「雷者，天之威動；電者，天之光耀。雷電俱至，則威明備足，以為《豐》也。」

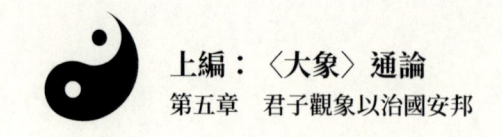

上編：〈大象〉通論
第五章　君子觀象以治國安邦

此說可為參考。

折，斷。折獄，斷決刑獄。致，施加、施行。致刑，施加刑罰。故「折獄致刑」之義，與《尚書‧多士》中的「我乃明致天罰」相近。《解》卦象辭旨在訓誡在位「君子」觀《豐》卦上雷下電之象，須悟斷獄時應像閃電一樣明察秋毫，行刑時應如雷霆般迅猛果決。

明罰敕法、折獄致刑之思想，在西周王室的政教典籍中屢屢言及。如《尚書‧呂刑》曰：「非佞折獄，唯良折獄，罔非在中。察辭於差，非從唯從。哀敬折獄，明啟刑書胥占，咸庶中正。其刑其罰，其審克之。獄成而孚，輸而孚；其刑上備，有並兩刑。」這段闡述為理解《豐》卦象辭中的「折獄致刑」提供了一個重要的參考。

《旅》卦曰：「山上有火，旅，君子以明慎用刑，而不留獄。」

《旅》卦卦象下卦為離為象火，下卦為艮象山。以物理而論，山上之火，草木盡則火熄，不可長久。而「旅」有「暫處」之義，與山上之火不可長久之象相契，故以「旅」來命名此卦。故侯果說：「火在山上，勢非長久，旅之象也。」《旅》卦象辭旨在訓誡在位「君子」觀《旅》卦「山上有火」，雖明照四方，卻難長久之象，須悟在折獄致刑時，既要明察審慎，又不可久拖不判。

《中孚》卦曰：「澤上有風，中孚，君子以議獄緩死。」

《中孚》卦卦象下卦為兌象澤，上卦為巽象風。孚，誠信。中孚，內心誠信。議，審議。緩，寬緩。此卦象辭旨在訓誡在位「君子」觀《中孚》卦既有「中孚」之名，又有大《離》之象，而思決獄斷刑時，宜緩不宜急，務求盡得其情實，不枉不縱。故胡瑗謂：「議獄緩死者，君子觀是之象，以謂獄者，繫獄之人就苦而告之，以所死者不可復生，必推由中之誠，原議冤枉，察其真偽，求其曲直，以緩恕其死，則可以盡其至信之道也。」此說可為參考。

《尚書‧康誥》載周公之言曰：「要囚，服念五六日，至於旬時，丕蔽要囚。」孔傳：「要囚，謂察其要辭以斷獄。既得其辭，服膺思念五六日，至於十日，至

第四節　明罰慎刑

於三月,乃大斷之,言必反覆思念,重刑之至也。」周公對待犯人的供詞尚且如此審慎,其對決獄斷刑的謹慎態度由此可見一斑。

「議獄緩死」思想與先秦時期的「緩刑」思想關係密切。據《周禮》可知,古聖先王經常在荒年實行緩刑。如《周禮・春官・大司徒》曰:「以荒政十有二,聚萬民:一曰散利,二曰薄征,三曰緩刑。」賈公彥疏曰:「三曰緩刑者,謂凶年犯刑,緩縱之。」《周禮・秋官・士師》曰:「若邦凶荒,則以荒辯之法治之,令移民、通財、糾守、緩刑。」鄭玄注曰:「緩刑,舒民心也。」需要提及的是,《中孚・大象》曰「澤上有風,中孚,君子以議獄緩死」,並沒有說明在哪些情況下才可推行此種政策。但以常情而論,「議獄緩死」並不能適用於所有的犯罪。如《周禮・春官・大司徒》中提及的「十二荒政」中的「除盜賊」,鄭玄注之曰:「除盜賊者,凶年盜賊多,急其刑以除之。」賈公彥疏曰:「除盜賊,急其刑以除之,饑饉則盜賊多,不可不除也者,上文既言緩刑,其餘盜賊用急刑,乃上下文為妨,故鄭云饑饉則盜賊多,不可不除,故須急其刑以除之。」據此可知,在具體的政治實踐當中,緩刑和急刑是並存的,而《中孚・大象》中的「君子以議獄緩死」,應與周王室在遇到荒年時所採取的救濟措施有關。

上編：〈大象〉通論
第六章　附論

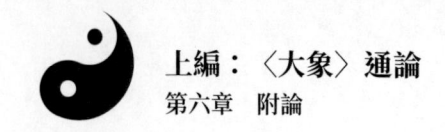

第六章　附論

六十四卦〈大象〉中，敘述在位「君子」觀象以進德修業的，共有五十三卦，前文之述備矣；尚有十一卦則敘述了「先王」、「后」、「大人」、「上」觀象以修身治國。其中，「先王」七見，「后」三見，「大人」和「上」各一見。下面，筆者將分別從「追溯先王」、「後、上、大人」兩個角度入手，對這十一卦進行詳細解讀。

第一節　追溯先王

〈大象〉中的「先王」，應指對西周的建立和鞏固居功至偉的幾位傑出政治人物，如文王、武王、周公等人。需要指出的是，「先王以」之句式，並不必然指「先王」占得某卦或觀得某卦象後而做出某種行為，也可能是〈大象〉作者以某位「先王」之事蹟有合於某卦名、某卦象之義者而擬之。具體來說，〈大象〉中言及「先王以」者，共有以下七卦：

《比》：地上有水，比，先王以建萬國，親諸侯。
《豫》：雷出地奮，豫，先王以作樂崇德，殷薦之上帝，以配祖考。
《觀》：風行地上，觀，先王以省方、觀民、設教。
《噬嗑》：雷電，噬嗑，先王以明罰敕法。
《復》：雷在地中，復，先王以至日閉關，商旅不行，后不省方。
《無妄》：天下雷行，物與無妄；先王以茂對時，育萬物。
《渙》：風行水上，渙，先王以享於帝，立廟。

上述七卦中，除《復》卦外，其餘六卦的象辭皆可與周代先王之事蹟互相印證。

《比》卦曰：「地上有水，比，先王以建萬國，親諸侯。」

《比》卦卦象下卦為坤象地，上卦為坎象水。比，有「親近」之義。〈彖〉曰：

第一節　追溯先王

「比，吉也；比，輔也，下順從也。」故《周易集解》引何晏曰：「水性潤下，今在地上，更相浸潤，『比』之義也。」程頤《伊川易傳》曰：「夫物相親比而無間者，莫如水在地上，所以為『比』也。」此卦象辭旨在訓誡「先王」應效法《比》卦「地上有水」之象，而思物相親比，故封建親戚，以藩屏周。

據史籍記載，武王滅商之後，曾分封同姓和功臣為諸侯，以為藩屏。如《左傳・僖公二十四年》載：「昔周公弔二叔之不咸，故封建親戚以蕃屏周。管蔡郕霍，魯衛毛聃，郜雍曹滕，畢原酆郇，文之昭也。邢晉應韓，武之穆也。」《左傳・昭公二十八年》載：「昔武王克商，光有天下。其兄弟之國者十有五人，姬姓之國者四十人，皆舉親也。」《左傳・定公四年》載：「昔武王克商，成王定之，選建明德，以藩屏周。故周公相王室，以尹天下，於周為睦。分魯公以大路，大旂，夏後氏之璜，封父之繁弱，殷民六族，條氏、徐氏、蕭氏、索氏、長勺氏、尾勺氏。使帥其宗氏，輯其分族，將其類醜，以法則周公，用即命於周。是使之職事於魯，以昭周公之明德。」由《左傳》中的相關記載可知，周王室不管是「封建親戚」還是「選建明德」，無不是為了拱衛王室。

《豫》卦曰：「雷出地奮，豫。先王以作樂崇德，殷薦之上帝，以配祖考。」

《豫》卦卦象，下卦為坤象地，上卦為震象雷。豫，鄭玄釋曰：「喜佚說樂之貌也。」奮，鄭玄釋曰：「動也。雷動於地上，而萬物乃豫也。」雷出於地，以二十四節氣論，則當配以驚蟄，為春雷震動，萬物復甦，故有喜佚說樂之象。「先王以作樂崇德，殷薦之上帝，以配祖考」，鄭玄釋曰：「以者，取其喜佚動搖，猶人至樂則手欲鼓之，足欲舞之也；崇，充也；殷，盛也；薦，進也；上帝，天帝也。王者功成作樂，以文得之者作『籥舞』，以武得之者作『萬舞』，各充其德而為制。祀天帝以配祖考者，使與天同饗其功也。故《孝經》云『郊祀后稷以配天，宗祀文王於明堂以配上帝』是也。」其說甚為可取。

先秦時期的樂主要由歌、舞、器樂等組成，有鼓動人心的作用，與春雷能鼓動萬物有異曲同工之妙。《禮記・樂記》曰：「然後發以聲音，而文以琴瑟，動

上編：〈大象〉通論
第六章　附論

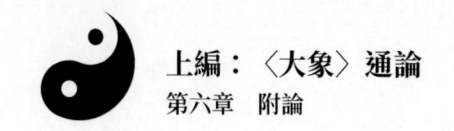

以干戚，飾以羽旄，從以簫管。奮至德之光，動四氣之和，以著萬物之理。」王者功成作樂，是先秦時期的一種典制，武王、周公等皆曾作樂贊述功德。如《左傳・宣公十二年》載：「武王克商，作《頌》曰：『載戢干戈，載櫜弓矢。我求懿德，肆於時夏，允王保之。』又作《武》，其卒章曰『耆定爾功』。其三曰『鋪時繹思，我徂求定』。其六曰『綏萬邦，屢豐年』。夫武，禁暴、戢兵、保大、定功、安民、和眾、豐財者也。故使子孫無忘其章。」《周頌・清廟之什・清廟》曰：「於穆清廟，肅雍顯相。濟濟多士，秉文之德。對越在天，駿奔走在廟。不顯不承、無射於人斯。」朱熹《儀禮經傳通解》卷二十七釋曰：「清廟升歌者，歌先人之功烈德澤也。故欲其清也，其歌之呼也曰『於穆清廟』，於者，嘆之也。穆者，敬之也。清者，欲其在位者遍聞之也。故周公升歌文王之功烈德澤，苟在廟中嘗見文王者，愀然如復見文王。」《史記・封禪書》也說：「周公既相成王，郊祀后稷以配天，宗祀文王於明堂以配上帝。」由以上典籍可知，《豫》卦象辭中的「先王」當指武王、周公等周王室的傑出代表人物。

　　《觀》卦曰：「風行地上，觀，先王以省方觀民設教。」

　　《觀》卦卦象下卦為坤象地，上卦為巽象風。風行地上，遍及萬物。觀，有察看之義；無不遍及，則觀之極也。可見《觀》之卦名與卦象渾然一體。省，《說文》釋曰「視也。從眉省，從屮」。後世多釋為「視察」。省方，孔穎達釋曰：「省視萬方，觀看民之風俗。」《左傳・莊公二十一年》「王巡虢守」，杜預注曰：「天子省方，謂之巡守。」

　　（此下部分缺圖片，見原稿83頁到84頁。）

　　從古文字學的角度來看，甲骨文學者一般將 ⌇、⌇ 兩種字形隸定為「省」字，甲骨卜辭中沒有「省方」二字，但有「㞢方」二字，如：

　　貞王勿方㞢（《合集》847）

　　貞王勿土方㞢（《合集》6394）

　　戊寅卜，亙貞王方㞢（《合集》10104）

第一節　追溯先王

目前，學者對於「省方」的研究，主要落實在「省與「𢔌」的比較釋讀基礎之上。正是透過對於甲骨卜辭的研究，學者對於「省方」制度的內涵有了更深一步的瞭解。

關於𢔌字的釋讀，學界至今仍眾說紛紜，主要有「德」、「循」、「值」、「省」、「𢔌」、「徝」等觀點，[1]其中釋為「省」、「𢔌」字的觀點直接關係到對於「省方」制度的理解，尤其值得引起我們的充分重視。王襄最早將「𢔌」釋為「省」，並將其與《周易》「省方」的解釋結合起來：「𢔌，古省字，從彳，反文𡳾，即省，從生、𡳾，從目……省方，見於《易》之《觀》：『先王以省方觀民設教。』又《復》：『后不省方。』省方即《尚書·堯典》中的巡狩之禮。」[2]

聞一多在繼承王襄觀點的基礎上，以出土文獻為參考資料，對於「省方」之「省」作了更加深入的探究。在他看來，「𢔌方」之「𢔌」，當釋為「徝」，而「徝」又是「省」的孳乳字，[3]因此，「𢔌方」即「省方」，而「省方」之「省」主要涉及「巡視」、「田獵」、「征伐」三事。[4]王襄、聞一多釋𢔌為省、徝的觀點，得到了饒宗頤等學者的認同。[5]而鄭開先生在綜合前賢時彥相關研究成果的基礎上，對於「𢔌」字的隸定情況進行了如下歸納：「甲骨文中𢔌的字形衍化十分複雜，它可能是

1　據鄭開先生的統計，古文字學界對於契文的解釋共有以下幾種：一、釋為「德」（孫詒讓、羅振玉、陳林家、唐蘭）；二、釋為「省」（王襄）；三、釋為「缺圖片」（郭沫若前說、聞一多、饒宗頤）；四、釋為「循」（葉玉森、容庚、孫海波、於省吾、李孝定）；五、釋為「值」（郭沫若中說、徐中舒）；六、釋為「值」（商承祚）；七、釋為「缺圖片」、「省」（趙誠、斯維至）；八、釋為「陟」（劉桓）。參見鄭開：《德禮之間——前諸子時期的思想史》，三聯書店，2009，第47—50頁。

2　王襄：《簠室殷契徵文考釋》，載氏著：《甲骨文研究資料彙編》（第五冊），北京圖書出版社，2008，第435頁。

3　聞一多：《釋「省」》，載氏著：《聞一多全集·古典新義》，三聯書店，1982，第515頁。

4　聞一多：《釋「省」》，載氏著：《聞一多全集·古典新義》，三聯書店，1982，第515—526頁。

5　饒宗頤：《饒宗頤二十世紀學術文集》（卷二），新文豐出版有限公司，2003，第129頁。

上編：〈大象〉通論

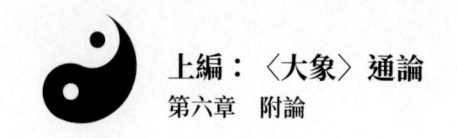

第六章　附論

『徝』（直）和『𥄂』（省）兩字的原形。實際上，把𢡆釋作『徝』（直），比較符合許慎《說文》中『德』『悳』兩字的字形和音韻；而釋作『𥄂』（省），則比較契合卜辭本身的形義，但在古音上還面臨著不少難以解決的問題，然而最重要的是釋作『𥄂』（省），特別契合於出現於其中的語境。」[6]

觀民，觀察民風、民俗。設教，制定禮儀法度等教化百姓，令其既知生產，又知禮節法度。周代有「采詩觀風」的制度，《詩經·國風》中許多膾炙人口的詩篇即反映了當時各地的風俗風情。楊萬里《誠齋易傳》釋「先王以省方觀民設教」曰：「天王省天下而無不至，故天下日見；聖人隨其地觀其俗，因其情設其教，此省方之本意也。」宋代易學家劉牧則釋之曰：「風行地上，無所不至。散采萬國之聲詩，省察其俗，有不同者，教之使同。」

此外，「省方」在先秦還有「征伐」之義，西周青銅器銘文中亦有不少周王征伐四方之記載。如《宗周鐘》載昭王征楚曰：「王肇遹（省）文武堇（覲）疆土，南或（國）孳（子），敢舀（陷）處我土，王（敦）伐其至，撲伐厥都」（《殷周金文集成》00260）。《史記·周本紀》載：「昭王之時，王道微缺，昭王南巡狩不返，卒於江上，其卒不赴告，諱之也。」《竹書紀年》載，（昭王）十六年伐楚，涉漢遇大兕，十九年，「祭公辛伯從王伐楚，天大曀，雉兔皆震，喪六師於漢，王陟」。《左傳·僖公四年》載：「昭王南征而不復，寡人是問。」因此，佐之先秦典籍和歷史故實，「先王以省方觀民設教」應既有巡視四方以體察民風民俗之義，又有教化百姓以使之知禮守己之義，亦有征伐四方以開疆拓土之義。

《噬嗑》卦曰：「雷電，噬嗑，先王以明罰敕法。」

《噬嗑》卦卦象下卦為震象雷，上卦為離象電。雷電，程頤認為「象無倒置者，疑此文互也」。《周易本義》曰：「當作電雷」。項安世《周易玩辭》卷五曰：「石經作『電雷』，晁公武氏曰六十四卦大象無倒置者，當從石經。」諸說可備參考。明，作動詞用，有宣明、昭明之義。敕，《說文》卷三釋為「誡也」，段玉裁《說

6　鄭開：《德禮之間：前諸子時期的思想史》，三聯書店，2009，第132頁。

第一節　追溯先王

文解字注》曰：「敕，誡也；言部曰『誡，敕也』，二字互訓。《小雅‧毛傳》曰『敕，固也』，此謂敕即飭之假借。飭，致堅也。後人用勅為敕。力部勅，勞也，洛代切。又或從力作勅。」陸德明《經典釋文》卷二曰：「鄭云『勅，猶理也』，一云『整也』。」故易著當中，敕、勅、飭多通用。「先王以明罰敕法」的意思是說先王效法《噬嗑》卦「雷電」光明之象，而嚴明刑罰，整頓法度。故《周易集解》引侯果曰：「雷所以動物，電所以照物，雷電震照則萬物不能懷邪。故先王則之，明罰敕法，以示萬物，欲萬方一心也。」其言頗可取。

《復》卦曰：「雷在地中，復，先王以至日閉關，商旅不行，后不省方。」

《復》卦卦象下卦為震象雷，上卦為坤象地，即一陽居下，而五陰在上，有陽氣漸長，由微而盛之象，故謂之「復」。至日，「十二消息卦」釋為「冬至日」。閉關，掩閉關闕。後，易學家多以「通天子諸侯」釋之。省方，此處為「省察政事」之義。《復》卦一陽在下，五陰在上，陽氣微弱，先王觀此象則興扶陽之意，「至日閉關，商旅不行，后不省方」皆是其行，故宋衷曰：「商旅不行，自天子至公侯不省四方之事，將以輔遂陽體，成致君之道也。制之者，王者之事；奉之者，為君之業也：故上言『先王』而下言『後』也。」《白虎通義‧誅伐》也曰：「冬至所以休兵，不舉事，閉關，商旅不行何？此日陽氣微弱，王者承天理物，故率天下靜，不復行役，扶助微氣，成萬物也。」由此可知，此卦象辭旨在訓誡「先王」應效法《復》卦一陽居下而五陰在上之象，於冬至日陽氣復生之際，休息靜養，為進一步發積蓄力量。

《禮記‧月令》載，仲冬之月，「君子齋戒，處必掩身，身欲寧，去聲色，禁嗜慾，安形性，事欲靜，以待陰陽之所定。」劉保貞先生將其與「先王以至日閉關，商旅不行，后不省方」聯繫起來進行解讀，頗有可取之處。

《無妄》卦曰：「天下雷行物與，無妄。先王以茂對時育萬物。」

《無妄》卦象下卦為震象雷，上卦為乾象天。與，虞翻釋為「舉」，有皆、全之義。諸家對「無妄」的解釋，可謂莫衷一是。如虞翻將「妄」釋作「死亡」，「無

109 •

上編：〈大象〉通論
第六章　附論

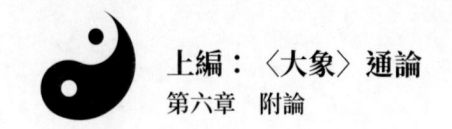

妄」就是沒有死亡。他說：「妄，亡也。謂雷以動之，震為反生，萬物出震，無妄者也，故曰『物與無妄』。」孔穎達則將「無妄」釋作「無敢虛妄」，有不妄為之義。他說：「天下雷行者，雷是威恐之聲。今天下雷行，震動萬物，物皆驚肅，無敢虛妄，故云『天下雷行』，物皆『無妄』也。」尚秉和先生則在綜合諸家之說的基礎上，認為「無妄」釋作「無所希望」較為妥當。[7] 筆者按：「無妄」有「無亡」、「無敢虛妄」、「無所希望」、「不虞」四義，《周易》卦爻辭、〈象〉辭、〈彖〉辭於四義各有取捨。《無妄》卦象辭中的「無妄」，若以「無所希望」釋之，則當指「先王」見天雷滾滾，萬物生命遭遇威脅之象，而思努力振濟萬物，以顯其功；若以「無亡」釋之，結合「天下雷行」之象，則當指「先王」見雷有萌生萬物，助其生長之功，而思順應萬物萌發、孳生繁衍之機，贊育萬物，以顯其功。但結合《周易》卦爻辭中，「無妄」多指困境，故「無所希望」之義或許更加適合本卦象辭的語境。此外，劉保貞先生認為《無妄》卦象辭可與《禮記·月令》中的季冬之月，「天子乃與公卿大夫共飭國典，論時令，以待來歲之宜」、「令告民出五種，命農計耦耕事，修耒耜，具田器」等處相互參看。但筆者認為《禮記》中的相關論述與「天下雷行」之象缺乏必然聯繫，故存疑也。

---

[7] 尚秉和先生認為，《釋文》云：「馬、鄭、王肅皆作『望』，謂無所希望也。」按：此訓最古。《史記·春申君傳》云：「世有毋望之福，又有毋望之禍；今君處毋望之世，事毋望之主。」是自戰國即讀為望。《歸藏》作「毋亡」。亡，古文「妄」之省。王陶廬云，「妄」、「望」，同音相借。《大戴禮·文王》曰：「故得望譽。」望譽，即「妄譽」。史遷受《易》於楊何，固無誤也。又按〈雜卦〉云：「無妄，災也。」故《太玄》擬「無妄」為「去」。《漢書·谷永傳》：「遭無妄之卦運。」應劭云：「天必先雲而後雷，雷而後雨，今無雲而雷；無妄者無所望也，萬物無所望於天，災異之最大者也。」《後漢·崔篆傳》：「值無妄之世。」王充《論衡》：「《易》無妄之應，水旱之至。」蔡邕《鄧皇后諡議》：「消無妄之運。」舉兩漢之人，無作「虛妄」及「失亡」解者。無妄，猶《孟子》所謂「不虞」也。六爻爻辭皆不虞之事。又「無妄，災也」，以艮火象失傳之故，皆莫知災之自來。而焦、京以《無妄》為大旱之卦（《易林》屢見，詳《焦氏易詁》），其故自荀、虞莫明矣。參見尚秉和：《周易尚氏學》，中華書局，2016，第121頁。

第一節　追溯先王

茂，高亨曰：「讀為懋，勉也，努力也。」對，配合。對時，即指順合天時。此卦象辭旨在訓誡「先王」觀《無妄》卦「天下雷行」之象，推天道以明人事，而不敢恣意妄為，唯有順合天時，養育萬物。故王弼《周易注》曰：「物皆不敢妄，然後萬物乃得各全其性，對時育物，莫盛於斯也。」此言甚是。

《渙》卦曰：「風行水上，渙，先王以享於帝，立廟。」

《渙》卦卦象下卦為坎象水，上卦為巽象風。渙，《說文》卷十一釋之曰「流散也」。風行水上，有風吹散水面之象，故名此卦曰「渙」。孔穎達曰：「風行水上，激動波濤，散釋之象，故曰『風行水上，渙』。」

享，本作「亯」，《說文》卷五釋為「獻也」。享帝，即獻祭上帝。立廟，建立宗廟。此卦象辭旨在訓誡「先王」觀《渙》卦有「風吹水散」之象，而思凝聚之道，故透過獻祭上帝，建立宗廟，以凝聚人心，團結宗族，協於上下。故程頤曰：「收合人心，無如宗廟，祭祀之報，出於其心。故享帝、立廟，人心之所歸也。繫人心，合離散之道，無大於此。」此說可為參考。

先秦時期，重要的祭祀活動有郊祭、社祭、禘祭、衣祭、烝祭等，《大豐簋》、《宜侯夨簋》、《盂鼎》、《小盂鼎》、《剌鼎》、《庚姬尊》、《段簋》等西周青銅器銘文中，皆有周王室舉行各類祭祀活動的記載。《左傳‧成公十三年》謂「國之大事，在祀與戎」。《墨子‧明鬼下》曰：「昔者，虞夏商周三代之聖王，其始建國營都曰，必擇國之正壇置以為宗廟，必擇木之修茂者立以為叢社。」《逸周書‧作雒解》載，周王室作大邑成周於中土之後，「乃設丘兆於南郊，以祀上帝，配以後稷，日、月、星、辰，先王皆與食。封人社遭，諸侯受命於周，乃建大社與國中，其遣東青土，南赤土，西白土，北驪土，中央釁以黃土」。《禮記‧大傳》曰：「牧之野，武王之大事也，既事而退，柴於上帝，祈於社，設奠於牧室。」因此，證之於先秦相關典籍，《渙》卦象辭「先王以享於帝，立廟」中的「先王」，當指文王、武王、周公等人。

關於祭祀之意義，《禮記‧郊特牲》曰：「郊所以明天道也。帝牛不吉，以為

上編：〈大象〉通論
第六章　附論

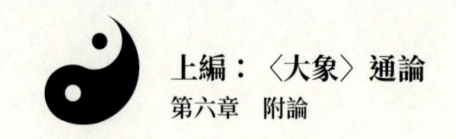

稷牛。帝牛必在滌三月。稷牛唯具，所以別事天神與人鬼也。萬物本乎天，人本乎祖，此所以配上帝也。郊之祭也，大報本反始也。」此外，楊寬先生在《西周史‧西周時代的文化教育和禮制》中，對殷周時期的重要祭禮進行了細緻的爬梳整理，感興趣的讀者可自行閱讀。

第二節　后、上、大人

六十四卦〈大象〉中，除了「君子」、「先王」兩類行動主體之外，尚有「后」、「上」、「大人」三類行動主體，其中「后」是王者、天子、諸侯之通稱，「上」與「大人」皆指王者。

《泰》：天地交，泰。后以財成天地之道，輔相天地之宜，以左右民。

《復》：雷在地中，復。先王以至日閉關，商旅不行，后不省方。

《姤》：天下有風，姤。后以施命誥四方。

《剝》：山附於地，剝。上以厚下安宅。

《離》卦曰：明兩作，離。大人以繼明照於四方。

上述五卦中，《復》卦象辭已在本章第一節進行分析，在此不再贅述。下面，筆者就僅《泰》、《姤》、《剝》、《離》四卦進行分析。

《泰》卦曰：「天地交，泰。后以財成天地之道，輔相天地之宜，以左右民。」

《泰》卦卦象下卦為乾象天，上卦為坤象地。《周易集解》引荀爽曰：「坤氣上升，以成天道；乾氣下降，以成道地。天地二氣若時不交，則為閉塞；今既相交，乃通泰。」

后，六十四卦〈大象〉中共三見，分別是《泰》卦「天地交，泰。后以財成天地之道，輔相天地之宜，以左右民」；《復》卦「雷在地中，復。先王以至日閉關，商旅不行，后不省方」；《姤》卦「天下有風，姤。后以施命誥四方」。歷代易學家對於「后」字的釋讀主要分為以下四種：其一，釋為「繼體之君」。如虞

第二節　後、上、大人

翻釋「后以施命誥四方」之「后」為「繼體之君」。[8] 其二，釋為天子、諸侯之通稱。如胡瑗曰：「諸卦或言『后』者，天子、諸侯之通稱也。」[9] 其三，釋為「後王」。如程頤在釋〈大象傳〉中出現的「君子」、「先王」、「大人」、「后」時說：「諸象或稱先王，或稱后，或稱君子、大人。稱先王者，先王所以立法制建國，作樂省方，敕法閉關，育物享帝皆是也。稱后者，後王之所為也，財成天地之道，施命誥四方是也。君子則上下之通稱，大人者王公之通稱。」[10] 其四，釋為「時王」。如來知德在釋「后不省方」時說：「先王者，古之先王。後者，今之時王。」[11] 除以上四種解釋外，「后」字亦有「王后」之義。至於「后制」出現於何時，傳統學者的通行看法是起於周代。如顧炎武在綜合考證《詩經》、《尚書》、《左傳》、《禮記》等先秦典籍中對天子配偶的諸種稱謂之後提出，周代方有后制。[12] 而在周

8　（清）李道平撰，潘雨廷點校：《周易集解纂疏》，中華書局，2006，第 402 頁。

9　（宋）胡瑗：《周易口義》（文淵閣四庫全書本），臺灣商務印書館，1986，第 8—288 頁。

10　（宋）程頤：《周易程氏傳》，中華書局，2011，第 252 頁。

11　周立升：《易經集注導讀》，齊魯書社，2009，第 238 頁。

12　（清）顧炎武著，黃汝成集釋，樂保群、呂宗力校點：《日知錄集釋》（全校本），上海古籍出版社，2012，第 1352 頁。學界對此觀點提出異議，如臺灣學者金恆祥在《說「后」》一文中提出，「司母戊鼎」銘文中的「缺圖片」當釋為「后」。他又在《后母戊大方鼎之后母戊為武丁後考》一文中提出，后母戊是武丁的王后。（參見金祥恆：《金祥恆先生全集》,：藝文印書館，1990，第 1097、229 頁。）李學勤先生認為，殷墟婦好墓中出土器物上的銘文「后母辛」之「后」，指的是一種身分，指王后。他還以《左傳·哀公元年》「夏帝相之妃稱后緡」為據，認為顧炎武、王筠所謂稱王配為「后」應始於周朝的觀點，是不對的。（參見李學勤：《論「婦好」墓的年代及有關問題》，《文物》1977 年第 11 期。）朱鳳瀚以出土的殷周時期甲骨文、金文為主要材料，梳理分析了學界關於「后」字的種種爭議後提出，以「后」指稱王配，在周以前即已存在。（參見朱鳳瀚：《論卜辭與商周金文中的「后」》，《古文字研究》1992 年第 19 輯）裘錫圭先生提出：「稱王配為『后』，疑是周人之習。『司』『後』雖由一字分化，但從卜辭『姤』之各種寫法所包含之表音成分來看，卜辭中用作女性稱謂之『姤』，只可讀為『妞』。」（參見裘錫圭：《說「姤」（提綱）》，載氏著：《裘錫圭學術文集（甲骨文卷）》，復旦大學出

上編：〈大象〉通論
第六章　附論

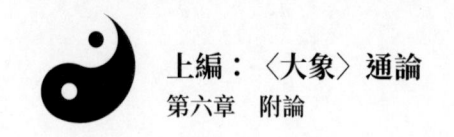

代，「王后」又可被稱為「君」、「天君」等。如《友鼎》、《天君鼎》、《召圜器》、《穆公鬲》、《子中鬲》、《羌鼎》、《五年琱生簋》等西周青銅器銘文中，就有不少稱王后為「天君」、「君氏」、「君」的例子。[13]《爾雅・釋詁》也曰：「林、烝、天、帝、皇、王、后、辟、公、侯，君也。」[14] 邢昺疏曰：「皆天子諸侯南面之君異稱也。」亦是西周至戰國時，以「后」為「君」之稱謂的例子。

《泰》卦卦象上為地、下為天，因與天在上、地在下之自然現象不符，故而有天上升、地下降之動態意象，「天地交」之象便寓於其中。「泰」有「通泰」之義，「天地交」亦有萬物亨通之象，故以「泰」來命名此卦。「后以財成天地之道，輔相天地之宜，以左右民」，則是對「天地交」之象的進一步發揮。需要提及的是，在西周時期，王后負有掌管王朝財權之重要職責，西周青銅器銘文中的實例比比皆是，學界對於這一問題已有不少研究成果。

《姤》卦曰：「天下有風，姤，后以施命誥四方。」

《姤》卦卦象下卦為巽象風，上卦為乾象天。姤，〈彖〉曰：「遇也，柔遇剛也。」孔穎達曰：「風行天下，則無物不遇，故為『遇』象。」誥，《說文》曰「告也」，段玉裁注曰：「以言告人，古用此字，今則用告字。以此誥為上告下之字。」惠士奇認為「施命誥四方」之「誥」當作「詰」。他在《惠氏易說》卷四中說：「詰，或作誥，傳寫之訛。鄭康成、王肅本皆作『詰』，《釋文》音起一反，止也，謂禁止奸慝。《姤》一陰生，奸慝將萌之象，故禁止之。《書》曰『度作詳刑，以詰四方』，謂禁止四方之奸慝也。晉《易》亦作詰。」由此可知，本卦象辭旨在訓誡「后」應效法《姤》卦「天下有風」之象，而施令傳告四方，以求上下相協。

《周禮・天官・內小臣》曰：「后有好事於四方，則使往；有好令於卿大夫，

版社，2012，第 523—526 頁。) 2011 年，中國國家博物館將「司母戊鼎」更名為「后母戊鼎」，引起學界的廣泛爭論。若是「司母戊鼎」之「司」字應作「后」字，就可以把稱王配為「后」的時間推至商代。

13　陳夢家：《西周銅器斷代（二）》，《考古學報》1955 年第 10 期。
14　（晉）郭璞注，（宋）邢昺疏：《爾雅注疏》，北京大學出版社，1999，第 9 頁。

則亦如之。」鄭玄注「后有好事於四方，則使往」曰：「后於其族親所善者，使往問遺之。」賈公彥疏「后於其族親」曰：「后有族親在四方，謂畿外諸侯於王有親，謂若魯、衛、晉、鄭之等也。於卿大夫，亦謂同姓族親在朝廷者也。王后意行所善，遣小臣往以物問遺之。四方諸侯言事，卿大夫言令者，后雖無正令施與卿大夫，時有言教至焉，故云『令』也。后於畿外全無言教所及，故以『事』言之也。」[15] 因此，我們若結合內小臣「后有好事於四方，則使往；有好令於卿大夫，則亦如之」之職守來看，《姤》卦象辭中的「后以施命誥四方」，當是指王后向四方諸侯和卿大夫施以特殊的恩惠，以維護君臣之間的良好關係。《姤》卦卦辭謂「女壯，勿用取女」，應指娶妻當娶賢，而象辭「后以施命誥四方」，即體現了王后在國家政治生活中的重要作用。

《剝》卦曰：「山附於地，剝，上以厚下安宅。」

《剝》卦卦象下卦為坤象地，上卦為艮象山。剝，《說文》卷四釋曰：「裂也，從刀從彔。彔，刻割也。」但在本卦象辭中，則以「剝落」為義。《剝》卦卦象一陽居上，五陰居下，有以陰消陽之象，於陽而言，則被剝落也，故虞翻《周易集解》曰：「山高絕於地，今附地者，明被剝矣。」上，居於上位者。厚，厚待。下，下民、部下。安，安守。宅，居所。本卦象辭旨在訓誡在上位者觀《剝》卦眾陰消陽之象，而思厚待下民，使之守禮安己，安居樂業。故孔穎達《周易正義》曰：「剝之為義，從下而起，故在上之人當須豐厚於下，安物之居，以防於剝也。」

需要提及的是，《剝》卦象辭中的「厚下安宅」，還可與周王室「宅天命」的思想相互發明。如《逸周書·寶典解》曰：「四位，一曰定，二曰正，三曰靜，四曰敬。敬位丕哉，靜乃時非，正位不廢，定得安宅。」《尚書·康誥》曰：「亦唯助王宅天命，作新民。」《尚書·多方》曰：「爾乃不大宅天命，爾乃屑播天命。」《逸周書·祭公解》曰：「祭公拜手稽首曰：「天子，謀復疾，維不瘳，朕

15　（漢）鄭玄注，（唐）賈公彥疏：《周禮注疏》，上海古籍出版社，2016，第254頁。

上編：〈大象〉通論
第六章　附論

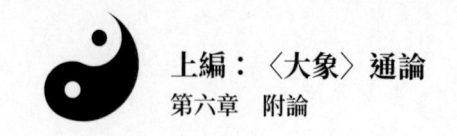

身尚在茲，朕魄在於天。昭王之所勖宅天命。」、「天子自三公上下辟於文武。文武之子孫，大開方封於下土。天之所錫，武王使，疆土丕維周之基。丕維后稷之受命，是永宅之。維我後嗣旁建宗子，丕維周之始並。」由以上史籍可知，「安宅」的對象當是「天命」。因此，《剝》卦象辭旨在訓誡在上位者唯有厚待下民，使之安居樂業，方可延續國祚。

《離》卦曰：「明兩作，離，大人以繼明照於四方。」

《離》卦卦象上下卦皆為離，離為明，故曰「明兩作，離」。兩，指上下卦皆為離。故孔穎達謂：「離為日，日為明。今有上下二體，故云『明兩作，離』也。」大人，程頤謂：「以德言則聖人，以位言則王者。」繼，在此有繼承、繼續之義。明，在此指明德。因此，本卦象辭旨在訓誡「大人」觀《離》卦「明兩作」，有前後相繼之象，而思應在繼承發揚先王明德的基礎上，更加積極有為，以保國祚綿長。故程頤曰：「大人觀離明相繼之象，以世繼其明德，照臨於四方。大凡以明相繼，皆繼明也，舉其大者，故以世襲繼照言之。」其說可從。

而近年出土的先秦文獻也表明，秉受祖先之德是周王室政教思想的一個重要來源。如《牆盤》、《毛公鼎》、《大克鼎》、《師望鼎》等西周青銅器銘文中常見的「帥型祖考之德」、「帥秉明德」，既表明了周王室重視王位傳承的合法性，也強調了後王應在繼承發揚祖考之德的基礎上，更加積極作為，以求國祚綿長。

小結：

〈大象〉中以「先王」、「后」、「上」、「大人」為行為主體的這十一卦，敘述的雖是這些人分邦建國、作樂崇德、享帝立廟、明罰敕法、觀民設教、厚下安宅之類的政教措施，但這些政教措施都值得後世「君子」所效法，並措之於修身、齊家、治國、平天下的經世事業之中。其中，與「后」有關之《泰》、《復》、《姤》三卦，其行為主體雖可通指天子、諸侯、後王、時王等，但若以「王后」釋之，則可進一步拓展〈大象〉的研究範圍和應用領域。因為周人規定，同姓不婚，故天子必取（娶）於異姓，以附遠厚別也。因此，以王后為核心的后妃群體就成為

周王室籠絡異姓王公大臣的重要管道。而「大人」、「上」之所為若以在位「君子」代之，亦無不妥之處。

有鑒於此，筆者認為〈大象〉中以「先王」、「后」、「大人」、「上」為行為主體的象辭，對在位「君子」具有兩個方面的指導意義，一是告誡他們應繼承發揚先王之明德，二是告誡他們要協調好上下、內外之間的關係。一言以蔽之，《周易》大象之文辭，無不與在位「君子」修身、齊家、治國、平天下等事息息相關。

第三節　〈大象〉解讀的現代反思

對於〈大象〉的作者是誰，傳統易學家一直眾所紛紜，或將其視為周公所作，或將其視為孔子所作，或將其視為孔子後學所作。雖然朱熹、李光地等學者均提出〈大象〉為周公所作，但未曾詳述〈大象〉與周王室之間的內在聯繫。其實無論是〈大象〉所言的「君子」以觀象進德修業，還是〈大象〉所言及的「先王」、「后」、「上」、「大人」以敬德保民、明慎用刑、分封諸侯、制禮作樂、安己守分、遏惡揚善、辨族別異、設官分職、治曆明時、立廟享帝等政教措施，除了可以從先秦典籍中找到佐證外，還可以在後世的出土文獻中找到實證，這就足以證明〈大象〉是周王室政教思想的集中反映。

雖然〈大象〉的作者至今仍無法確認，但〈大象〉集中反映了周王室的政教思想卻是顯而易見的。將歷代先王治國理政的經驗與《周易》六十四卦結合起來，對王室子弟進行政治教育，或許正是〈大象〉作者的良苦用心所在吧。孔子在比較了《周易》與《尚書》兩部經典之後，認為《尚書》對古史事之載有一定的忽缺，而《周易》一書對此則「未失」，尚存「有古之遺言」。廖名春先生認為，孔子所見的「古之遺言」很可能即是孔子晚年在魯國所見之〈易象〉。[16] 廖明春先生的這一觀點頗值得思量。

16　廖名春：《帛書易傳〈要〉篇與孔學研究》，載氏著：《周易經傳與易學史新論》，中國人民大學出版社，2014，第 124 頁。

上編：〈大象〉通論
第六章　附論

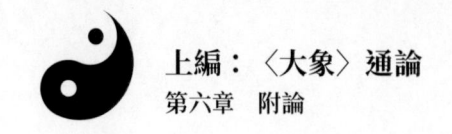

　　傳統學者將〈大象〉中所言及的「自強不息」、「厚德載物」、「立不易方」等先秦的「有位君子」的理想人格逐步擴大到後世儒家所追求的「有德無位君子」的人格中去，從而極大地擴充了「君子」的人格模範。經過中華文化兩千多年的薰陶之後，「君子」最終成為中華民族的理想人格。

　　近現代學者李鏡池、嚴靈峰、劉保貞等先生，均曾對〈大象〉的思想源頭進行了有益探索，但由於種種原因，他們的觀點都存在著一定的不足之處。如李鏡池先生看到〈大象〉中講「明罰敕法」，就認為〈大象〉中的刑罰思想與春秋戰國時期的法家思想是一脈相承的，而沒有注意到〈大象〉中的「明罰敕法」，其實與今文《尚書·周書》中所載的周公等論刑罰的思想更為接近。因此，其得出的〈大象〉中的刑罰思想源出於法家的結論並不可取。再如嚴靈峰先生提出，儒家「四書」是〈大象〉思想的源頭，並將〈大象〉六十四卦與「四書」中的原典一一對應，其中難免有一些牽強附會之處。以上幾位近現代學者試圖構建〈大象〉與儒家其他經典之間的內在聯繫的探索的失敗，也從側面印證了〈大象〉並非與儒家思想同出一源，而是吸收融合了先秦諸家學說的集大成者。

　　〈大象〉雖然是先秦時期的易作，但其思想價值卻沒有隨著時代的發展而有所減弱，反而在中華文化奔騰不息的歷史長河中，一直保持著鮮活的生命力。而〈大象〉作者透過觀象繫辭以訓誡「君子」修身齊家、治國理政的思想，在今天仍然具有重要的借鑑意義。總體來說，〈大象〉所具有的超越時空的重要意義，大體表現在以下三個方面：

　　第一，與〈大象〉源出時代相比，「君子」的內涵有所擴大，其指稱對象更為廣泛，〈大象〉中對「君子」的訓誡，如今可通行於社會的各個階層。筆者在前文已對「君子」在先秦時期的指稱對象的變化情況進行了闡述，即由最初的「君王之子」，演變成「有位者」的尊稱，再經孔子、孟子、荀子等儒家學者發揮之後成為「有德者」的通稱。因此，「君子」也由一個代表貴族身分的政治性稱謂，變成一個純道德性的稱謂，而與之相應的是，原本用於指導周王室子弟進德修業的

第三節　〈大象〉解讀的現代反思

〈大象傳〉，如今成為人人皆可學可用的、具有普遍指導意義的易學著作。

其二，〈大象〉中有關進德修業的論述，是放之四海而皆準的。《左傳》曰：「太上有立德，其次有立功，其次有立言。雖久不廢。此之謂三不朽。」凡欲有所作為者，無不以立德為本，無德或可濟一時之用，但終不可成長久之業。〈大象〉中反覆訓誡君子要謹言慎行、慎始慎終等，皆是能普遍適用的、能調動人的智慧謀事的良言。

其三，〈大象〉中所言及的在上者如何御下、使民、祭祀、以禮別尊卑上下等條目，雖然已經為時代所淘汰，但是〈大象〉所探討的人際關係基礎仍然存在。具體來看，〈大象〉所闡述的在位「君子」如何處理上下關係、君臣關係、親戚關係、夫妻關係、賞罰關係等，在當今社會的具體表現形式雖然有所不同，但依然是執政者必須要處理好的人際關係。而對於普通民眾來說，〈大象〉所提出的為人處世、修身正己之道，在今天仍然具有重要的借鑑意義。

總而言之，〈大象〉問世至今已兩千多年了，其思想內容是博大精深的，對於當今社會仍然具有重要的指導意義，還有許多寶藏內容等待我們進一步去挖掘。本書的出版若能為相關研究領域帶來些許裨益，將是筆者莫大的榮幸。

上編：〈大象〉通論
第六章　附論

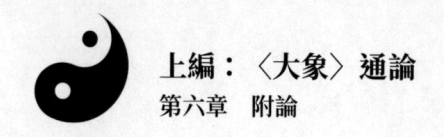

下編：〈大象〉六十四卦集解及注釋

下編：〈大象〉六十四卦集解及注釋

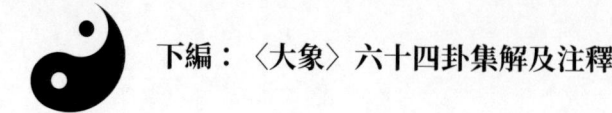

凡例

　　一、本書分為上下兩篇。上篇為〈大象〉通論，主要探討有關〈大象〉研究的一些基本問題，如〈大象〉的成書時間、作者、思想旨歸，〈大象〉與〈彖傳〉、〈易象〉、「四書」、〈月令〉等典籍的關係，〈大象〉的擬辭體例，〈大象〉六十四卦文辭的分類解讀。下篇為〈大象〉六十四卦集解及注釋，主要由卦象、諸家集解、注釋、按語四部分組成。其中，諸家集解部分在選取《周易集解》、《周易正義》、《周易程氏傳》、《周易本義》對相關文辭的注解外，雜取其他解《易》著作當中觀點頗有特色者以補充之，按語部分主要是闡釋作者對於相關卦辭的理解以及對前人觀點的評點與回應。

　　二、在下篇中的諸家集解部分，李鼎祚的《周易集解》、孔穎達的《周易正義》、程頤的《周易程氏傳》、朱熹的《周易本義》作為易學研究常用書籍，本書在行文中不標注作者、卷數，其他不常用的易學著作則標明作者及卷數出處。

　　三、在參考文獻部分，為了方便讀者查閱，本書分為易類文獻和非易類文獻兩部分，每部分又分為原著和原著整理類、論著類、論文類三個類別，原著和原著整理類以時間先後排序，論著和論文以作者姓氏拼音先後排序。

乾

卦象：☰

〈象〉曰：天行健，君子以自強不息。

諸家集解：

《周易集解》引何妥曰：天體不健，能行之德健也。猶如地體不順，承弱之勢順也。所以乾卦獨變名為健者。

《周易集解》引宋衷曰：晝夜不懈，以健詳其名。餘卦各當名，不假於詳矣。

《周易集解》引虞翻曰：「君子」謂三。乾健，故強。天一日一夜過周一度，故「自強不息」。老子曰「自勝者強」。

《周易集解》引干寶曰：言君子，通之於賢也。凡勉強以進德，不必須在位也。故堯舜一日萬機，文王日昃不暇食，仲尼終夜不寢，顏子欲罷不能，自此以下，莫敢淫心捨力。故曰「自強不息」矣。

《周易正義》：天有純剛，故有健用。今畫純陽之卦以比擬之，故謂之〈象〉。〈象〉在〈彖〉後者，〈彖〉詳而〈象〉略也。是以過半之義，思在〈彖〉而不在〈象〉，有由而然也。「天行健」者，行者，運動之稱；健者，強壯之名，「乾」是眾健之訓。今〈大象〉不取餘健為釋，偏說「天」者，萬物壯健，皆有衰怠，唯天運動日過一度，蓋運轉混沒，未曾休息，故云「天行健」。健是「乾」之訓也。順者「坤」之訓也。《坤》則云「地勢坤」。此不言「天行乾」而言「健」者，劉表云：「詳其名也。」然則「天」是體名，「乾」則用名，「健」是其訓，三者並見，最為詳悉，所以尊《乾》異於他卦⋯⋯「天行健」者，謂天體之行，晝夜不息，周而復始，無時虧退，故云「天行健」。此謂天之自然之象。「君子以自強不息」，此以人事法天所行，言君子之人，用此卦象，自強勉力，不有止息。言「君子」者，謂君臨上位，子愛下民，通天子諸侯，兼公卿大夫有地者。凡言「君子」，義皆然也。但位尊者象卦之義多也，位卑者象卦之義少也。但須量力而

123

下編：〈大象〉六十四卦集解及注釋

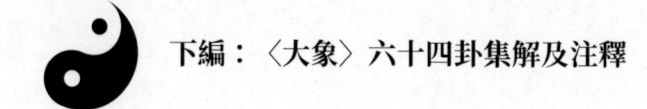

行，各法其卦也，所以諸卦並稱「君子」。

《周易程氏傳》曰：卦下象，解一卦之象。爻下象，解一爻之象。諸卦皆取象以為法，乾道覆育之象至大，非聖人莫能體，欲人皆可取法也。故取其行健而已，至健固足以見天道也。「君子以自強不息」，法「天行」之「健」也。

《周易本義》曰：天，《乾》卦之象也。凡重卦皆取重義，此獨不然者，天一而已。但言「天行」，則見其一日一周，而明日又一周，若重複之象，非至健不能也。君子法之，不以人欲害其天德之剛，則「自強」而「不息」矣。

《朱子語類》卷六十八云：《乾》重卦，上下皆乾，不可言兩天。昨日行，一天也。今日又行，亦一天也。其實一天而行健不已。有重天之象，此所以為「天行健」。《坤》重卦，上下皆坤，不可言兩地，地平則不見其順，必其高下層層，有重地之象，此所以為「地勢坤」。

問：「天運不息，君子以自強不息。」曰：「非是說天運不息，自家去趕逐，也要學它如此不息。只是常存得此心，則天理常行，而周流不息矣。」又曰：「天運不息，非特四時為然，雖一日一時，頃刻之間，其運未嘗息也。」

胡炳文《周易本義通釋》卷三曰：「上經四卦，《乾》曰天行，《坤》曰地勢，《坎》曰水洊至，《離》曰明兩作，先體而後用也。下經四卦，《震》曰洊雷，《艮》曰兼山，《巽》曰隨風，《兌》曰麗澤，先用而後體也。《乾》、《坤》不言重，異於六子也。稱健不稱乾，異於坤也。」

蔡清《易經蒙引》卷一中曰：孔子於釋卦名、卦辭之後，而復加之以〈大象〉者，蓋卦名、卦辭之說有限，而聖人胸中義理無窮。故自「天行健」至「火在水上，未濟」，自「君子自強不息」至「慎辨物居方」，皆聖人之蘊，因卦以發者也。

林希元《易經存疑》卷一曰：夫子贊《易》，既釋卦名、卦辭，而有〈象傳〉、〈文言〉諸作矣。見得《易》理無窮，又合二體之象，作《傳》以發明之。

晏斯盛《易翼說》卷七引何楷曰：健而無息之謂乾，《中庸》言至誠無息者，通之於天也。自強言不息，不言無息，學之為法天事耳。始於不息，終於無息，

故《中庸》於「無息」之下文，而推原之曰「不息則久」。自強之法何如？曰主敬，君子莊敬日強。

《周易折中》案：〈彖傳〉釋名，或舉卦象，或舉卦德，或舉卦體。〈大象傳〉則專取兩象以立義，而德體不與焉。又〈彖〉下之辭，其於人事所以效動趨時者，既各有所指矣。〈象傳〉所謂先王、大人、後、君子之事，固多與〈彖〉義相發明者，亦有自立一義，而出於〈彖傳〉之外者，其故何也？曰：〈彖〉辭、爻辭之傳，專釋周、文之書，而〈大象〉之傳，則所以示人讀伏羲之《易》之幾也。蓋如卦體之定尊卑，分比應，條例詳密，疑皆至文王而始備。伏羲畫卦之初，但謂八卦相錯者而已。其象則無所不像，其義則無所不包，故推以製器，則有如《繫傳》之所陳，施之卜筮，亦無往不可以類物情而該事理也。夫子見其如此，是故象則本乎義，彖則因乎周，義則斷以己。若曰：先聖立象以盡意，而意無窮也。後聖繫辭以盡言，而言難盡也。存乎學者之神而明之而已矣，此義既立，然後學者知有伏羲之書。知有伏羲之書，然後可以讀文王之書。此夫子傳〈大象〉之意也。

注釋：

〈象〉說：天道運行剛健，君子要自強不息。

象曰：通行本中附於《周易》經文部分的「彖曰」、「象曰」等辭，非〈彖傳〉、〈象傳〉本有，為王弼分傳合經時所加。《周易》中的「象」字，有多重含義。作名詞用時，「象」既指卦象、爻象，又指諸卦於天地萬物、人倫物事所對應的擬取之象，如乾為天、為父、為龍等。作動詞用時，有「形象」、「象徵」之義，如〈繫辭下〉中的「象也者，像此者也」。需要指出的是，「象」在先秦時期，亦常代指各類政教典籍，如《周禮》中的「乃縣教象之法於象魏，使萬民觀教象」、「乃縣治象之法於象魏，使萬民觀治象」中的「教象」、「治象」。由此可知，《左傳‧召公二年》所載韓宣子「觀書於太史氏，見〈易象〉與《魯春秋》」中的〈易象〉，亦即是與《易》有關之典籍。杜預等人認為指的應是《周易》的《上經》、《下經》，

下編：〈大象〉六十四卦集解及注釋

但是結合《周禮》中的「教象」、「治象」等的功用來看，〈易象〉應是訓誡某人觀得某象而做出某種相應行為的易學著作。一般而言，學界將〈象傳〉分為〈大象傳〉、〈小象傳〉，對於二者的區別，孔穎達於《周易正義》中解釋得很明白。他說，「總像一卦，故謂之〈大象〉」，「釋六爻之象辭，謂之〈小象〉」。

天行健：《乾》卦上下卦皆為「乾」，《周易集解》引宋衷曰：「晝夜不懈，以健詳其名。」《周易正義》曰：「行者，運動之稱；健者，強壯之名。」通行本中的《乾》卦，在馬王堆帛書《周易》中稱作《健》卦。

君子：「君」與「子」二字，甲骨文中皆已出現，但「君子」作為複合詞使用，則始見於西周早期的典籍之中。由《尚書‧泰誓下》之「我西土君子」、《尚書‧旅獒》之「狎侮君子」、《尚書‧酒誥》之「越庶伯君子」可知，「君子」在西周時期主要指「有位者」。在後世儒者的極力推崇下，「君子」的人格內涵和行為準則不斷擴大，由「有位者」、「有位有德者」變成「有德者」之美稱。孔穎達在《周易正義》中對〈大象〉「君子」的解釋是：「言君子者，謂君臨上位，子愛下民，通天子諸侯，兼公卿大夫有地者。凡言君子，義皆然也。但位尊者象卦之義多也，位卑者象卦之義少也。但須量力而行，各法其卦也，所以諸卦並稱君子。」

以：介詞，有「以之」、「效法之」之義，表示「君子」、「先王」、「大人」、「上」、「后」等行為主體觀得某卦象而做出某種相應的行為。

自強不息：指「君子」效法「天行健」之象，以自強不息的態度去面對人生。《周易正義》曰：「此以人事法天所行，言君子之人用此卦象自強勉力，不有止息。」

按語：

《乾‧大象》稱「天行健，君子以自強不息」，應與《乾》卦爻辭共同參看。《乾》卦爻辭自下而上，分別稱「潛龍勿用」、「或躍在淵」、「君子終日乾乾，夕惕若厲」、「見龍在田」、「飛龍在天」、「亢龍有悔」，強調的是在位「君子」既要心存高遠，又要適時而動，通變適道；既要以剛健之性處事，又要常懷惕懼之

心。由此可見，《乾》卦爻辭所提倡的為人處世之道與〈大象〉「自強不息」的精神是內在一致的。

坤

卦象：☷

〈象〉曰：地勢坤，君子以厚德載物。

諸家集解：

《周易集解》引王弼曰：地形不順，其勢順。

《周易集解》引宋衷曰：地有上下九等之差，故以形勢言其性也。

《周易集解》引虞翻曰：勢，力也。「君子」謂乾陽，為德動。在坤下，君子之德車，故「厚德載物」。老子曰：「勝人者有力也。」

《周易正義》：地勢方直，是不順也。其勢承天，是其順也。君子用此地之厚德容載萬物。言「君子」者，亦包公卿諸侯之等，但「厚德載物」，隨分多少，非如至聖載物之極也。

《周易程氏傳》曰：坤道之大猶乾也，非聖人孰能體之。地厚而其勢順傾，故取其順厚之象。而云「地勢坤」也，君子觀坤厚之象，以深厚之德，容載庶物。

《周易本義》曰：地，坤之象，亦一而已。故不言重，而言其勢之順，則見其高下相因之無窮，至順極厚，而無所不載也。

《朱子語類》卷六十九云：高下相因只是順，然唯其厚，所以高下只管相因去，只見得它順。若是薄底物，高下只管相因，則傾陷了，不能如此之無窮矣。君子體之，唯至厚為能載物。

下編：〈大象〉六十四卦集解及注釋

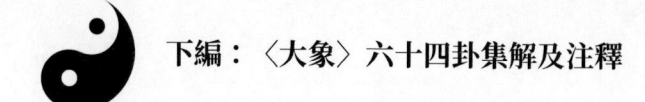

林希元《易經存疑》卷一曰：地勢坤，言地勢順也。於此就見其厚，故「君子以厚德載物」。蓋《坤》之象為地，重之又得《坤》焉。則是地之形勢，高下相因，頓伏相仍，地勢之順，亦唯其厚耳。不厚，則高下相因便傾陷了，安得如此之順。唯其厚，故能無不持載，故君子厚德以承載天下之物。夫天下之物多矣，君子以一身任天下之責。群黎百姓，倚我以為安。鳥獸昆蟲草木，亦倚我以為命。使褊心涼德，其何以濟，而天下之望於我者亦孤矣。

注釋：

〈象〉說：大地之勢博厚，君子應效法之，敦厚美德以承載萬物。

地勢坤：《坤》卦卦象為上下卦皆是坤。〈說卦〉曰：「坤，順也。」《周易集解》引宋衷曰：「地有上下九等之差，故以形勢言其性也。」王弼《周易注》曰：「地形不順，其勢順。」二人皆是從《坤》卦的卦德為「順」來探究〈大象〉之擬辭之由。從局部來看，大地的形勢雖有高低起伏之別，但從宏觀而論，大地的整體形勢是西高東低，順應無比的。因此，通行本中的《坤》卦，在馬王堆帛書《周易》中稱作《川》卦。在先秦文獻中，「坤」或寫作「缺圖片」（如熹平石經），或寫作「巛」。

對「坤」、「巛」之間的關係，尚秉和解釋道：「蓋『坤』古文作『巛』，而『巛』為『順』之假字，故宋、王皆讀『巛』為『順』。自《正義》改作「坤」，而「順」字遂無由識。」[1]

厚德載物：厚，有「敦厚」、「增厚」之義。「厚德載物」旨在訓誡在位「君子」應效法大地有博厚之勢，包容之德，長物之功，故要增厚自己的美德，以容載萬物。

按語：

為了說明伐商的合法性，武王提出了有德承天命，無德失天下的論斷。而周

---

[1] 尚秉和：《周易尚氏學》，中華書局，2016，第22—24頁。

王朝建立之後，西周王室吸取殷商「暴民而亡」的教訓，提出「天命靡常」的天命觀。《尚書·咸有一德》曰：「天難諶，命靡常。常厥德，保厥位。」《尚書·蔡仲之命》曰：「皇天無親，唯德是輔；民心無常，唯惠之懷。為善不同，同歸於治；為惡不同，同歸於亂。」在周王室眼中，天命是靡常的，在位者唯有「敬德保民」，方可「祈天永命」。因此，繼承發揚先祖明德、增厚自身美德，就成為周王室政教思想的核心。《坤》卦〈大象〉文辭中的「厚德載物」，即是周王室敬德保民思想的集中體現。《中庸》曰：「博厚所以載物也，高明所以覆物也，悠久所以成物也。博厚配地，高明配天，悠久無疆。」則直接以博厚、載物為大地之德性與功用，與《坤》卦「地勢坤，君子以厚德載物」的思想是一脈相承的。

此外，關於先秦時期「德」字的起源及其演變歷程，吸引了很多學者進行研究。[2] 其中，北京師範大學的晁福林教授將先秦「德」觀念的發展歷程大致歸納為：「起初之德，是指得於天和先祖，意即由天和先祖所賜而『得』；後來則指得於制度，意即由分封與宗法制度之規範而『得』；最後出現的才是自得於心，意即心得體會。只有到了自得於心的時候，可以說才有了豐富而完備的道德觀念，才有了自覺的道德修養和君子人格的要求。」晁福林教授這段論述，為我們理解〈大象〉中有關「德」的文辭提供了很好的註腳。

---

[2] 代表性研究成果有：王德培：《〈書〉傳求是札記（上）》，《天津師大學報》1983年第4期。斯維至：《說「德」》，《人文雜誌》1982年第6期。段凌平、柯兆利：《試論殷商的「德」觀念》，《廈門大學學報》1988年第4期。巴新生：《試論先秦「德」的起源與流變》，《中國史研究》1997年第3期。晁福林：《先秦時期「德」觀念的起源及其發展》，《中國社會科學》2005年第4期。孫熙國、肖雁：《「德」的哲學抽象歷程與中國古代哲學的發展》，載闞吉瑩等：《北大中國文化研究》第1輯，社會科學文獻出版社，2011。

下編：〈大象〉六十四卦集解及注釋

屯

卦象：☳

〈象〉曰：雲雷，屯。君子以經綸。

諸家集解

《周易集解》引《九家易》曰：雷雨者，興養萬物。今言屯者，十二月雷伏藏地中，未得動出。雖有雲雨，非時長育，故言屯也。

《周易集解》引荀爽曰：屯難之代，萬事失正。經者，常駐也。論者，理也。君子以經論，不失常道也。

《周易集解》引姚信曰：經，緯也。時在屯難，是天地經論之日，故君子法之，須經論艱難也。

《周易正義》：「經」謂經緯，「綸」謂綱綸，言君子法此屯像有為之時，以經綸天下，約束於物，故云「君子以經綸」也。姚信云：「綸謂綱也，以織綜經緯。」此君子之事，非其義也。劉表、鄭玄云「以綸為淪字」，非王本意也。

《周易程氏傳》曰：《坎》不云「雨」而云「雲」者，「雲」為「雨」而未成者也。未能成「雨」，所以為《屯》。君子觀《屯》之象，經綸天下之事，以濟於屯難。經、緯、綸、緝，謂營為也。

《周易本義》曰：《坎》不言「水」而言「雲」者，未通之意。經綸，治絲之事，經引之，綸理之也。屯難之世，君子有為之時也。

程廷祚《大易擇言》卷三引李舜臣曰：坎在震上為《屯》，以雲方上升，畜而未散也。坎在震下為《解》，以雨澤既沛，無所不被也。故雷雨作者，乃所以散屯。而雲雷方興，則屯難之始也。又引厚齋馮氏曰：雲雷方作而未有雨，有屯結之象。君子觀象以治世之屯，猶治絲者，既經之又綸之，所以解其結而使就條理也。

項安世《周易玩辭》卷三曰：經者立其規模，綸者糾合而成之，亦有艱難之

象焉。經以象雷之震，綸以象雲之合。

沈起元《周易孔義集說》卷十七引吳澄曰：君子治世猶治絲，欲解其紛亂。屯之時，必欲解其鬱結也。

注釋：

〈象〉說：雲雷，屯。君子效法此卦象，以經略天下大事。

雲雷，屯：《屯》卦卦象上坎為雲，下震為雷。程廷祚《大易擇言》引李舜臣曰：「坎在震上為《屯》，以雲方上升，畜而未散也；坎在震下為《解》，以雨澤既沛，無所不被也。故雷雨作者，乃所以散屯；而雲雷方興，則屯難之始也。」

經綸：《說文》曰：「經，織從絲也」，「綸，青絲綬也」。「經綸」連用則用如動詞，即以治絲喻治國也。孔穎達《周易正義》引姚信說：「綸，謂綱也。」尚秉和說：「經綸，據《釋文》，王弼本作『經論』。今本作『經綸』者，乃孔本也，因將王注亦改之矣。《釋文》又雲，黃穎曰：『經綸，匡濟也。』本亦作『倫』。案《釋名》云，『綸，倫也，為之有倫理也。』《論語正義》引鄭玄云：『論者，綸也，理也。』然則』綸』『倫』『論』，字微異，義則同也。若以卦象言，震為言，初至五正反震，似論於易象較切；若《正義》所云劉表、鄭玄作『論』，似不合矣。」[3] 〈象〉曰「屯，剛柔始交而難生」，與「君子以經綸」互通而解，旨在訓誡「君子」觀《屯》象，悟知當局勢初創多艱之時，須奮發治理天下。故朱熹《周易本義》曰：「屯難之世，君子有為之時也。」

按語：

《中庸》曰：「唯天下至誠，為能經綸天下之大經，立天下之大本，知天地之化育。」嚴靈峰認為，「雲雷屯，君子以經綸」即源出於此。連劭名認為：「〈象〉曰『君子以經綸』，是對卦辭『利建侯』而言，知《經典釋文》引黃穎說『經綸，匡濟也』，最為合理。」尚秉和的解釋只注意到卦象，而忽略了卦辭。西周晚

3　尚秉和：《周易尚氏學》，中華書局，2016，第32、33頁。

下編：〈大象〉六十四卦集解及注釋

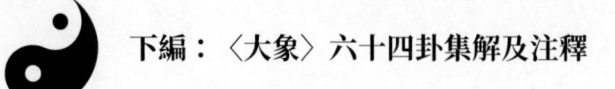

期《虢季子白盤》銘文曰：「丕顯子白，壯武於戎工，經（維）四方，搏伐（獫）（狁），於洛之陽，折首五百」（《殷周金文集成》，17.10173）連劭名認為，銘文中的「經維」即「經綸」。《詩經‧六月》「獫狁孔熾，我是用急，王於出征，以匡王國」中的「以匡王國」，與銘文中的「經維四方」同義，「匡」與「正」同義。《國語‧楚語》曰：「武丁於是作書曰：以余正四方，余恐德之不類，茲故不言。」《呂氏春秋‧審應覽》載高宗言曰：「以余一人正四方，余唯恐言之不類，茲故不言。」、「正四方」即「經維四方」。凡此之類，均可證明黃穎釋「經綸」為「匡濟」的合理性。[4] 與嚴靈峰之說相比，連劭名的觀點更為接近《屯》卦文辭之義理。

蒙

卦象：☶

〈象〉曰：山下出泉，蒙。君子以果行育德。

諸家集解：

《周易集解》引虞翻曰：艮為山，震為出，坎象流出，故「山下出泉」。「君子」謂二，艮為果，震為行。育，養也。二至上有頤養象，故「以果行育德」也。

《周易注》：山下出泉，未知所適，蒙之象也。「果行」者，初筮之義也。「育德」者，養正之功也。

《周易正義》：山下出泉，未有所適之處，是險而止，故矇昧之象也。君子當發此蒙道，以果決其行，告示蒙者，則「初筮之義」。「育德」謂隱默懷藏，不自彰顯，以育養其德。「果行」、「育德」者，自相違錯，若童蒙來問，則果行也；尋常處眾則育德，是不相須也。

---

4 連劭名：《西周金文與〈周易‧象傳〉》，《周易研究》1994 年第 2 期。

《周易程氏傳》曰：「山下出泉」，出而遇險，未有所之，《蒙》之象也。若人蒙稚，未知所適也。君子觀《蒙》之象，「以果行育德」，觀其出而未能通行，則以果決其所行；觀其始出而未有所向，則以養育其明德也。

《周易本義》曰：「泉」，水之始出者，必行而有漸也。

周敦頤《通書》曰：「童蒙求我」，我正果行，如筮焉。「筮」，叩神也，再三則瀆矣，「瀆則不告」也。「山下出泉」，靜而清也。汨則亂，亂不決也。慎哉，其唯時中乎！

程廷祚《大易擇言》卷三引王宗傳曰：不曰「山下有水」，而曰「山下出泉」云者，泉者，水之源，所謂純一而不雜者矣。

解蒙《易精蘊大義》卷二引徐幾曰：《蒙》而未知所適也，必體坎之剛中，以果決其行而達之。《蒙》而未有所害也，必體艮之靜止，以養育其德而成之。

蔡清《易經蒙引》卷二上曰：「果行育德」，是內外動靜交相養之道。養《蒙》之道，不外乎此。

注釋：

〈象〉說：山下流出泉水，蒙，君子效法此象，而用果決的行為培育美德。

山下出泉，蒙：《蒙》卦卦象上卦為艮為山，下卦為坎為水。

君子以果行育德：果，果決。育，培育。《蒙》卦上卦為艮為山，下卦為坎為水，有泉水之出不易之象。泉水可怡養物，味甘美，故象之以德，「君子」效法《蒙》卦「山下出泉」之象，取象泉出之不易，故系以「果行」；因泉之味甘可怡養物，故系之以「育德」。泉出不易，聚少而多，其用為大，故君子法此以「果行育德」。《周易會通》引真德秀曰：「泉之始出也，涓涓之微，壅於沙石，豈能遽達哉？唯其果決必行，雖險不避，故終能流而成川。」又曰：「君子觀《蒙》之象，果其行如水之必行，育其德如水之有本。」

下編：〈大象〉六十四卦集解及注釋

按語：

《蒙》卦卦辭曰：「匪我求童蒙，童蒙求我。初筮告，再三瀆，瀆則不告。利貞。」爻辭有「發蒙」、「苞蒙」、「困蒙」、「童蒙」、「擊蒙」之言，則可知此卦之旨在於啟智開蒙。而〈大象傳〉旨在訓誡君子效法「山下有泉」之象，以果決之行為培育美德。一為啟智開蒙，一為培養德行，而美德之育，又需以知為輔，故《大畜》卦〈大象〉曰：「多識前言往行，以畜其德。」由此可知，啟智開蒙、培育美德實可互通。嚴靈峰以《論語》「由也果，於從政乎何有」為「君子以果行育德」之源，實牽強不足取。

需

卦象：☵

〈象〉曰：雲上於天，需。君子以飲食宴樂。

諸家集解：

《周易集解》引宋衷曰：雲上於天，須時而降也。

《周易集解》引虞翻曰：「君子」謂乾，坎水兌口，水流入口為飲。二失位，變體《噬嗑》，為食，故「以飲食」。陽在內，稱宴。《大壯》，震為樂，故「宴樂」也。

《周易正義》曰：坎既為險，又為雨，今不言險雨者，此象不取險難之義也，故不云「險」也。雨是已下之物，不是須待之義，故不云「雨」也。不言天上有雲，而言「雲上於天」者，若是天上有雲，無以見欲雨之義，故云「雲上於天」。若言「雲上於天」，是天之欲雨，待時而落，所以明「需」大惠將施而盛德又亨，故君子於此之時「以飲食宴樂」。

《周易程氏傳》曰：雲氣蒸而上升於天，必待陰陽和洽，然後成雨。雲方上於天，未成雨也，故為須待之義。陰陽之氣，交感而未成雨澤。猶君子畜其才德，而未施於用也。君子觀「雲上於天，需」而為雨之象，懷其道德，安以待時，飲食以養其氣體，宴樂以和其心志，所謂居易以俟命也。

《周易本義》曰：「雲上於天」，無所復為，待其陰陽之和而自雨爾。事之當需者，亦不容更有所為，但飲食宴樂，俟其自至而已。一有所為，則非需也。

胡瑗《周易口義》卷二曰：「飲食」者，所以養身也；「宴樂」者，所以寧神也，是亦「樂天知命」，居易俟時耳。

《朱子語類》卷七十曰：「需」，待也。「以飲食宴樂」，謂更無所為，待之而已。待之須有至時，學道者亦猶是也。

李光地《周易折中》引吳澄曰：「宴」者，身安而它無所營作。「樂」者，心愉而它無所謀慮也。「飲食」則素其位，而「宴樂」則不願乎外也。

程廷祚《大易擇言》卷四引谷家傑曰：「雲上於天」，而後可以待雨。君子有為於前，而後可以待治。不然，不幾於坐廢乎？

注釋：

〈象〉說：雲在天上，需。君子觀此卦象，應飲食宴樂。

雲上於天，需：釋《需》卦卦象上卦為坎為雲，下卦為乾為天。《歸藏易》以「溽」名此卦。尚秉和考證說：「《歸藏》作『溽』。坎、兌皆水，故溽。溽，濕也。而『溽』與『濡』同音義。楊氏《古音》云：『溽，人餘切。』《歸藏易》之《需》卦作『溽』，同『濡』。案《孟子》：『是何濡滯也。』是『溽』有『遲』義。古文多省筆，疑『需』為古文『濡』字，與《歸藏》同。且『濡滯』亦有『須』義，與〈象傳〉不背。《周易》本因二《易》而作，『溽』『濡』『需』不過字形之輾轉耳，音義並同也。」[5] 〈象〉曰「需，須也」，『需』有『待』義也。《周易集解》引宋衷曰：「雲上於天，須時而降也。」孔穎達《周易正義》曰：「不言『天上有雲』，

5　尚秉和：《周易尚氏學》，中華書局，2016，第39、40頁。

下編：〈大象〉六十四卦集解及注釋

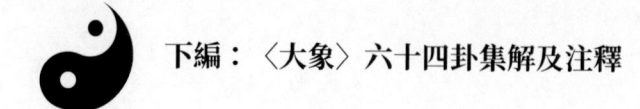

而言『雲上於天』者，若是天上有雲，無以見欲雨之義，故云『雲上於天』。」由此可見，宋衷、孔穎達皆是以「須」、「待」為《需》卦象辭之本義。

君子以飲食宴樂：《需》卦卦象為「雲上於天」，象徵有雨在天，待時而下。君子觀此卦象，則待之而已，故朱熹《周易本義》曰：「雲上於天，無所復為，待其陰陽之和而自雨爾。事之當『需』者，亦不容更有所為；但飲食宴樂，俟其自至而已。一有所為，則非需也。」程頤卻認為，君子之「需」，並非一味靜守，故他在《周易程氏傳》中提出：「君子觀『雲上於天』，需而為雨之象，故懷其道德，安以待時，飲食以養其氣體，宴樂以和其心志，所謂居易以俟命也。」

按語：

《需》卦卦辭云：「需，有孚，光亨，貞吉。利涉大川。」爻辭則分別曰「需於郊」、「需於沙」、「需於泥」、「需於血」、「需於酒食」、「入於穴，有不速之客三人來，敬之，終吉」。卦辭和爻辭均以「利涉大川」為中心展開，與〈大象〉「君子以飲食宴樂」之旨並不相合。〈序卦〉曰「需者，飲食之道也」，則與〈大象〉之旨相貫通。嚴靈峰以《論語》「食不厭精，膾不厭細」為〈大象〉「君子以飲食宴樂」之源，實不足取。筆者認為，此卦的卦爻辭應與《周禮》中的飲食之禮（如鄉飲酒禮、饗禮等）相互參看。《周禮・春官・大宗伯》曰：「以飲食之禮，親宗族兄弟。」《儀禮・鄉飲酒禮》中對飲、食、宴、樂等儀程敘之甚詳。「鄉飲酒禮」在殷商時即已存在，而周人則將其推之於鄉里，天子、諸侯皆慎重其事。如殷商《宰甫卣》載：「王鄉（饗）酉（酒），王光宰甫貝五朋。」（《殷周金文集成》，05395.2）商末《尹光方鼎》載：「王鄉（饗）酉（酒），尹光邐。」（《殷周金文集成》，02709）周穆王時期《遹簋》曰：「乎（呼）漁於大池，王鄉（饗）酉（酒）。」（《殷周金文集成》，04207）以上銘文都可作商王、周王舉行鄉飲酒禮的實錄。鄉飲酒禮意義重大，《儀禮・鄉飲酒禮》曰：「尊讓、絜、敬也者，君子之所以相接也。君子尊讓則不爭，絜、敬則不慢，不慢不爭，則遠於鬥、辨矣，不鬥、辨，則無暴亂之禍矣，斯君子之所以免於人禍也。」楊寬先生在《「鄉飲酒禮」

與「饗禮」新探》一文中對相關問題進行了詳細分析,讀者可自行閱讀。[6] 由此可知,《需》卦象辭之「飲食宴樂」,既是對「鄉飲酒禮」中「敬賓之禮」、「作樂」兩個環節的概括,也指出了身處上位的「君子」舉行「鄉飲酒禮」的兩個政治目的,即或是為了表達尊長敬老之情,或是為了定分止爭,商定大事。

訟

卦象：☰

〈象〉曰：天與水違行,訟。君子以作事謀始。

諸家集解：

《周易集解》引荀爽曰：天自西轉,水自東流,上下違行,成訟之象也。

《周易集解》引虞翻曰：「君子」謂乾。三來變坤,為「作事」。坎為謀,乾知大始,故「以作事謀始」。

《周易集解》引干寶曰：省民之情,以製作也。武王故先觀兵孟津,蓋以卜天下之心,故曰「作事謀始」也。

王弼《周易注》曰：「聽訟,吾猶人也。必也使無訟乎」？無訟在於謀始,謀始在於作制。契之不明,訟之所以生也。物有其分,職不相濫,爭何由興？訟之所以起,契之過也。故有德者司契而不責於人。

《周易正義》曰：天道西轉,水流東注,是天與水相違而行,像人彼此兩相乖戾,故致訟也。不云「水與天違行」者,凡訟之所起,必剛健在先,以為訟始,故云「天與水違行」也。「君子以作事謀始」者,物既有訟,言君子當防此訟源。凡欲興作其事,先須謀慮其始。若初始分職分明,不相干涉,即終無

---

[6] 楊寬：《西周史》,上海人民出版社,1999,第 742—769 頁。

下編：〈大象〉六十四卦集解及注釋

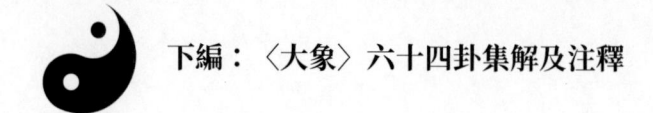

所訟也。

《周易程氏傳》曰：天上水下，相違而行，二體違戾，訟之由也。若上下相順，訟何由興？君子觀象，知人情有爭訟之道，故凡所作事，必謀其始。絕訟端於事之始，則訟無由生矣，謀始之義廣矣。若慎交結、明契券之類是也。

《周易本義》曰：天上水下，其行相違，作事謀始，訟端絕矣。

程廷祚《大易擇言》卷四引吳澄曰：水行而下，天行而上，其行兩相背戾，是「違行」也。

胡炳文《周易本義通釋》卷三曰：凡事有始有中有終，《訟》「中吉終凶」，然能謀於其始，則訟端既絕，「中」與「終」不必言矣。

林希元《易經存疑》卷二曰：訟不興於訟之日，而興於作事之始。作事不豫謀，此訟端之所由起也，故君子於其始而謀之，看事理有無違礙，人情有無違拂，終久有無禍患。凡其事之不善而可以致訟者，皆杜絕之而不為，則訟端無自起矣。

注釋：

〈象〉說：天與水相背而行，訟。君子觀此卦象，而知應慎重謀慮開始。

天與水違行，訟：釋《訟》卦卦象上卦為乾象天，下卦為坎象水。違，有「違背」之義。「天與水違行」者，古人認為，天體自東向西運轉，而流水自西向東流動。故荀爽說：「天自西轉，水自東流，上下違行，成訟之象也」。孔穎達曰：「天道西轉，水流東注，是天與水相違而行，像人彼此兩相乖戾，故致訟也。」程頤亦曰：「天上水下，相違而行，二體違戾，訟之由也。」

作事謀始：君觀《訟》卦有「天與水違行」之象，而悟知作事，唯有謀慮於初，方可杜絕訟端。故王弼認為：「無訟在於謀始，謀始在於作制。契之不明，訟之所以生也。物有其分，職不相濫，爭何由興？訟之所以起，契之過也。故有德者司契而不責於人。」孔穎達疏「訟之所以起，契之過也」曰：「凡鬥訟之起，

只由初時契要之過。」尚秉和在比較諸家之說後認為,「王注優於各家」。[7]

按語：

《訟》卦卦辭曰：「訟,有孚,窒惕,中吉,終凶。」爻辭或曰「不永所事,小有言,終吉」,或曰「食舊德,貞厲,終吉。或從王事,無成」,或曰「或錫之鞶帶,終朝三褫之」。不難看出,卦辭與爻辭之旨意相合,皆在強調若始不慎,終必致亂。〈大象〉亦曰「作事謀始」,與卦辭、爻辭之本旨相契,故程頤《周易程氏傳》謂：「凡所作事,必謀其始,絕訟端於事之始,則訟無由生矣,謀始之義廣矣。」斯言甚切。

師

卦象： ䷆

〈象〉曰：地中有水,師。君子以容民畜眾。

諸家集解：

《周易集解》引陸績曰：坎在坤內,故曰「地中有水」。師,眾也。坤中眾者,莫過於水。

《周易集解》引虞翻曰：「君子」謂二。容,寬也。坤為民眾,又畜養也。陽在二,寬以居之,五變執言時,有頤養象,故「以容民畜眾」矣。

《周易正義》曰：「君子以容民畜眾」者,言君子法此《師》卦,容納其民,畜養其眾。若為人除害,使眾得寧,此則「容民畜眾」也。又為師之主,雖尚威嚴,當赦其小過,不可純用威猛於軍師之中,亦是「容民畜眾」之義。所以〈象〉稱「地中有水」,欲見地能包水,水又眾大,是容民畜眾之象。若其不然,或當

7　尚秉和：《周易尚氏學》,中華書局 2016,第 44 頁。

下編：〈大象〉六十四卦集解及注釋

云「地在水上」，或云「上地下水」，或云「水上有地」。今云「地中有水」，蓋取容、畜之義也。

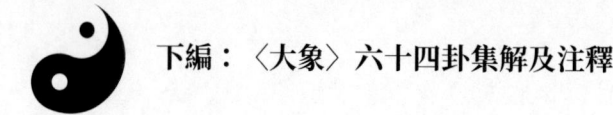

《周易程氏傳》曰：地中有水，水聚於地中，為眾聚之象，故為師也。君子觀地中有水之象，以容保其民，畜聚其眾也。

《周易本義》曰：水不外於地，兵不外於民，故能養民，則可以得眾矣。

程廷祚《大易擇言》卷五引陳琛曰：地中有水，猶民中有兵，非《師》之象乎？君子觀《師》之象，必容保其民，必畜其兵眾焉。蓋田以民分，兵以賦出，故當無事之時，必制田里，教樹畜，使比閭族黨州鄉之民，無不各得其養。民既有養，則所謂伍兩卒旅軍師之眾，以為他日折衝禦侮之用者，皆畜於此矣。苟平時誨之無其方，則緩急誰復為之用哉？

注釋：

〈象〉說：地中畜滿水，師。君子效法此象，以容納、畜養民眾。

地中有水，師：解釋《師》卦卦象上卦為坤象地，下卦為坎象水。〈彖〉曰：「師，眾也。」地能畜水，有容眾之象，故《周易集解》引陸績曰：「坎在坤內，故曰『地中有水』。師，眾也。坤中眾者，莫過於水。」

容民畜眾：「容」有包容之義，「畜」有畜養之義，故二者互文見義。《師》卦卦象為「地中有水」，為大地包容江河之象，故在位「君子」觀得此象，而思應容民畜眾。故《周易本義》曰：「水不外於地，兵不外於民，故能養民則可以得眾矣。」《周易正義》亦曰：「〈象〉稱『地中有水』，欲見地能包水，水又眾大，是容民畜眾之象。若其不然，或當云『地在水上』，或云『上地下水』，或云『水上有地』。今云『地中有水』，蓋取容、畜之義也。」

按語：

《師》卦卦辭曰：「師，貞，大人吉，無咎。」爻辭或曰「師出以律，否臧凶」，或曰「在師中吉，無咎，王三錫命」，或曰「師或輿屍」、「師左次」，或曰「長

子帥師，弟子輿屍」，或曰「大君有命，開國承家」。卦辭和爻辭所言，皆用兵之事，而與「容民畜眾」之言無涉。筆者認為，朱熹以「古者寓兵於農」解釋，頗為牽強。嚴靈峰以《大學》「道得眾，則得國」為「容民畜眾」之源，亦不甚恰當。《尚書‧五子之歌》曰：「民唯邦本，本固邦寧。」《尚書‧秦誓》曰：「人之彥聖，其心好之，不啻若自其口出，是能容之。以保我子孫黎民，亦職有利哉。人之有技，冒疾以惡之；人之彥聖，而違之，俾不達，是不能容。以不能保我子孫黎民，亦曰殆哉。邦之杌隉，曰由一人；邦之崇懷，亦尚一人之慶。」這段話所包含的保民、容民思想，與《師》卦象辭中的「君子以容民畜眾」，實同出一源，一脈相承。

比

卦象：䷇

〈象〉曰：地上有水，比。先王以建萬國，親諸侯。

諸家集解：

《周易集解》引何晏曰：水性潤下，今在地上，更相浸潤，「比」之義也。

《周易集解》引虞翻曰：「先王」謂五。初陽已復。震為建，為諸侯。坤為萬國，為腹；坎為心，腹心親比，故「以建萬國，親諸侯」。《詩》曰：「公侯腹心，是其義也。」

《周易正義》曰：「建萬國親諸侯」者，非諸侯以下之所為，故特云「先王」也。「建萬國」謂割土而封建之。「親諸侯」謂爵賞恩澤而親友之。萬國據其境域，故曰「建」也。「諸侯」謂其君身，故云「親」也。地上有水，猶域中有萬國，使之各相親比，猶地上有水，流通相潤及物，故云「地上有水，比」也。

下編：〈大象〉六十四卦集解及注釋

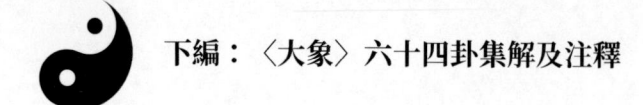

《周易程氏傳》曰：夫物相親比而無間者，莫如水在地上，所以為「比」也。先王觀《比》之象，「以建萬國，親諸侯」。建立萬國，所以比民也；親撫諸侯，所以比天下也。

《周易本義》曰：地上有水，水比於地，不容有間。建國親侯，亦先王所以比於天下而無間者也。〈象〉意人來比我，此取我往比人。

程廷祚《大易擇言》卷五引張浚曰：水行地上，小大相比，率以歸東。先王法之，「建萬國」以下比其民，「親諸侯」以上比其君。若身使臂，臂使指，小大相維，順以聽命，制得其道也。

《朱子語類》卷七十云：伊川言，建萬國以比民，言民不可盡得而比，故建諸侯使比民，而天子所親者諸侯而已，這便是比天下之道。

王又樸《易翼述信》卷三引馮當可曰：地上之水，異源同流。畎澮相比，以比於川；九川相比，以比於海。如萬國諸侯，大小相比，而方伯連帥，率之以比於天子也。

晏斯盛《易翼說》卷七引胡炳文曰：《師》之「容民畜眾」，井田法也，可以使民自相合而無間。《比》之建國親侯，封建法也，可使君與民相合而無間。

注釋：

〈象〉說：地上有水，比。先王效法此象，以封建萬國，親近諸侯。

地上有水，比：解釋《比》卦卦象下卦為坤象地，上卦為坎象水。〈彖〉曰：「比，吉也。比，輔也。」、「比」有「親比」之義，故《周易集解》引何晏曰：「水性潤下，今在地上，更相浸潤，『比』之義也。」《周易程氏傳》曰：「夫物相親比而無間者，莫如水在地上，所以為『比』也。」

建萬國，親諸侯：《比》卦卦象為「地上有水」，物相親比，「先王」效法此象，而封侯建國，以拱衛王室，並親近諸侯。《周易程氏傳》曰：「建立萬國，所以比民也；親撫諸侯，所以比天下也。」

比

按語：

　　《比》卦卦辭曰：「比，吉。原筮，元永貞，無咎。不寧方來，後夫凶。」爻辭或曰「有孚比之」，或曰「比之自內」，或曰「比之匪人」，或曰「外比之」，或曰「顯比。王用三驅，失前禽，邑人不誡，吉」，或曰「比之無首」。卦辭、爻辭之旨均與「建萬國，親諸侯」之言無涉。〈彖〉曰：「師，眾也；貞，正也。能以眾正，可以王矣。剛中而應，行險而順，以此毒天下而民從之，吉又何咎矣？」〈彖〉以王天下之事而言，〈大象〉以建國親諸侯而言，二者有相通之義，故朱熹《周易本義》曰：「〈彖〉意人來比我，此取我往比人。」

　　《左傳‧僖公二十四年》載：「昔周公弔二叔之不咸，故封建親戚以蕃屏周。管蔡郕霍，魯衛毛聃，郜雍曹滕，畢原酆郇，文之昭也。邗晉應韓，武之穆也。」《左傳‧昭公二十八年》載：「昔武王克商，光有天下。其兄弟之國者十有五人，姬姓之國者四十人，皆舉親也。」《左傳‧定公四年》載：「昔武王克商，成王定之，選建明德，以蕃屏周。故周公相王室，以尹天下，於周為睦。分魯公以大路，大旂，夏後氏之璜，封父之繁弱，殷民六族，條氏、徐氏、蕭氏、索氏、長勺氏、尾勺氏。使帥其宗氏，輯其分族，將其類醜，以法則周公，用即命於周。是使之職事於魯，以昭周公之明德。」由《左傳》的相關記載可知，《比》卦象辭中所言的「先王」，當指武王、成王、周公等人。[8] 而這些「先王」之所以「封建親戚」、「選建明德」，無不是為了拱衛周王室的政權。

8　對於周公是否「攝政稱王」，學界至今尚無定論。相關研究成果有：王慎行：《周公攝政稱王質疑》，《河北學刊》1986年第6期。劉豐：《周公「攝政稱王」及其與儒家政治哲學的幾個問題》，《人文雜誌》2008年第4期等。

下編：〈大象〉六十四卦集解及注釋

小畜

卦象：☰

〈象〉曰：風行天上，小畜，君子以懿文德。

諸家集解：

《周易集解》引《九家易》曰：風者，天之命令也。今風行天上，則是令未下行。畜而未下，「小畜」之義也。

《周易集解》引虞翻曰：君子，謂乾。懿，美也。豫坤為文，乾為德，離為明。初至四體《夬》，為書契。乾離照坤，故懿文德也。

《周易正義》：「君子以懿文德」者，懿，美也。以於其時施未得行，喻君子之人，但修美文德，待時而發。風為號令，若「風行天下」，則施附於物，不得云「施未行」也。今風在天上，去物既遠，無所施及，故曰「風行天上」。凡〈大象〉「君子」所取之義，或取二卦之象而法之者，若《師》「地中有水，師，君子以容民畜眾」，取卦象包容之義；若《履》云「上天下澤，履，君子以辨上下」，取上下尊卑之義。如此之類，皆取二象，君子法以為行也。或直取卦名，因其卦義所有，君子法之，須合卦義行事者。若《訟》云「君子以作事謀始」，防其所訟之源，不取「天與水違行」之象；若《小畜》云「君子以懿文德」，不取「風行天上」之象。餘皆仿此。

《周易程氏傳》曰：乾之剛健而為巽所積，夫剛健之性，唯柔順為能畜止之。雖可以畜止之，然非能固制其剛健也，但柔順以擾繫之耳，故為《小畜》也。君子觀《小畜》之義，以懿美其文德，畜聚為蘊畜之義。君子所蘊畜者，大則道德經綸之業，小則文章才藝。君子觀《小畜》之象，以懿美其文德，文德方之道義為小也。

《周易本義》曰：風有氣而無質，能畜而不能久，故為小畜之象，「懿文德」，言未能厚積而遠施也。

• 144

林希元《易經存疑》卷二曰：大風一過，草木皆為之屈橈，過後則旋復其舊。是能畜而不能久也，有氣而無質故也。

注釋：

〈象〉說：風飄行在天上，小畜。君子觀此象，以修美文德。

風行天上，小畜：解釋《小畜》卦卦象下卦為乾象天，上卦為巽象風。《小畜》卦卦辭曰「密雲不雨，自我西郊」，「密雲」與「風行天上」相契，「不雨」之象與「小畜」之義相通。畜者，積也。雲積而雨未下，有「小畜」之義。《周易集解》引《九家易》曰：「風者，天之命令也。今風行天上，則是令未下行。畜而未下，『小畜』之義也。」此又以《巽》卦為風，為命，風行天上，則是象徵命未下達，有蓄勢待發之義，故名之以「小畜」，又可成一說。

以懿文德：懿，《說文》曰「嫥久而美也」。此處則作動詞用，為「修美」之義。君子觀「雲在天上」，有畜積之象，而悟知當及時修養文德，以便待時而發。故孔穎達《周易正義》曰：「以於其時施未得行，喻君子之人，但修美文德，待時而發。」

按語：

《小畜》卦卦辭曰「小畜，亨。密雲不雨，自我西郊」，而上九爻辭曰「既雨既處，尚德載」，二者皆有畜積之義。措之於人事，則君子應及時「懿文德」。孔穎達指出，「凡〈大象〉『君子』所取之義，或取二卦之象而法之者」，「或直取卦名，因其卦義所有，君子法之，須合卦義行事者」。此處「懿文德」不取「風行天上」之象，則屬於後一例。嚴靈峰以《論語》「君子修文德以來之」為「君子以懿文德」之源，值得商榷。「文德」之教，單襄公首倡之。《國語・周語下》載：「襄公有疾，召頃公而告之，曰：『必善晉周，將得晉國。其行也文，能文則得天地，天地所胙，小而後國。夫敬，文之恭也；忠，文之實也；信，文之孚也；仁，文之愛也；義，文之制也；智，文之輿也；勇，文之帥也；教，文之施也；孝，

下編：〈大象〉六十四卦集解及注釋

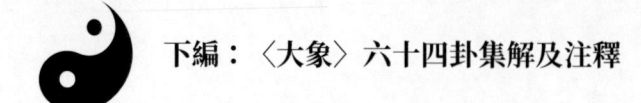

文之本也；惠，文之慈也；讓，文之材也。象天能敬，帥意能忠，思身能信，愛人能仁，利制能義；事建能智，帥義能勇，施辯能教，昭神能孝，慈和能惠，推敵能讓。此十一者，夫子皆有焉』。」在單襄公看來，「文德」之目有敬、忠、信、仁、義、智、勇、教、孝、惠、讓，共十一種。「文德」是一種政治德行，非一般意義上的人倫德行，故《小畜》「君子以懿文德」中的「君子」，當指人君而言。金春峰認為，《論語》「遠人不服，則修文德以來之」中的「文德」，與此卦象辭中的「文德」同義。但孟子以後，「文德」一詞就不再使用了。[9] 孔子倡導「仁、義、禮、智、信」五常之說，《中庸》視「智、勇、仁」為「三達德」，皆是對周王室「文德」之教的損益。

履

卦象：☰

〈象〉曰：上天下澤，履。君子以辨上下，定民志。

諸家集解：

《周易集解》引虞翻曰：「『君子』謂乾。辨，別也。乾天為上，兌澤為下。謙坤為民，坎為志。謙時坤在乾上，變而為履。故『辨上下，定民志也』」。

《周易正義》：天尊在上，澤卑處下，君子法此《履》卦之象，以分辨上下尊卑，以定正民之志意，使尊卑有序也。但此《履》卦名合二義，若以爻言之，則在上履踐於下，六三「履」九二也。若以二卦上下之象言之，則「履」，禮也，在下以禮承事於上。此象之所言，取上下二卦卑承尊之義，故云「上天下澤，履」。但易合萬象，反覆取義，不可定為一體故也。

---

[9] 金春峰：《周易經傳梳理與郭店楚簡思想新釋》，中國言實出版社，2004，第44頁。

履

《周易程氏傳》曰：天在上，澤居下，上下之正理也，人之所履當如是，故取其象而為《履》。君子觀《履》之象，以辨別上下之分，以定其民志。夫上下之分明，然後民志有定；民志定，然後可以言治。民志不定，天下不可得而治也。古之時，公卿大夫而下，位各稱其德，終身居之，得其分也。位未稱德，則君舉而進之，士修其學，學至而君求之，皆非有豫於己也。農工商賈勤其事，而所享有限，故皆有定志，而天下之心可一。後世自庶士至於公卿，日誌於尊榮；農工商賈，日誌於富侈；億兆之心，交騖於利，天下紛然，如之何其可一也！欲其不亂難矣。此由上下無定志也。君子觀《履》之象，而分辨上下，使各當其分，以定民之心志也。

《朱子語類》卷七十曰：問：「『履』如何都作『禮』字說。」曰：「禮主卑下，履也，是那踐履處。所行若不由禮，自是乖戾，所以曰『履以和行』。」

王應麟《困學紀聞》卷一曰：上天下澤，《履》，此《易》之言禮；雷出地奮，《豫》，此《易》之言樂。呂成公之說，本於《漢書》上天下澤，春雷奮作，先王觀象，爰制禮樂。

楊萬里《誠齋易傳》卷三引何楷曰：天高地下，天尊地卑，澤又下之，下卑之卑者。此天地之間，粲然有像之禮也，君子則之而已。

注釋：

〈象〉說：上為天，下為澤，《履》。君子效法此象，制禮以辨別上下尊卑，端正民之心志。

上天下澤，履：解釋《履》卦卦象下卦為兌象澤，上卦為乾象天。程頤釋卦名與卦象之關係曰：「天在上，澤居下，上下之正理也。人之所履當如是，故取其象而為『履』。」可存一義。

辨上下，定民志：辨，分辨。定，端正。志，《說文》曰：「從心，之聲。志者，心之所之也。」、「定民志」者，端正萬民之心志，使其知禮守己。《禮記·少儀》載：「問卜筮曰：『義歟？志歟？義則可問，志則否。」注曰：「義，正事

下編：〈大象〉六十四卦集解及注釋

也。志，私意也。」志為「私意」，故須正之。與「志者，心之所之也」，一理同然。天在上為尊，澤處下為卑，尊卑有別。《爾雅・釋言》曰：「履者，禮也。」禮之用，在別上下，分尊卑。《履》卦「君子以辨上下，定民志」，即是訓誡「君子」應效法《履》象，制定禮樂以別上下尊卑，使民知禮守禮。故孔穎達《周易正義》曰：「君子法此《履》卦之象，以分辨上下尊卑，以定正民之志意，使尊卑有序也。」

按語：

《履》卦卦辭曰：「履虎尾，不咥人，亨。」爻辭或曰「素履」，或曰「履道坦坦」，或曰「眇能視，跛能履。履虎尾，咥人，凶」，或曰「履虎尾，愬愬，終吉」，或曰「夬履」，或曰「視履考祥」，皆以「履」為行走之義，與〈大象〉以「履」為「禮」之旨，不恰。〈序卦〉曰：「物畜然後有禮，故受之以履。」《荀子・大略》曰：「禮者，人之所履也。失所履，必顛蹶陷溺，所失微而其為亂大者，禮也。」故惠棟在《周易述》中提出，〈大象〉文辭是「取義於虎尾也」。此論或亦可通。[10] 嚴靈峰以《大學》「所惡於上，毋以使下；所惡於下，毋以事上」為「君子以辨上下，定民志」之源，並不可取。

泰

卦象：䷊

〈象〉曰：天地交，泰。後以財成天地之道，輔相天地之宜，以左右民。

諸家集解：

《周易集解》引荀爽曰：坤氣上升，以成天道；乾氣下降，以成道地。天地

10　張濤、陳修亮：《周易述導讀》，齊魯書社，2007，第98頁。

二氣，若時不交，則為閉塞。今既相交，乃通泰。

《周易集解》引虞翻曰：「后以財成天地之道」者，后，君也，陰升乾位。坤，女主，故稱后。坤富，稱財。守位以人，聚人以財，故曰「成天地之道」。「輔相天地之宜」者，相，贊。左右，助之。震為左，兌為右，坤為民，謂以陰輔陽。《詩》曰：「宜民宜人，受祿於天。」

《周易集解》引鄭玄曰：財，節也。輔，相。左右，助也。以者，取其順陰陽之節，為出內之政。春崇寬仁，夏以長養，秋教收斂，冬敕蓋藏，皆可以成物助民也。

《周易正義》曰：「后以財成天地之道」者，由物皆通泰，則上下失節。后，君也。於此之時，君當翦財，成就天地之道。「輔相天地之宜」者，相，助也。當輔助天地所生之宜。「以左右民」者，左右，助也，以助養其人也。「天地之道」者，謂四時也，冬寒、夏暑、春生、秋殺之道。若氣相交通，則物失其節。物失其節，則冬溫、夏寒、秋生、春殺。君當財節成就，使寒暑得其常，生殺依其節，此天地自然之氣，故云「天地之道」也。「天地之宜」者，謂天地所生之物，各有其宜。若《大司徒》云動物植物，及《職方》云揚州其貢宜稻麥，雍州其貢宜黍稷。若天氣大同，則所宜相反。故人君輔助天地所宜之物，各安其性，得其宜。據物言之，故稱「宜」也。此卦言「后」者，以不兼公卿大夫，故不云「君子」也。兼通諸侯，故不得直言「先王」。欲見天子諸侯，俱是南面之君，故特言「后」也。

《周易程氏傳》曰：天地交而陰陽和，則萬物茂遂，所以泰也。人君當體天地通泰之象，而以財成天地之道，輔相天地之宜，以左右生民也。財成，謂體天地交泰之道，而財製成其施為之方也。「輔相天地之宜」者，天地通泰，則萬物茂遂，人君體之而為法制，使民用天時，因地利，輔助化育之功，成其豐美之利也。如春氣發生萬物，則為播植之法；秋氣成實萬物，則為收斂之法，乃輔相天地之宜，以左右輔助於民也。民之生，必賴君上為之法制，以教率輔翼之，乃得

下編：〈大象〉六十四卦集解及注釋

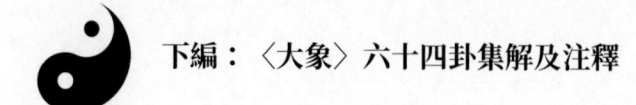

遂其生養，是左右之也。

《周易本義》曰：「財成」以制其過，「輔相」以補其不及。

《朱子語類》卷七十曰：「財成」，是裁作段子底。「輔相」，是佐助它底。天地之化，儱侗相續下來，聖人便裁作段子。如氣化一年一周，聖人於它裁作春夏秋冬四時。

來知德《周易集注》卷三曰：氣化流行，儱侗相續，聖人則為之裁製，以分春夏秋冬之節；地勢廣邈，經緯交錯，聖人則為之裁製，以分東西南北之限，此「裁成天地之道」也。春生秋殺，此時運之自然；高黍下稻，亦地勢之所宜。聖人則輔相之，使當春而耕，當秋而斂，高者種黍，下者種稻，此「輔相天地之宜」也。

注釋：

〈象〉說：天地交合，泰。「后」效法此象，以裁節成就天地交通之道，輔佐贊助天地化生之宜，以此保佑天下百姓。

天地交，泰：解釋《泰》卦卦象下卦為乾象天，上卦為坤象地。《集解》引荀爽曰：「坤氣上升，以成天道；乾氣下降，以成道地。天地二氣若時不交，則為閉塞；今既相交，乃通泰。」

後：於〈大象〉中凡三見，分別為《泰‧大象》：「天地交，泰。後以財成天地之道，輔相天地之宜，以左右民。」《復‧大象》：「雷在地中，復。先王以至日閉關，商旅不行，后不省方。」《姤‧大象》：「天下有風，姤。后以施命誥四方。」歷代易學家對於「后」字的釋讀，主要分為以下四種：其一，釋為「繼體之君」。如虞翻釋「后以施命誥四方」之「后」為「繼體之君。」[11] 其二，釋為天子、諸侯之通稱。如胡瑗曰：「諸卦或言『后』者，天子、諸侯之通稱也」。[12] 其三，釋為「後王」。如程頤在釋〈大象傳〉中出現的「君子」、「先王」、「大人」、

11　（清）李道平撰，潘雨廷點校：《周易集解纂疏》，中華書局，2006，第402頁。
12　（宋）胡瑗：《周易口義》（文淵閣四庫全書本），臺灣商務印書館，1986，第8—288頁。

• 150

「后」時說：「諸象或稱先王，或稱后，或稱君子大人。稱先王者，先王所以立法制建國，作樂省方，敕法閉關，育物享帝皆是也。稱后者，後王之所為也，財成天地之道，施命誥四方是也。君子則上下之通稱，大人者王公之通稱。」[13] 其四，釋為「時王」。如來知德在釋「后不省方」時說：「先王者，古之先王。后者，今之時王。」[14] 除以上四種解釋外，「后」字亦有「王后」之義。至於「后制」出現於何時，傳統學者的通行看法是起於周代。2011 年，中國國家博物館將「司母戊鼎」更名為「后母戊鼎」，引起學界的廣泛爭論。若是「司母戊鼎」之「司」字應作「后」字，就可把稱王配為「后」的時間提前到商代。

而在周代，「王后」又可被稱為「君」、「天君」等。如《友鼎》、《天君鼎》、《召圜器》、《穆公鬲》、《子中鬲》、《羌鼎》、《五年琱生簋》等西周青銅器銘文中，就有不少稱王后為「天君」、「君氏」、「君」的例子。[15]《爾雅·釋詁》也曰：「林、烝、天、帝、皇、王、后、辟、公、侯，君也。」[16]

財成天地之道：財，陸德明《經典釋文》引荀爽本作「裁」。李鼎祚《周易集解》引鄭玄曰「節也」。朱熹《周易本義》謂：「財，裁同。」此外，還有易學家將「財」釋作「財物」。如虞翻曰：「坤富，稱財。守位以人，聚人以財，故曰成天地之道。」惠棟《周易述》進一步發揮虞義曰：「言後資財用以成教，贊天地之化育，以左右其民也。」諸說皆可參考。孔穎達釋「天地之道」曰：「謂四時也，冬寒、夏暑、春生、秋殺之道。若氣相交通，則物失其節。物失其節，則冬溫、夏寒、秋生、春殺。君當財節成就，使寒暑得其常，生殺依其節，此天地自然之氣，故云『天地之道』也。」

輔相天地之宜：輔相，輔佐相助。天地之宜，即天地化生之宜。孔穎達《周易正義》謂：「『天地之宜』者，謂天地所生之物，各有其宜。若《大司徒》云『動

13　（宋）程頤：《周易程氏傳》，中華書局，2011，第 252 頁。
14　周立升：《易經集注導讀》，齊魯書社，2009，第 238 頁。
15　陳夢家：《西周銅器斷代（二）》，《考古學報》1955 年第 10 期。
16　（晉）郭璞注，（宋）邢昺疏：《爾雅注疏》，北京大學出版社，1999，第 9 頁。

下編：〈大象〉六十四卦集解及注釋

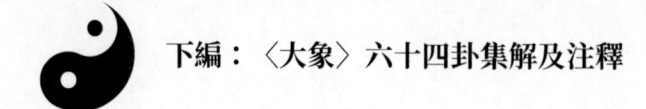

物植物』，及《職方》云揚州其貢宜稻麥，雍州其貢宜黍稷。若天氣大同，則所宜相反。故人君輔助天地所宜之物，各安其性，得其宜，據物言之，故稱『宜』也。」其說可從。

左右：鄭玄釋為「助也」，即佑助之義。

按語：

《泰》卦卦辭曰：「小往大來，吉，亨。」爻辭或曰「拔茅茹，以其彙」，或曰「包荒，用馮河，不遐遺。朋亡，得尚於中行」，或曰「無平不陂，無往不復」，或曰「翩翩，不富，以其鄰，不戒以孚」，或曰「帝乙歸妹，以祉元吉」，或曰「城復於隍。勿用師，自邑告命，貞吝」。卦辭「小往大來」與「天地交泰」之象可通，而爻辭則與「天地交泰」無涉。《泰》卦卦象上為地、下為天，因與天在上、地在下之自然現象不符，故而有天上升、地下降之動態意象，「天地交」之象便寓於其中。「泰」有「通泰」之義，「天地交」亦有萬物亨通之象，故以「泰」來命名此卦。「後以財成天地之道，輔相天地之宜，以左右民」，則是對「天地交」之象的進一步發揮。需要提及的是，在西周時期，王后負有掌管王朝財權之重要職責，西周青銅器銘文中的實例比比皆是，學界對於這一問題已有不少研究成果。[17]

---

[17] 專門考證西周時期的王后事蹟的研究成果有：劉啟益：《西周金文中所見的周王后妃》，《考古與文物》1980 年第 4 期。方善柱：《初周銅器銘文中的文武王后》，《大陸雜誌》第 52 卷第 5 期。謝乃和：《金文中所見西周王后事蹟考》，《華夏考古》2008 年第 3 期。專門研究西周時期，以後妃為代表的女性地位的研究成果有：葛志毅：《論周代后妃在王室經濟中的地位與作用》，《管子學刊》2005 年第 1 期；《論周代婦女在社會生產中的重要地位》，《淮陰師範學院學報》2005 年第 4 期。陳曦：《從甲骨文、銅器銘文看商周時期女性的地位》，《中國文化研究》2007 年夏之卷。謝乃和：《西周后妃無與政事說考論》，《中國歷史文物》2006 年第 1 期；《試論商周時期貴族婦女地位的兩次轉型》，《北方論叢》2008 年第 1 期。專門研究周代的后妃群體的事蹟與政治地位的研究成果有：曹兆蘭：《金文與殷周女性文化》，北京大學出版社，2004。謝乃和：《古代社會與政治

否

卦象：䷋

〈象〉曰：天地不交，否，君子以儉德辟難，不可榮以祿。

諸家集解：

《周易集解》引宋衷曰：天地不交，猶君臣不接。天氣上升，而不下降。地氣沉下，又不上升。二氣特隔，故云「否」也。

《周易集解》引虞翻曰：「君子」謂乾。坤為營，乾為祿。難，謂坤為弒君，故以「儉德辟難」。巽為入伏，乾為遠，艮為山，體《遯》象，謂辟難遠遁入山，故「不可營以祿」。營，或作榮。儉，或作險。

《周易正義》曰：「君子以儉德辟難」者，言君子於此否塞之時，以節儉為德，辟其危難，不可榮華其身，以居祿位。若據諸侯公卿言之，辟其群小之難，不可重受官爵；若據王者言之，謂節儉為德，辟陰陽厄運之難，不可自重榮貴而驕逸也。

《周易程氏傳》曰：天地不相交通，故為否。否塞之時，君子道消，當觀否塞之象，而以儉損其德，避免禍難，不可榮居祿位也。否者，小人得志之時，君子居顯榮之地，禍患必及其身，故宜晦處窮約也。

《周易本義》曰：收斂其德，不形於外，以避小人之難，人不得以祿位榮之。

注釋：

〈象〉說：天地不相交合，否。君子觀此卦象，以節儉之德避免災難，不可榮華其身，以居祿位。

天地不交，否：解釋《否》卦卦象下卦為坤象地，上卦為乾象天。《泰》卦卦象以「通」為義，《否》卦象與之相反，以「不通」為義。宋衷解釋卦象與卦名

—— 周代的政體及其變遷》，黑龍江人民出版社，2011。

下編：〈大象〉六十四卦集解及注釋

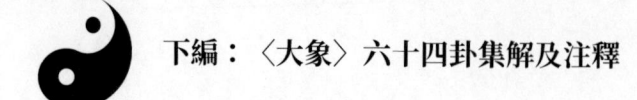

的關係曰：「天地不交，猶君臣不接；天氣上升而不下降，地氣沉下又不上升，二氣特隔，故云『否』也。」此言頗可取。

儉德辟難，不可榮以祿：儉德，即「以儉為德」。辟，通「避」。《否》卦之卦象、卦名皆以「不通」為義。措之於人事，上下不通則危至，而「儉德辟難，不可榮以祿」，即是上位者辟危之方。故孔穎達《周易正義》曰：「言君子於此否塞之時，以節儉為德，辟其危難，不可榮華其身，以居祿位。若據諸侯公卿言之，辟其群小之難，不可重受官爵；若據王者言之，謂節儉為德，辟陰陽厄運之難，不可自重榮貴而驕逸也。」於理亦可通。

按語：

《否》卦卦辭曰：「否之匪人，不利君子貞。大往小來。」爻辭或曰「拔茅茹，以其彙」，或曰「苞承，小人吉，大人否亨」，或曰「苞羞」，或曰「有命無咎，疇離祉」，或曰「休否，大人吉。其亡其亡，繫於苞桑」，或曰「傾否」。可知卦辭、爻辭之言均與〈大象〉「君子以儉德辟難，不可榮以祿」無涉。有學者以《論語》「節用而愛人」、「奢則不孫，儉則固。與其不孫也，寧固」為此卦象辭之源，其觀點頗值得商榷。《尚書‧太甲上》曰：「慎乃儉德，唯懷永圖。」《尚書‧大禹謨》曰：「欽哉！慎乃有位，敬修其可願，四海困窮，天祿永終。」《尚書‧咸有一德》曰：「克綏先王之祿，永底烝民之生。」《尚書‧君奭》曰：「迪見冒，聞於上帝，唯時受有殷命哉。武王唯茲四人，尚迪有祿。後暨武王，誕將天威，咸劉厥敵。唯茲四人，昭武王唯冒，丕單稱德。」《尚書‧周官》曰：「位不期驕，祿不期侈。恭儉唯德，無載爾偽。」由《尚書》的相關記載可知，周人以「儉德」為天子及有祿位之人之德。故《否》卦象辭「君子以儉德辟難，不可榮以祿」之「君子」，當指有祿位之人。天子之祿位受之於天，諸侯之祿位受之於天子，大臣之祿位受之於諸侯。周王室吸收殷紂因驕奢淫逸而亡國亡身的教訓，故提出自天子以至大臣，唯有以儉為德，方可避難。故「儉德辟難，不可榮以祿」的淵源甚早，並非《論語》所首倡。

同人

卦象：☰

〈象〉曰：天與火，同人。君子以類族辨物。

諸家集解：

《周易集解》引荀爽曰：乾捨於離，相與同居，故曰「同人」也。

《周易集解》引虞翻曰：「君子」謂乾。師坤為類，乾為族。辨，別也。乾，陽物。坤，陰物。體姤，天地相遇，品物咸章，以乾照坤。故「以類族辨物」。謂「方以類聚，物以群分」。孔子曰「君子和而不同」，故於《同人》象見，以「類族辨物」也。

《周易正義》曰：天體在上，火又炎上，取其性同，故云「天與火，同人」。「君子以類族辨物」者，族，聚也。言君子法此同人，以類而聚也。「辨物」謂分辨事物，各同其黨，使自相同，不間雜也。

《周易程氏傳》曰：不云「火在天下」、「天下有火」，而云「天與火」者，天在上，火性炎上，火與天同，故為同人之義。君子觀《同人》之象，而「以類族辨物」，各以其類族，辨物之同異也。若君子小人之黨，善惡是非之理，物情之離合，事理之異同，凡異同者，君子能辨明之，故處物不失其方也。

《周易本義》曰：天在上，而火炎上，其性同也，類族辨物，所以審異而致同也。

《朱子語類》曰：類族，是就人上說。辨物，是就物上說。天下有不可皆同之理，故隨它頭項去分別。

注釋：

〈象〉說：天與火，同人。君子觀此卦象，以辨別宗族差異，明遠近之分。

天與火，同人：解釋《同人》卦卦象下卦為離象火，上卦為乾象天。與，《說

下編：〈大象〉六十四卦集解及注釋

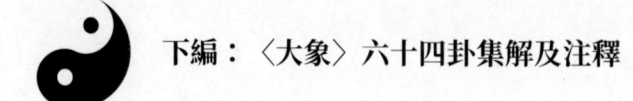

文》卷十四釋曰：「賜予也。一勺為與。此與與同。」又釋「與」曰：「黨與也。從舁從與，與聲。」《管子・霸言》「諸侯之所與也」之「與」，黎翔鳳釋為「親也」，[18] 即同黨親和之義。就物象而言，天在上，火性亦炎上，兩相親和，故孔穎達《周易正義》曰：「天體在上，火又炎上，取其性同，故云『天與火，同人』。」其說頗為中肯。另《周易集解》引《九家易》曰：「謂乾捨於離，同而為日，天日同明，以照於下。君子則之，上下同心，故曰『同人』。」荀爽曰：「乾捨於離，相與同居，故曰『同人』也。」二者皆以〈說卦〉「天地定位，山澤通氣，雷風相薄，水火不相射」、「帝出乎震，齊乎巽，相見乎離，致役乎坤。說言乎兌，戰乎乾，勞乎坎，成言乎艮」、「離也者，明也，萬物皆相見，南方之卦也」為據。以卦位而言，天與火相重，同居南方，亦為「同人」之義。宋代興起的《周易》象數學的分支流派——易圖學在論述《先天八卦圖》與《後天八卦圖》時，即以《同人》卦為主要依據。清人端木國瑚的《周易指》及清人沈紹勳的《周易示兒錄》等，論之頗詳。

類族辨物：類，分類；辨，辨別。「類」、「辨」二字，互文見義。族，聚也。物，名物。「類族辨物」者，告誡在位「君子」要分辨宗族差異，明遠近之分。故孔穎達《周易本義》曰：「類族辨物，所以審異而致同。」

按語：

《同人》卦卦辭曰：「同人於野，亨，利涉大川，利君子貞。」爻辭或曰「同人於門」，或曰「同人於宗」，或曰「伏戎於莽，升其高陵，三歲不興」，或曰「乘其墉，弗克攻」，或曰「同人，先號咷而後笑，大師克相遇」，或曰「同人於郊」。卦辭、爻辭皆圍繞同人之行來擬辭，更有艱難克敵、同族會師之喜，與「天與火，同人，君子以類族辨物」之旨契合，〈大象〉擬辭或有取於此。

辨別宗族差異，以明遠近之分，是先秦政治秩序建構的一個主要基點。《國語・晉語四》曰：「凡黃帝之子，二十五宗，其得姓者十四人為十二姓。姬、酉、

18　黎翔鳳：《管子校注》，中華書局，2004，第 471 頁。

祁．己、滕、箴、任、荀、僖、姞、儇、依是也。唯青陽與蒼林氏同於黃帝，故皆為姬姓。同德之難也如是。昔少典娶於有蟜氏，生黃帝、炎帝。黃帝以姬水成，炎帝以姜水成。成而異德，故黃帝為姬，炎帝為姜，二帝用師以相濟也，異德之故也。異姓則異德，異德則異類。異類雖近，男女相及，以生民也。同姓則同德，同德則同心，同心則同志。同志雖遠，男女不相及，畏黷敬也。黷則生怨，怨亂毓災，災毓滅姓。是故娶妻避其同姓，畏亂災也。故異德合姓，同德合義。義以導利，利以阜姓。姓利相更，成而不遷，乃能攝固，保其土房。」《國語》所闡述的「同姓則同德，同德則同心，同心則同志」、「異姓則異德，異德則異類」的思想，自殷商而流傳於後世。所謂「選建親戚，以蕃屏周」即是「類族」思想在政治秩序建構中的具體運用。由於先秦時，族徽是區別不同族群的重要標誌，因此象辭「君子以類族辨物」中所辨之物為族徽之可能性甚大。關於先秦時期的族徽研究，學界已取得不少研究成果。[19]

大有

卦象：䷍

〈象〉曰：火在天上，大有。君子以遏惡揚善，順天休命。

諸家集解：

《周易集解》引荀爽曰：謂夏，火王在天，萬物並生，故曰「大有」也。

《周易集解》引虞翻曰：遏，絕。揚，舉也。乾為揚善，坤為遏惡，為順。以乾滅坤，體《夬》。「揚於王庭」，故「遏惡揚善」。乾為「天休」，二變時巽為

---

19 相關研究成果有：王長豐：《殷周金文族徽研究》，上海古籍出版社，2015。雒有倉：《商周青銅器族徽文字綜合研究》，黃山書社，2017。

下編：〈大象〉六十四卦集解及注釋

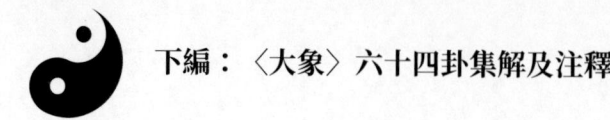

命，故「順天休命」。

《周易注》曰：「大有」，包容之象也。故遏惡揚善，成物之美，順夫天德，休物之命。

《周易正義》曰：「君子以遏惡揚善」者，「大有」包容之義，故君子象之，亦當包含遏匿其惡，褒揚其善，順奉天德，休美物之性命，巽順含容之義也。不云「天在火下」，而云「火在天上」者，天體高明，火性炎上，是照耀之物而在於天上，是光明之甚，無所不照，亦是包含之義，又為揚善之理也。

《周易程氏傳》曰：火高在天上，照見萬物之眾多，故為大有。大有，繁庶之義。君子觀《大有》之象，以遏絕眾惡，揚明善類，以奉順天休美之命。萬物眾多，則有善惡之殊，君子享大有之盛，當代天工，治養庶類。治眾之道，在遏惡揚善而已。惡懲善勸，所以順天命而安群生也。

《周易本義》曰：火在天上，所照者廣，為《大有》之象。所有既大，無以治之，則孽蘗萌於其間矣。天命有善而無惡，故遏惡揚善，所以順天。反之於身，亦若是而已矣。

《溫公易說》卷三曰：火在天上，明之至也，至明則善惡無所遺矣。善則舉之，惡則抑之，上之職也。明而能健，慶賞刑威得其當，然後能保有四方，所以「順天休命」也。

《誠齋易傳》卷四曰：天討有罪，吾遏之以天；天命有德，吾揚之以天，吾何與焉？此舜禹有天下而不與也，故曰「順天休命」。《同人》離在下，而權不敢專，故止於類而辨；《大有》離在上，而權由己出，故極於遏而揚。

注釋：

〈象〉說：火在天上，大有。君子觀此卦象，而思遏止邪惡，倡揚善行，順從「天」的意志而休美萬物的性命。

火在天上，大有：解釋《大有》卦卦象下卦為乾象天，上卦為離象火。「大有」之說，大體有二：或以離為火為日，有助萬物生長之用，如荀爽以「火王

在天，萬物並生」為「大有」之義。或以離為火為明，高懸於天，有遍照萬物之用，如程頤曰：「火高在天上，照見萬物之眾多，故為大有。」朱熹亦持此論。

遏惡揚善，順天休命：遏，遏止。揚，倡揚。休，有嘉美之義。休命，多指上天降命於王之命，是先秦早期的常用冊命辭。如《尚書·益稷》曰：「儆志以昭受上帝，天其申命用休。」此外，天子賜命諸侯、大臣之命，亦可稱「休命」。如《尚書·說命中》曰：「臣不命其承，疇敢不祗若王之休命。」《尚書·說命下》曰：「敢對揚天子之休命」。需要指出的是，「休命」指天命或王命時，有時二字連用，有時單言「休」字，其中又以單言「休」字較為常見。如《尚書》、出土的西周銅器銘文中常見的「對揚王休」之類的表述。孔穎達釋「休命」為「休美物之性命」，未免籠統。〈大象〉「火在天上，大有。君子以遏惡揚善，順天休命」的旨意在勸誡人君觀離日懸空，登之於天之象，而思身居顯位，亦當止惡揚善，以順承天命，延存國祚。故程頤曰：「萬物眾多，則有善惡之殊。君子享大有之盛，當代天工，治養庶類。治眾之道，在遏惡揚善而已。惡懲善勸，所以順天命而安群生也。」甚得〈大象〉之旨。

按語：

《大有》卦卦辭曰：「大有，元亨。」爻辭或曰「無交害，匪咎。艱則無咎」，或曰「大車以載，有攸往，無咎」，或曰「公用亨於天子，小人弗克」，或曰「匪其彭，無咎」，或曰「厥孚交如，威如」，或曰「自天佑之，吉無不利」。其中唯上九爻辭「自天佑之，吉無不利」或可與「遏惡揚善，順天休命」構成一定的因果關係。近世學者或以《中庸》「隱惡而揚善」為「遏惡揚善，順天休命」之源。筆者認為，二者雖有一定的關係，但源流實在難分。上天賞善而罰惡，是西周天命思想的核心主張，而人君當為善去惡，則是西周政教思想的一項重要內容。《尚書·湯誥》曰：「天道福善禍淫，降災於夏，以彰厥罪；肆台小子，將天命明威，不敢赦。」又曰：「凡我造邦，無以匪彝，無即慆淫。各守爾典，以承天休。」《尚書·伊訓》曰：「唯上帝不常，作善降之百祥，作不善降之百殃。爾唯

下編：〈大象〉六十四卦集解及注釋

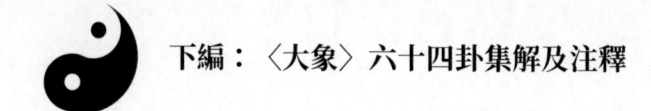

德罔小，萬邦唯慶；爾唯不德罔大，墜厥宗。」《國語‧周語中》曰：「《先王之令》有之曰：『天道賞善而罰淫，故凡我造國，無以匪彝，無即慆淫。各守爾典，以承天休。』」皆包含訓誡人君當為善去惡，以承天休之義。由此可知，〈大象〉「君子以遏惡揚善，順天休命」亦當是訓誡人君之言。故司馬光曰：「火在天上，明之至也。至明則善惡無所遺矣。善則舉之，惡則抑之，上之職也。明而能健，慶賞刑威得其當，然後能保有四方，所以『順天休命』也。」

謙

卦象：☷

〈象〉曰：地中有山，謙。君子以裒多益寡，稱物平施。

諸家集解：

《周易集解》引劉表曰：地中有山，以高下下，故曰「謙」。謙之為道，降己升人。山本地上，今居地中，亦降體之義，故為謙象也。

《周易集解》引虞翻曰：「君子」謂三。裒，取也。艮為多，坤為寡。乾為物，為施；坎為平，《謙》。乾盈益謙，故「以裒多益寡，稱物平施」。

《周易集解》引侯果曰：裒，聚也。〈象〉云「天道益謙」，則謙之大者，天益之以大福；謙之小者，天益之以小福。故君子則之，以大益施大德，以小益施小德，是「稱物平施」也。

《周易注》曰：多者用謙以為裒，少者用謙以為益，隨物而與，施不失平也。

《周易正義》曰：「裒多」者，君子若能用此謙道，則裒益其多，言多者得謙，物更裒聚，彌益多也，故云「裒多」。即「謙尊而光」也，是尊者得謙而光大也。「益寡」者，謂寡者得謙而更進益，即「謙卑而不可踰越」也。是卑者得謙而更增

益,不可踰越也。「稱物平施」者,稱此物之多少,均平而施,物之先多者而得其施也,物之先寡者而亦得其施也,故云「稱物平施」也。此《謙》卦之象以山為主,是於山為謙,於地為不謙,應言「山在地中」。今乃云「地中有山」者,意取多之與少皆得其益,似「地中有山」,以包取其物以與於人,故變其文也。「多者用謙以為裒」者,《爾雅‧釋詁》云:「裒,聚也。」於先多者,其物雖多,未得積聚,以謙故益其物,更多而積聚,故云「多者用謙以為裒」也「。「少者用謙以為益」者,其物先少,今既用謙而更增益,故云「用謙以為益」也。「隨物而與」者,多少俱與,隨多隨少,而皆與也。「施不失平」者,多者亦得施恩,少者亦得施恩,是「施不失平」也。言君子於下若有謙者,官之先高,則增之榮秩;位之先卑,亦加以爵祿,隨其官之高下,考其謙之多少,皆因其多少而施與之也。

《周易程氏傳》曰:地體卑下,山之高大而在地中,外卑下而內蘊高大之象,故為謙也。不云「山在地中」,而曰「地中有山」,言卑下之中蘊其崇高也。若言崇高蘊於卑下之中,則文理不順,諸象皆然,觀文可見。「君子以裒多益寡,稱物平施」,君子觀《謙》之象,山而在地下,是高者下之,卑者上之,見抑高舉下,損過益不及之義。以施於事,則裒取多者,增益寡者,稱物之多寡,以均其施與,使得其平也。

《周易本義》曰:以卑蘊高,謙之象也。裒多益寡,所以稱物之宜而平其施,損高增卑以趨於平,亦謙之意也。

《朱子語類》卷七十載:問:「裒多益寡,是損高就低使教恰好,不是一向低去?」曰:「大抵人多見得在己者高,在人者卑,謙則抑己之高,而卑以下人,便是平也。」

馮椅《厚齋易學》卷三十八《易外傳》第六曰:凡〈大象〉皆別立一意,使人知用《易》之理。「裒多益寡,稱物平施」,俾小大長短,各得其平,非君子謙德之象,乃君子治一世使謙之象也,〈象〉與六爻無此意。

下編：〈大象〉六十四卦集解及注釋

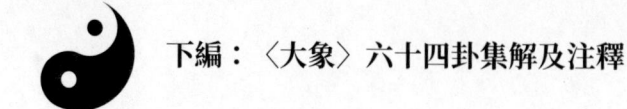

程廷祚《大易擇言》卷九引楊啟新曰：人之常情，自高之心常多，下人之心常寡，不裒而益之，則自處太高，處人太卑，而物我之間，不得其平。故抑其輕世傲物之心，而多者不使之多，增其謙卑遜順之意。而寡者不使之寡，多者裒之，則自視不見其有餘；寡者益之，則視人不見其不足。而物我之施，各得其平矣，茲其為君子之謙與。

注釋：

〈象〉說：高山蘊藏於大地之中，謙。君子觀此卦象，而悟知事物不可盈滿，故取多益寡，均平施物。

地中有山，謙：解釋《謙》卦卦象下卦為艮象山，上卦為坤象地。《周易集解》引劉表曰：「地中有山，以高下下，故曰『謙』。謙之為道，降己升人。山本地上，今居地中，亦降體之義，故為謙象也。」釋卦象、卦名之義，頗為恰當。

裒多益寡，稱物平施：今通行本「裒多益寡」之「裒」，為王弼所定。然陸德明《經典釋文》卷二稱：「鄭、荀、董、蜀才作『捊』，雲取也。字書作『掊』，《廣雅》云『掊減』。」《說文》卷十二釋「捊」曰：「捊，引取也。」《說文》卷八釋「裒」曰：「衣博裾。」故從字源來看，裒、捊二字音同義異，後世則二字通用，以「裒」為「捊」，以「取」為義。「稱」，指「權衡」。〈大象〉旨在訓誡在位「君子」觀《謙》卦「地中有山」之象，修身則以「謙」為本，治國理政則以損有餘補不足、施與均衡為本。程頤《周易程氏傳》稱：「山而在地下，是高者下之，卑者上之，見抑高舉下，損過益不及之義。以施於事，則裒取多者，增益寡者，稱物之多寡以均其施與，使得其平也。」即以為政之道釋之。

按語：

《謙》卦卦辭曰：「謙，亨，君子有終。」爻辭或曰「謙謙君子，用涉大川，吉」，或曰「鳴謙，貞吉」，或曰「勞謙，君子有終」，或曰「無不利，撝謙」，或曰「不富，以其鄰，利用侵伐，無不利」，或曰「鳴謙，利用行師，征邑國」。卦

辭、爻辭皆以「謙」德貫徹始終。〈大象〉「君子以裒多益寡，稱物平施」與卦辭、爻辭無涉。嚴靈峰以《論語》「不患寡而患不均」為「裒多益寡，稱物平施」之源。「均平」是周王室治國理政的核心思想之一，《國語・周語》中屢有提及。如《國語・周語上》載：「(惠王)十五年，有神降於莘。王問於內史過，曰：『是何故？固有之乎。』對曰：『有之。國之將興，其君齊明、衷正、精潔、惠和，其德足以昭其馨香，其惠足以同其民人。神饗而民聽，民神無怨，故明神降之，觀其政德而均布福焉。國之將亡，其君貪冒、辟邪、淫佚、荒怠、粗穢、暴虐；其政腥臊，馨香不登，其刑矯誣，百姓攜貳，明神不蠲而民有遠志，民神怨痛，無所依懷，故神亦往焉，觀其苛慝而降之禍。」《國語・周語上》又載：「禮所以觀忠、信、仁、義也。忠，所以分也；仁，所以行也；信，所以守也；義，所以節也。忠分則均，仁行則報，信守則固，義節則度。分均無怨，行報無匱，守固不偷，節度不攜。若民不怨而財不匱，令不偷而動不攜，其何事不濟！」《周語》中的兩段論述突出強調了惠澤均分的重要性，即在上位者若施與均衡，則民眾無怨，民眾無怨則國家財用就不會匱乏；若不能均分澤惠，必將招致民眾怨恨，最終危及自身。此外，《管子》一書對「均分」思想也多有創見。

豫

卦象：䷏

〈象〉曰：雷出地奮，豫。先王以作樂崇德，殷薦之上帝，以配祖考。

諸家集解：

《周易集解》引鄭玄曰：坤，順也。震，動也。順其性而動者，莫不得；得其所，故謂之豫。豫，喜逸說樂之貌也。

下編：〈大象〉六十四卦集解及注釋

《周易集解》引崔覲曰：震在坤上，故言「雷出地」。雷，陽氣，亦謂龍也。夏至後，陽氣極而一陰生。陰陽相擊，而成雷聲。雷聲之疾，有龍奮迅豫躍之象，故曰「奮豫」。

《周易集解》引鄭玄曰：奮，動也。雷動於地上，而萬物乃豫也。以者，取其喜佚動搖，猶人至樂，則手欲鼓之，足欲舞之也。崇，充也。殷，盛也。薦，進也。上帝，天帝也。王者功成作樂，以文得之者作「籥舞」，以武得之者作「萬舞」，各充其德而為制。祀天帝以配祖考者，使與天同饗其功也。故《孝經》云「昔者周公郊祀后稷以配天，宗祀文王於明堂，以配上帝」是也。

《周易正義》曰：案諸卦之象，或云「雲上於天」，或云「風行天上」，以類言之，今此應云「雷出地上」，乃云「雷出地奮，豫」者，雷是陽氣之聲，奮是震動之狀。雷既出地，震動萬物，被陽氣而生，各皆逸豫，故曰「雷出地奮，豫」也。「先王以作樂崇德」者，雷是鼓動，故先王法此鼓動而作樂，崇盛德業，樂以發揚盛德故也。「殷薦之上帝」者，用此殷盛之樂，薦祭上帝也，象雷出地而向天也。「以配祖考」者，謂以祖考配上帝。用祖用考，若周夏正郊天配靈威仰，以祖后稷配也；配祀明堂五方之帝，以考文王也，故云「以配祖考」也。

《周易程氏傳》曰：雷者，陽氣奮發，陰陽相薄而成聲也。陽始潛閉地中，及其動，則出地奮震也；始閉鬱，及奮發則通暢和豫，故為「豫」也。坤順震發，和順積中而發於聲，樂之象也。先王觀雷出地而奮，和暢發於聲之象，作聲樂以褒崇功德，其殷盛至於薦之上帝，推配之以祖考。殷，盛也。禮有殷奠，謂盛也，薦上帝，配祖考，盛之至也。

《周易本義》曰：雷出地奮，和之至也。先王作樂，既像其聲，又取其義。殷，盛也。

胡炳文《周易本義通釋》卷三曰：《周易本義》云「像其聲」者，樂之聲法雷之聲。「又取其義」者，豫以和為義，雷所以發揚化功，而鼓天地之和；樂所以發揚功德，而召神人之和也。

注釋：

〈象〉說：雷聲轟鳴，大地震動，催發萬物，豫。先王觀此卦象，製作音樂以讚美上帝和先祖的功德，以盛大的典禮奉獻給天帝，並讓祖先的神靈配享。

雷出地奮，豫：解釋《豫》卦卦象下卦為坤象地，上卦為震象雷。豫，鄭玄釋為：「喜逸說樂之貌也。」雷出於地，若以二十四節氣論，則當配以驚蟄，為春意萌動，萬物復甦之象。「雷出地奮，豫」，當指春雷轟鳴，大地震動，萬物復甦，有「喜逸說樂」之象。鄭玄曰：「奮，動也。雷動於地上，而萬物乃豫也。」當是據此立說。

先王以作樂崇德，殷薦之上帝，以配祖考：崇，推崇、褒揚。殷，盛也，《說文》卷八釋之曰：「作樂之盛稱殷。」薦，獻也。之，介詞，猶「之於」。上帝，猶言天帝，古人視為主宰萬物的至高無上之神。配，古代祭祀中的「配饗」禮，又稱合祭、袝祀，在此謂以祖先配饗上帝。祖考，祖先。雷出於地上，陽氣奮發，萬物欣欣向榮。而先秦時期的樂主要由歌、舞、器樂等組成，有鼓動人心的作用，與春雷能鼓動萬物有異曲同工之妙，故「君子以作樂崇德」之義正好與「雷出地奮」之象相契。故鄭玄曰：「以者，取其喜佚動搖，猶人至樂，則手欲鼓之，足欲舞之也。崇，充也。殷，盛也。薦，進也。上帝，天帝也。王者功成作樂，以文得之者作『籥舞』，以武得之者作『萬舞』，各充其德而為制。祀天帝以配祖考者，使與天同饗其功也。故《孝經》云『昔者周公郊祀后稷以配天，宗祀文王於明堂以配上帝』是也。」此言甚可取。

按語：

《豫》卦卦辭曰：「利建侯行師。」爻辭或曰「鳴豫，凶」，或曰「介於石，不終日，貞吉」，或曰「盱豫，悔，遲有悔」，或曰「由豫，大有得，勿疑，朋盍簪」，或曰「貞疾，恆不死」，或曰「冥豫，成有渝，無咎」。其中，卦辭「利建侯行師」，可與〈大象〉「先王以作樂崇德，殷薦之上帝，以配祖考」相通，而爻辭則與〈大象〉無涉。關於音樂的功用，《禮記·樂記》闡述道：「然後發以聲音，

下編：〈大象〉六十四卦集解及注釋

而文以琴瑟，動以干戚，飾以羽旄，從以簫管。奮至德之光，動四氣之和，以著萬物之理。」王者功成作樂，是先秦時期的一種典制，武王、周公等皆曾作樂贊述功德。如《左傳‧宣公十二年》載：武王克商。作《頌》曰：『載戢干戈，載櫜弓矢。我求懿德，肆於時夏，允王保之。』又作《武》，其卒章曰『耆定爾功』。其三曰：『鋪時繹思，我徂求定。』其六曰：『綏萬邦，屢豐年。』夫武，禁暴、戢兵、保大、定功、安民、和眾、豐財者也。故使子孫無忘其章。」《周頌‧清廟之什‧清廟》曰：「於穆清廟，肅雍顯相。濟濟多士，秉文之德。對越在天，駿奔走在廟。不顯不承、無射於人斯。」《儀禮經傳通解》卷二十七釋之曰：「清廟升歌者，歌先人之功烈德澤也。故欲其清也，其歌之呼也曰：『於穆清廟』，『於』者，嘆之也。『穆』者，敬之也。『清』者，欲其在位者遍聞之也。故周公升歌文王之功烈德澤，苟在廟中嘗見文王者，愀然如復見文王。」《史記‧封禪書》也說：「周公既相成王，郊祀后稷以配天，宗祀文王於明堂以配上帝」。由以上典籍可知，學者或以《論語》「慎終追遠，民德歸厚矣」為〈大象〉文辭之源，此說頗值得商榷。

隨

卦象： ䷐

〈象〉曰：澤中有雷，隨。君子以向晦入宴息。

諸家集解：

《周易集解》引《九家易》曰：兌澤震雷，八月之時。雷藏於澤，則天下隨時之象也。

《周易集解》引翟玄曰：晦者，冥也。雷者，陽氣，春夏用事。今在澤中，

秋冬時也。故君子象之，日出視事，其將晦冥，則退入宴寢而休息也。

《周易集解》引侯果曰：坤為晦，乾之上九來入坤初，「向晦」者也。坤初升兌，兌為休息，「入宴」者也。欲君民者，晦德息物，動說黎庶，則萬方歸隨也。

《周易正義》曰：〈說卦〉云：「動萬物者莫疾乎雷，撓萬物者莫疾乎風，躁萬物者莫乎火，說萬物者莫說乎澤。」故《注》云：「澤中有雷，動說之象也。」、「君子以鄉晦入宴息」者，明物皆說豫相隨，不勞明鑒，故君子象之。鄭玄云：「晦，宴也。猶人君既夕之後，入於宴寢而止息。」

《周易程氏傳》曰：雷震於澤中，澤隨震而動，為「隨」之象。君子觀象，以隨時而動。隨時之宜，萬事皆然，取其最明且近者言之。「君子以向晦入宴息」，君子晝則自強不息，及向昏晦，則入居於內，宴息以安其身。起居隨時，適其宜也。《禮》「君子晝不居內，夜不居外」，隨時之道也。

《周易本義》曰：雷藏澤中，隨時休息。

《朱子語類》卷七十曰：問：「程子云『澤隨雷動，君子當隨時宴息』，是否？」曰：「既曰雷動，何不言君子以動作，卻言『宴息』？蓋其卦震下兌上，乃雷入地中之象，雷隨時伏藏，故君子亦『向晦入宴息』。」

注釋：

〈象〉說：雷伏藏於澤中，隨。君子觀此卦象，當日出而作，日落而息。

澤中有雷，隨：解釋《隨》卦卦象下卦為震象雷，上卦為兌象澤。故《周易程氏傳》曰：「雷震於澤中，澤隨震而動，為『隨』之象。」

向晦入宴息：向晦，猶言向晚也。宴，安也，「宴息」即是休息。《隨》卦為「澤中有雷」之象，雷主動，而藏於澤中，則有藏而不動之象。故君子法澤中有雷，靜而不動之象，以「向晦入宴息」。隨，有「隨時」之義。故程頤曰：「君子晝則自強不息，及向昏晦，則入居於內，宴息以安其身。起居隨時，適其宜也。《禮》『君子晝不居內，夜不居外』，隨時之道也。」其說可從。

下編：〈大象〉六十四卦集解及注釋

按語：

《隨》卦卦辭曰：「隨，元亨利貞，無咎。」爻辭或曰「官有渝，貞吉。出門交有功」，或曰「繫丈夫，失小子，隨有求得，利居貞」，或曰「隨有獲，貞凶。有孚在道，以明，何咎」，或曰「孚於嘉，吉」，或曰「拘繫之，乃從維之。王用亨於西山」。卦辭、爻辭皆與「向晦入宴息」無涉。〈彖〉曰：「隨，剛來而下，柔動而說。隨，大亨貞，無咎，而天下隨時。隨時之義大矣哉！」此又據「雷動而說」立論，與〈大象〉訓誡君子法澤中有雷，靜而不動之象，「以向晦入宴息」之旨不合。故學者或以《論語》「食不語，寢不言」為「君子以向晦入宴息」之源，實不妥。

蠱

卦象：☶☴

〈象〉曰：山下有風，蠱。君子以振民育德。

諸家集解：

《周易集解》引何妥曰：山者高而靜，風者宣而疾，有似君處上而安靜，臣在下而行令也。

《周易集解》引虞翻曰：君子，謂泰乾也。坤為民，初上撫坤，故「振民」。乾稱德，體《大畜》，須養，故以「育德」也。

《周易正義》曰：必云「山下有風」者，風能搖動，散布潤澤。今「山下有風」，取君子能以恩澤下振於民，育養以德。振民，象「山下有風」；育德，象「山在上」也。

《周易程氏傳》曰：山下有風，風遇山而回，則物皆散亂，故為有事之象。

君子觀有事之象，以振濟於民，養育其德也。在己則養德，於天下則濟民。君子之所事，無大於此二者。

《周易本義》曰：山下有風，物壞而有事矣。而事莫大於二者，乃治己治人之道也。

胡瑗《周易口義》卷四曰：按《左傳》云：「在《周易》，女惑男，風落山，謂之《蠱》。言山之有材木，今為其風之所落，而在山之下也。夫風之為氣，能生物亦能落物，此即肅殺之風，故為蠱之象也。君子觀此之象，以拯救天下敗壞之事，振濟萬民之難，使皆得其所，而遂其性，又且養育己之德業，而加於天下，不使至於蠱敗也。

晏斯盛《易翼說》卷七引李舜臣曰：山下有風，則風落山之謂。山木摧落，蠱敗之象。飭蠱者，必須有以振起之。「振民」者，猶巽風之鼓為號令也。「育德」者，猶艮山之養成材力也。《易》中育德多取於山，故《蒙》亦曰「果行育德」。

程廷祚《大易擇言》卷十引李簡曰：山下有風，振物之象也。蠱之時，民德敗矣，敗而育之，必振動之，使離其故習，猶風之撓物，適所以養之也。

俞琰《周易集說》卷十一曰：《小畜》之風在天上，《觀》之風在地上，《渙》之風在水上，並無所阻，故皆言「行」。《蠱》之風則止於山下，為山所阻，而不能條達，故不言「行」而言「有」。

《周易折中》曰：諸家以「振民育德」，俱為治人之事，與傳義不同。考其文意，似為得之。蓋治己不應後於治人，而《蒙》之「果行育德」，亦施於蒙者之事也；若《漸》之「居賢德善俗」，為治己治人，則語次先後判然，且「居」與「育」亦有別。

注釋：

〈象〉說：山下面有風，蠱。君子觀此卦象，而接濟幫助百姓，培育自己的德行。

下編：〈大象〉六十四卦集解及注釋

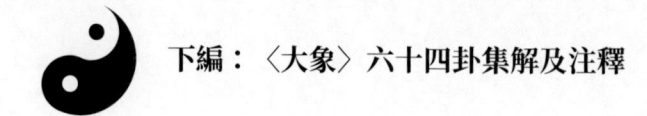

　　山下有風，蠱：解釋《蠱》卦卦象下卦為巽象風，上卦為艮象山。故《周易程氏傳》曰：「山下有風，風遇山而回，則物皆散亂，故為有事之象。」

　　蠱：《說文》釋曰：「腹中蟲也。《春秋傳》曰：『皿蟲為蠱，晦淫之所生也。』梟磔死之鬼亦為蠱。從蟲從皿。」段玉裁《說文解字注》釋曰：「晦淫，俗本作『淫溺』，誤，今依宋本正。《春秋傳》者，昭元年左氏傳文：醫和視晉侯疾曰：『是為近女室，疾如蠱，非鬼非食，惑以喪志。』天有六氣，淫生六疾。陰淫寒疾，陽淫熱疾，風淫末疾，雨淫腹疾，晦淫惑疾，明淫心疾。女，陽物而晦時。淫則生內熱、惑蠱之疾。於文『皿蟲為蠱』。穀之飛亦為蠱。在《周易》『女惑男，風落山，謂之蠱』，皆同物也。和言如蠱者，蠱以鬼物飲食害人。女色非有鬼物飲食也，而能惑害人，故曰如蠱。人受女毒，一如中蠱毒然，故〈繫辭〉謂之『蠱容』。張平子賦謂之『妖蠱』，謂之『蠱媚』。皆如蠱之說也。言於文『皿蟲為蠱』者，造字者謂蟲在皿中，而飤人，即以人為皿而蝕其中。康謂之蠱，米亦皿也。『女惑男，風落山』，男亦皿也，山亦皿也，故云皆同物也，此皆蠱之引申之義。」

　　振民育德：振，《說文》卷十二釋曰：「舉救也。從手辰聲。一曰奮也。」陸德明《經典釋文》卷二釋曰：「濟也。」因「山下有風，蠱」，有敗壞之義，故「君子」觀《蠱》卦之象，則防範之，必須振濟民眾，培育德行，努力救弊。故王弼《周易注》曰：「蠱者，有事而待能之時也，故君子以濟民養德也。」

按語：

　　《蠱》卦卦辭曰：「蠱，元亨，利涉大川。先甲三日，後甲三日。」爻辭或曰「幹父之蠱，有子考，無咎，厲，終吉」，或曰「幹母之蠱，不可貞」，或曰「幹父之蠱，小有悔，無大咎」，或曰「裕父之蠱，往見吝」，或曰「幹父之蠱，用譽」，或曰「不事王侯，高尚其事」。卦辭、爻辭皆與「振民育德」之旨無涉。嚴靈峰以《中庸》「不賞而民勸，不怒而民威於鈇鉞」為〈大象〉「振民育德」之源，實在牽強。此卦象辭旨在訓誡在位「君子」觀《蠱》卦有敗壞之象，而思防患未

然，努力救弊。故胡瑗《周易口義》卷四曰：「蠱，壞也。按《左傳・昭公元年》云：『皿蟲為蠱，穀之飛者亦為蠱。蓋言三蟲食一皿，有敗壞之象，故云皿蟲為蠱。又言穀之積久腐壞者，則變而為飛蟲，亦蠱敗之象，故云穀之飛者，亦為蠱。』夫物既蠱敗，則必當修飾之，故〈雜卦〉曰『蠱則飾也』是矣。以人事言之，則是風俗薄惡，教化陵遲，而不綱不紀也。方此之時，聖賢之人，必以仁義之道，施為而拯治之也。」斯言得之。

臨

卦象：䷒

〈象〉曰：澤上有地，臨。君子以教思無窮，容保民無疆。

諸家集解：

《周易集解》引荀爽曰：澤卑地高，高下相臨之象也。

《周易集解》引虞翻曰：「君子」謂二也。震為言，兌口講習。學以聚之，問以辯之。坤為思，剛浸長，故「以教思無窮」。容，寬也，二寬以居之，仁以行之。坤為容，為民，故「保民無疆」矣。

《周易正義》曰：「澤上有地」者，欲見地臨於澤，在上臨下之義，故云「澤上有地」也。「君子以教思無窮」者，君子於此《臨》卦之時，其下莫不喜悅和順，在上但須教化，思念無窮已也，欲使教恆不絕也。「容保民無疆」者，「容」謂容受也。保安其民，無有疆境，象地之闊遠，故云「無疆」也。

《周易程氏傳》曰：澤之上有地，澤岸也，水之際也。物之相臨與含容，無若水之在地，故「澤上有地」為《臨》也。君子觀親臨之象，則教思無窮；親臨於民，則有教導之意思也。無窮，至誠無斁也，觀含容之象，則有容保民之心。

下編：〈大象〉六十四卦集解及注釋

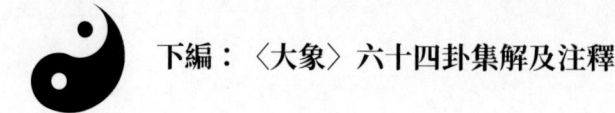

無疆，廣大無疆限也，含容有廣大之意，故為無窮無疆之義。

《周易本義》曰：地臨於澤，上臨下也，二者皆臨下之事。教之無窮者，兌也；容之無疆者，坤也。

胡炳文《周易本義通釋》卷三曰：不徒曰「教」，而曰「教思」，其意思如兌澤之深。不徒曰「保民」，而曰「容保民」，其度量如坤土之大。

俞琰《周易集說》卷四曰：《臨》有二義，以爻之陰陽言，則為大臨小；以象之地澤言，則為上臨下。

蔡清《易經蒙引》卷三下曰：教思，謂其一段教育成就人底意思也。教人以善謂之忠，味「忠」之一字，方見此之所謂「教思」者。又曰：勞之來之，匡之直之，輔之翼之，使自得之，又從而振德之，此可見君子教思之無窮。民吾同胞，以至鰥寡孤獨，皆吾兄弟之顛連而無告者也，必使皆樂其樂而利其利，可見君子之「容保民無疆」也。

《周易折中》案：臨者，大也。澤上有地，澤之盛滿，將與地平，大之義也。教思無窮，容保無疆，蓋言王澤之盛大，所以淪浹之深，而漸被之廣者。

注釋：

〈象〉說：地中含藏澤水，臨。君子觀此卦象，而思用周密的方式教化百姓，容納和保護百姓永無止境。

澤上有地，臨：解釋《臨》卦卦象下卦為兌象澤，上卦為坤象地。故荀爽曰：「澤卑地高，高下相臨之象也。」

教思無窮，容保民無疆：教，教化。思，思考、思慮。教思無窮，即用周密的方式教化民眾。容，《說文》卷七釋曰「盛也」，在此有包容、容納之義。保，《說文》卷八釋曰「養也」。「保民」即是養民也。「無窮」與「無疆」互文，為無極限、無止境之義。本卦象辭旨在訓誡在位「君子」觀地中含藏澤水之象，而思用周密的方式教民保民。故程頤謂：「物之相臨與含容，無若水之在地，故『澤上有地』為《臨》也。君子觀親臨之象，則教思無窮；親臨於民，則有教導之意

思也。無窮，至誠無斁也，觀含容之象，則有容保民之心。」

按語：

　　《臨》卦卦辭曰：「臨，元亨，利貞。至於八月，有凶。」爻辭或曰「咸臨，貞吉」，或曰「咸臨，吉，無不利」，或曰「甘臨，無攸利。既憂之，無咎」，或曰「至臨，無咎」，或曰「知臨，大君之宜，吉」，或曰「敦臨，吉無咎」。卦辭和爻辭皆以臨民之道為言，與〈大象〉「君子以教思無窮，容保民無疆」之言相通。學者或以《大學》「君子不出家而成教於國」為此卦象辭之源，筆者認為不妥。因為在先秦典籍中，容民保民是周王室的一項核心施政理念。《尚書‧大禹謨》載大禹之言曰：「於！帝念哉！德唯善政，政在養民。水、火、金、木、土、穀，唯修；正德、利用、厚生，唯和；九功唯敘，九敘唯歌。」《尚書‧盤庚中》曰：「古我前後，罔不唯民之承保。」《尚書‧康誥》曰：「嗚呼！封。汝念哉！今民將在祇遹乃文考，紹聞衣德言，往敷求於殷先哲王，用保乂民。汝丕遠唯商耇成人，宅心知訓。別求聞由古先哲王，用康保民，弘於天若。德裕乃身，不廢在王命。」《尚書‧秦誓》曰：「人之彥聖，其心好之，不啻若自其口出，是能容之。以保我子孫黎民，亦職有利哉。人之有技，冒疾以惡之；人之彥聖，而違之，俾不違，是不能容。以不能保我子孫黎民，亦曰殆哉。」《尚書‧梓材》曰：「欲至於萬年唯王，子子孫孫永保民。」而〈梓材〉則直接點明，王位傳承之根本就在於保民。由此可見，周王室的容民保民思想與《臨》卦「教思無窮，容保民無疆」的思想，是一脈相承的。

下編：〈大象〉六十四卦集解及注釋

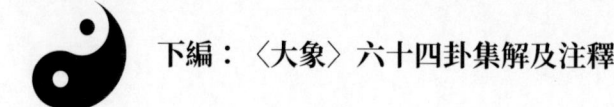

觀

卦象：☷

〈象〉曰：風行地上，觀。先王以省方觀民設教。

諸家集解：

《周易集解》引《九家易》曰：「先王」謂五。應天順民，受命之王也。風行地上，草木必偃，枯槁朽腐，獨不從風，謂應外之爻。天地氣絕，陰陽所去，象不化之民，五刑所加，故以省察四方，觀視民俗，而設其教也。言先王德化，光被四表，有不賓之民，不從法令，以五刑加之，以齊德教也。

《周易正義》曰：「風行地上」者，風主號令行於地上，猶如先王設教在於民上，故云「風行地上，觀」也。「先王以省方觀民設教」者，以省視萬方，觀看民之風俗，以設於教，非諸侯以下之所為，故云「先王」也。

《周易程氏傳》曰：風行地上，周及庶物，為遊歷周覽之象。故先王體之，為省方之禮，以觀民俗而設政教也。天子巡省四方，觀視民俗，設為政教，如奢則約之以儉，儉則示之以禮是也。省方，觀民也。設教，為民觀也。

李衡《周易義海撮要》卷二引劉牧曰：風行地上，無所不至。散采萬國之聲詩，省察其俗。有不同者，教之使同。

《誠齋易傳》卷六曰：風行地上，而無不周，故萬物日見。天王省天下，而無不至，故天下日見。聖人隨其地，觀其俗，因其情，設其教，此省方之本意也。

注釋：

〈象〉說：風吹行在大地之上，觀。先王觀此卦象，而巡視四方，觀察民風民俗，施行教化。

風行地上，觀：解釋《觀》卦卦象下卦為坤象地，上卦為巽象風。觀，察看。

無不遍及，觀之至也，可見《觀》之卦名與卦象渾然一體。楊萬里曰：「風行地上，而無不周，故萬物日見。」

省方：「省方」在〈大象傳〉中凡兩見，一為本卦象辭：「先王以省方觀民設教。」二為《復》卦象辭：「先王以至日閉關，商旅不行，后不省方。」其中，前者指「先王省方」，後者指「后不省方」。關於「省方」的意義，筆者在前文解釋《觀》卦象辭時已進行詳細釋讀，這裡就不再贅述了。

觀民設教：觀民，觀察民風民俗。設教，設立禮儀法度等教化百姓，令其既知生產，又知禮節法度。故楊萬里曰：「天王省天下，而無不至，故天下日見。聖人隨其地，觀其俗，因其情，設其教，此省方之本意也。」

按語：

《觀》卦卦辭曰：「觀盥而不薦，有孚顒若。」爻辭或曰「童觀，小人無咎，君子吝」，或曰「窺觀，利女貞」，或曰「觀我生，進退」，或曰「觀國之光，利用賓於王」，或曰「觀我生，君子無咎」，或曰「觀其生，君子無咎」。〈彖〉曰：「觀天之神道，而四時不忒。聖人以神道設教，而天下服矣。」不難看出，〈彖〉辭「神道設教」與〈大象〉「觀民設教」之旨更為貼近。故劉牧曰：「風行地上，無所不至。散採萬國之聲詩，省察其俗。有不同者，教之使同。」即是此意。

噬嗑

卦象：䷔

〈象〉曰：雷電，噬嗑。先王以明罰敕法。

諸家集解：

《周易集解》引宋衷曰：雷動而威，電照而明，二者合而其道章也。用刑之

下編：〈大象〉六十四卦集解及注釋

道，威明相兼。若威而不明，恐致淫濫；明而不威，不能伏物。故須雷電併合而「噬嗑」備。

《周易集解》引侯果曰：雷所以動物，電所以照物。雷電震照，則萬物不能懷邪。故先王則之，明罰敕法，以示萬物，欲萬方一心也。

《周易正義》曰：「雷電噬嗑」者，但《噬嗑》之象，其象在口。雷電非《噬嗑》之體，但「噬嗑」象外物，既有雷電之體，則雷電欲取「明罰敕法」，可畏之義，故連云「雷電」也。

《周易程氏傳》曰：象無倒置者，疑此文互也。「雷電」相須並見之物，亦有噬嗑懲罰之象，電明而雷威。先王觀「雷電」之象，法其明與威，以明其刑罰，飭其法令。法者，明事理而為之防者也。

《周易本義》曰：「雷電」當作「電雷」。

項安世《周易玩辭》卷五曰：陰陽相噬而有聲則為雷，有光則為電，二物因噬而嗑，故曰「雷電噬嗑」。

程廷祚《大易擇言》卷十二引徐幾曰：「明罰」者，所以示民而使之知所避；「敕法」者，所以防民而使之知所畏。此先王忠厚之意也，未至折獄致刑處，故與《豐》象異。

又引薛瑄曰：《噬嗑》、《賁》、《豐》、《旅》四卦論用刑，皆離火之用，以是見用法貴乎明。《噬嗑》、《豐》以火雷、雷火交互為體，用法貴乎威明並濟；《賁》、《旅》以山火、火山交互為體，用法貴乎明慎並用。

喬萊《易俟》卷十引張清子曰：蔡邕《熹平石經》本作「電雷」。

《易經蒙引》卷三下曰：先王以明罰敕法，此以立法言，故曰「先王」。若《豐》折獄致刑，以用法言，則曰君子矣。

注釋：

〈象〉說：雷電，噬嗑。先王觀此卦象，而宣明刑罰，並肅正法令。

雷電，噬嗑：解釋《噬嗑》卦卦象下卦為震象雷，上卦為離象電。「雷電」

二字,程頤認為「象無倒置者,疑此文互也」。《周易本義》曰:「當作『電雷』。」項安世《周易玩辭》卷五亦曰:「《石經》作『電雷』,晁公武氏曰,六十四卦大象無倒置者,當從《石經》。」諸說均可參考。

　　明罰敕法:明,作動詞用,有宣明、昭明之義。敕,《說文》卷三釋為「誡也」,段玉裁《說文解字注》釋曰:「誡也。言部曰『誡,敕也』,二字互訓。《小雅·毛傳》曰:『敕,固也』,此謂敕即飭之假借。飭,致堅也。後人用勑為敕。力部勑,勞也,洛代切。又或從力作勅。」陸德明《經典釋文》卷二曰:「鄭云:『勑,猶理也』,一云『整也』。」故易著當中,敕、勑、飭多通用。「先王以明罰敕法」旨在訓誡先王應效法《噬嗑》卦「雷電」光明之象,而嚴明刑罰,整頓法度。故《周易集解》引侯果曰:「雷所以動物,電所以照物,雷電震照則萬物不能懷邪。故先王則之,明罰敕法,以示萬物,欲萬方一心也。」其言頗可取。

按語:

　　《噬嗑》卦卦辭曰:「噬嗑,亨,利用獄。」爻辭或曰「屨校滅趾,無咎」、「噬膚滅鼻,無咎」,或曰「噬腊肉,遇毒,小吝無咎」,或曰「噬乾胏,得金矢,利艱貞,吉」,或曰「噬乾肉,得黃金,貞厲,無咎」,或曰「何校滅耳,凶」。卦辭和爻辭皆含有刑罰致獄之義,〈大象〉曰「明罰敕法」,與卦義相通。嚴靈峰先生以《論語》「謹權量,審法度」為象辭「明罰慎法」之源,當不可取。「噬嗑」有咬合之義,爻辭「噬膚」、「噬腊肉」、「噬乾肉」等,皆與此義相契,但與「明罰敕法」並無直接關係。「明罰敕法」本之於雷電交合之象,故宋衷指出:「雷動而威,電照而明,二者合而其道章也。用刑之道,威明相兼。若威而不明,恐致淫濫;明而不威,不能伏物。故須雷電併合而「噬嗑」備。」此亦可存一說。

下編：〈大象〉六十四卦集解及注釋

賁

卦象：☲

〈象〉曰：山下有火，賁。君子以明庶政，無敢折獄。

諸家集解：

《周易集解》引王廙曰：「山下有火」，文相照也。夫山之為體，層峰峻嶺，峭巇參差。直置其形，已如雕飾。復加火照，彌見文章，賁之象也。

《周易集解》引虞翻曰：「君子」謂乾。離為「明」，坤為「庶政」，故「明庶政」。坎為「獄」，三在獄得正，故「無敢折獄」。噬嗑四不正，故「利用獄」也。

《周易正義》曰：「山下有火，賁」者，欲見火上照山，有光明文飾也。又取山含火之光明，象君子內含文明，以理庶政，故云「山有火賁」也。「以明庶政」者，用此文章明達以治理庶政也。「無敢折獄」者，勿得直用果敢，折斷訟獄。

《周易程氏傳》曰：山者，草木百物之所聚生也。火在其下而上照，庶類皆被其光明，為賁飾之象也。君子觀山下有火，明照之象，以修明其庶政，成文明之治，而無敢果於「折獄」也。「折獄」者，人君之所致慎也，豈可恃其明而輕自用乎？乃聖人之用心也，為戒深矣。象之所取，唯以山下有火，明照庶物，以用明為戒。而《賁》亦自有「無敢折獄」之義，折獄者專用情實，有文飾則沒其情矣，故無敢用文以折獄也。

《周易本義》曰：「山下有火」，明不及遠。「明庶政」，事之小者；「折獄」，事之大者。內離明而外艮止，故取象如此。

《朱子語類》卷七十一曰：問：「明庶政，無敢折獄？」曰：「此與《旅》卦都說刑獄事，但爭艮與離之在內外，故其說相反。止在外，明在內，故明慎而不敢折獄。止在內，明在外，故明慎用刑而不敢留獄。

程廷祚《大易擇言》卷十二引蔡淵曰：有山之材，而照之以火，則光彩外著，《賁》之象也。「明庶政」，離，明象，政者治之具，所當文飾也。「無敢折獄」，

艮。止象,折獄貴乎情實,賁則文飾而沒其情矣。

又引何楷曰:《呂刑》曰:「非佞折獄,唯良折獄。」苟恃其明察,而深文巧詆緣飾以沒其情,民且有含冤矣。故言刻核者曰深文,言鍛鍊者曰文致,法曰文綱,弄法者曰舞文,治獄之多冤,未有不起於文者,此皆敢心誤之也。

注釋:

〈象〉說:山下有火,賁。君子觀此卦象,以明決眾多的政務,且不敢僅憑私意斷獄。

山下有火,賁:解釋《賁》卦卦象下卦為離象火,上卦為艮象山。需要指出的是,通行本《賁》卦卦名與《歸藏》本有別。尚秉和曰:「《歸藏》作熒惑。熒惑,火星。《史記》:察剛氣以處熒惑,曰南方火,主夏,曰丙丁是也。卦上艮為星,離亦為星;下離為火,艮亦為火。離主夏位南,艮納丙亦南,故曰熒惑,於象恰合。至《周易》作『賁』。」[20] 賁,〈序卦〉曰「飾也」。火在山下,而眾物皆顯,有賁飾山體之象,故程頤曰:「山者,草木百物之所聚生也。火在其下而上照,庶類皆被其光明,為賁飾之象也。」

明庶政,無敢折獄:庶,眾也。無敢折獄,不敢僅憑私意斷獄。《賁》卦「山下有火」,有山上庶物為火所照,無論小大皆現其形之象。故君子觀《賁》卦之象,當如火照萬物,明決庶政,不敢僅憑私意斷獄。故程頤曰:「君子觀山下有火,明照之象,以修明其庶政,成文明之治,而無敢果於『折獄』也。『折獄』者,人君之所致慎也,豈可恃其明而輕自用乎?乃聖人之用心也,為戒深矣」。「『折獄』者,專用情實,有文飾則沒其情矣,故無敢用文以折獄也」。

按語:

《賁》卦卦辭曰:「賁,亨,小利有攸往。」爻辭或曰「賁其趾,捨車而徒」,或曰「賁其鬚」,或曰「賁如濡如,永貞吉」,或曰「賁如皤如,白馬翰如。匪

20　尚秉和:《周易尚氏學》,中華書局,2016,第107—108頁。

寇，婚媾」，或曰「賁於丘園，束帛戔戔」，或曰「白賁，無咎」。〈彖〉曰：「觀乎天文，以察時變；觀乎人文，以化成天下。」不難看出，卦爻之旨與〈彖〉、〈象〉之旨並無直接關聯。嚴靈峰先生以《論語》「聽訟吾猶人也，必也使無訟乎」為本卦象辭之源，實不可取。「賁」若取「文飾」之義，則本卦象辭旨在訓誡「君子」應效法「山下有火」，萬物皆顯之象，而悟知在處理刑獄時，唯有去飾、去偽、去私意，方可得其情實，使刑獄無弊。

剝

卦象：䷖

〈象〉曰：山附於地，剝。上以厚下安宅。

諸家集解：

《周易集解》引陸績曰：艮為山，坤為地。山附於地，謂高附於卑，貴附於賤，君不能制臣也。

《周易集解》引虞翻曰：上，君也。宅，居也。山高絕於地，今附地者，明被剝矣，屬地時也。君當厚賜於下，賢當卑降於愚，然後得安其居。

《周易正義》曰：「山附於地，剝」者，山本高峻，今附於地，即是剝落之象，故云「山附於地，剝」也。「上以厚下安宅」者，剝之為義，從下而起，故在上之人，當須豐厚於下，安物之居，以防於剝也。

《周易程氏傳》曰：艮重於坤，「山附於地」也。山高起於地，而反附著於地，圮剝之象也。上，謂人君與居人上者，觀《剝》之象，而厚固其下，以安其居也。下者，上之本，未有基本固而能剝者也。故上之剝必自下，下剝則上危矣。為人上者，知理之如是，則安養人民，以厚其本，乃所以安其居也。《書》曰：

「民唯邦本，本固邦寧。」

李衡《周易義海撮要》卷三引劉牧曰：山以地為基，厚其地，則山保其高。君以民為本，厚其下，則君安於上。

司馬光《溫公易說》卷三曰：基薄則牆頹，下薄則上危，故君子厚其下者，所以自安其居也。

《朱子語類》卷七十一曰：唯其地厚，所以山安其居而不搖。人君厚下以得民，則其位亦安而不搖，猶所謂本固邦寧也。

注釋：

〈象〉說：山附在地上，剝。君上觀此卦象，而知安養人民以厚其本，方可安居天命也。

山附於地，剝：解釋《剝》卦卦象下卦為坤象地，上卦為艮象山。剝，《說文》卷四釋曰：「裂也。從刀從彔。彔，刻割也。」在此則以「剝落」為義。《剝》卦卦象一陽居上，而五陰居下，有以陰消陽之象，於陽而言，則被剝也，故虞翻曰：「山高絕於地，今附地者，明被剝矣。」

上以厚下安宅：上，君上。厚，厚待。下，下民、部下。安，安守。宅，宅居。本卦象辭旨在訓誡君上應觀《剝》卦有眾陰消陽之象，而悟知上以下為基之理，唯有安養人民以厚其本，方可安居天命。故孔穎達曰：「剝之為義，從下而起，故在上之人當須豐厚於下，安物之居，以防於剝也。」

按語：

《剝》卦卦辭曰：「剝，不利有攸往。」爻辭或曰「剝床以足，蔑，貞凶」，或曰「剝床以辨，蔑，貞凶」，或曰「剝之，無咎」，或曰「剝床以膚，凶」，或曰「貫魚以宮人寵，無不利」，或曰「碩果不食，君子得輿，小人剝廬」。六爻皆以床為言，敘說床自下至上被損壞之象，與「君子以厚下安宅」之旨相合。學者或以《論語》「寬則得眾」為「厚下安宅」之源，實誤矣。「厚下安宅」，應與周王

下編：〈大象〉六十四卦集解及注釋

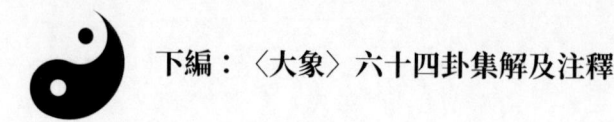

室「宅天命」的思想相互發明。如《逸周書・寶典解》曰：「四位，一曰定，二曰正，三曰靜，四曰敬。敬位丕哉，靜乃時非，正位不廢，定得安宅。」《尚書・康誥》曰：「亦唯助王宅天命，作新民。」《尚書・多方》曰：「爾乃不大宅天命，爾乃屑播天命。」《逸周書・祭公解》曰：「祭公拜手稽首曰：『天子，謀復疾，維不瘳，朕身尚在茲，朕魄在於天。昭王之所勖宅天命。』、『天子自三公上下辟於文武。文武之子孫，大開方封於下土。天之所錫，武王使，疆土丕維周之基。丕維后稷之受命，是永宅之。維我後嗣旁建宗子，丕維周之始並。』」由以上史籍可知，「安宅」的對象當是「天命」。「上以厚下安宅」旨在訓誡君上唯有厚待下民，方可延續國祚。

復

卦象：☷☳

〈象〉曰：雷在地中，復。先王以至日閉關，商旅不行，后不省方。

諸家集解：

《周易集解》引虞翻曰：「先王」謂乾初。至日，冬至之日。坤闔為「閉關」。巽為「商旅」，為近利市三倍。《姤》、《巽》伏初，故「商旅不行」。《姤》象曰：「后以施命誥四方。」今隱《復》下，故「后不省方」。《復》為陽始，《姤》則陰始。天地之始，陰陽之首。已言「先王」，又更言「后」。「后」，君也。六十四卦，唯此重耳。

《周易集解》引宋衷曰：商旅不行，自天子至公侯，不省四方之事，將以輔遂陽體，成致君道也。制之者，王者之事。奉之者，為君之業也。故上言「先王」而下言「后」也。

• 182

復

　　王弼《周易注》曰：方，事也。冬至，陰之復也。夏至，陽之復也。故為復則至於寂然大靜，先王則天地而行者也。動復則靜，行復則止，事復則無事也。

　　《周易正義》曰：「雷在地中，復」者，雷是動物，《復》卦以動息為主，故曰「雷在地中」。「先王以至日閉關」者，先王象此《復》卦，以二至之日閉塞其關，使商旅不行於道路也。「后不省方」者，方，事也。後不省視其方事也。以地掩閉於雷，故關門掩閉，商旅不行。君後掩閉於事，皆取「動息」之義。注「方事也」至「事復則無事也」，「方，事」者，恐「方」是四方境域，故以「方」為事也。言至日不但不可出行，亦不可省視事也。「冬至陰之復，夏至陽之復」者，復謂反本，靜為動本。冬至一陽生，是陽動用而陰復於靜也。夏至一陰生，是陰動用而陽復於靜也。「動復則靜，行復則止，事復則無事」者，動而反覆則歸靜，行而反覆則歸止，事而反覆則歸於無事也。

　　《周易程氏傳》曰：雷者，陰陽相薄而成聲，當陽之微，未能發也。「雷在地中」，陽始復之時也，陽始生於下而甚微，安靜而後能長。先王順天道，當至日陽之始生，安靜以養之，故閉關使商旅不得行，人君不省視四方。觀《復》之象而順天道也，在一人之身亦然，當安靜以養其陽也。

　　《周易本義》曰：安靜以養微陽也。〈月令〉：「是月齋戒掩身，以待陰陽之所定。」

　　楊名時《周易劄記》捲上引劉蛻曰：雷在地中，殷殷隆隆，陽來而復，復來而天下昭融矣。

　　《朱子語類》卷七十一載：問：「陽始生甚微，安靜而後能長，故《復》之〈象〉曰：『先王以至日閉關』，人善端之萌亦甚微，須莊敬持養，然後能大。不然覆亡之矣？」曰：「然。」

　　董楷《周易傳義附錄》卷五上載朱熹與門人對話曰：問：「純坤之月，可謂至靜。然昨日之靜，所以養成今日之動，故一陽之復，乃是純陰養得出來。在人，則主靜而後善端始復；在天地之化，則是終則有始，貞則有元也？」曰：「固

下編：〈大象〉六十四卦集解及注釋

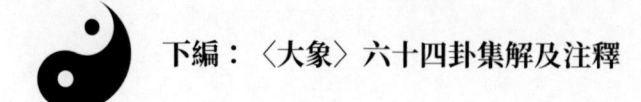

有此意，但不是此卦大義，〈大象〉所謂至日閉關者，正是於已動之後，要以安靜養之。」

程廷祚《大易擇言》卷十三引楊啟新曰：閉關，靜以養陽；施命，動以制陰。王者於《姤》、《復》，用意深矣。

注釋：

〈象〉說：雷在地中，復。先王法此卦象，在至日關閉關卡，商賈旅客不外出遠行，「后」也不巡狩方國或處理相關政事。

雷在地中，復：解釋《復》卦卦象下卦為震象雷，上卦為坤象地，即一陽居下，而五陰在上，有陽氣漸長，由微而盛之象，故謂之「復」。楊名時《周易劄記》引劉蛻曰：「雷在地中，殷殷隆隆，陽來而復，復來而天下昭融矣！」即是此義。

至日閉關：至日，尚秉和先生認為是兼指夏至、冬至。「至日則兼二至言也」，「蓋古最重二至」。[21] 但「十二消息卦」釋為「冬至日」。閉關，掩閉關闕。《白虎通義・誅伐》曰：「冬至所以休兵，不舉事，閉關，商旅不行何？此日陽氣微弱，王者承天理物，故率天下靜，不復行役，扶助微氣，成萬物也。」由此可知，此卦象辭旨在訓誡「先王」應效法《復》卦一陽居下而五陰在上之象，於冬至日陽氣復生之際，休息靜養，為進一步發積蓄力量。

商旅不行，后不省方：後，易學家多以「通天子諸侯」釋之。省方，此處為「省察政事」之義。《復》卦一陽在下，五陰在上，陽氣微弱，先王觀此象則興扶陽之意，「至日閉關，商旅不行，后不省方」皆是其行，故宋衷曰：「商旅不行，自天子至公侯不省四方之事，將以輔遂陽體，成致君之道也。制之者，王者之事；奉之者，為君之業也：故上言『先王』而下言『后』也。」

21　尚秉和：《周易尚氏學》，中華書局，2016，第 117 頁。

按語：

《復》卦卦辭曰：「復，亨。出入無疾，朋來無咎。反覆其道，七日來復。利有攸往。」爻辭或曰「不遠復，無祗悔」，或曰「休復」，或曰「頻復」，或曰「中行獨復」，或曰「敦復」，或曰「迷復，凶，有災眚。用行師，終有大敗。以其國君，凶，至於十年不克征」。不難看出，卦爻之旨皆與「至日閉關，商旅不行，后不省方」無關。《禮記·月令》載仲冬之月，「君子齋戒，處必掩身，身欲寧，去聲色，禁嗜慾，安形性，事欲靜，以待陰陽之所定。」劉保貞先生將其與「先王以至日閉關，商旅不行，后不省方」聯繫起來進行解讀，頗有可取之處。

無妄

卦象：☰

〈象〉曰：天下雷行物與，無妄。先王以茂對時，育萬物。

諸家集解：

《周易集解》引《九家易》曰：天下雷行，陽氣普遍，無物不與，故曰「物與」也。物受之以生，無有災妄，故曰「物與無妄」也。

《周易集解》引虞翻曰：「與」謂舉。妄，亡也。謂雷以動之，震為反生，萬物出震，「無妄」者也，故曰「物與無妄」。〈序卦〉曰：「《復》則不妄矣，故受之以《無妄》。」而京氏及俗儒以為大旱之卦，萬物皆死，無所復望，失之遠矣。有無妄然後可畜，不死明矣。若物皆死，將何畜聚，以此疑也。「先王以茂對時，育萬物」者，「先王」謂乾。乾盈為茂，艮為對時，體頤養象。萬物出震，故「以茂對時育萬物」。言物皆死，違此甚矣。

又引侯果曰：雷震天下，物不敢妄；威震驚洽，無物不與，故「先王以茂養

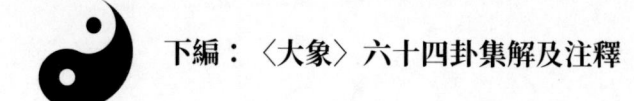

萬物」，乃對時而育矣。時泰，則威之以無妄；時否，則利之以嘉遯。是對時而化育也。

《周易正義》曰：「天下雷行」者，雷是威恐之聲。今天下雷行，震動萬物，物皆驚肅，無敢虛妄，故云「天下雷行」，物皆「無妄」也。茂，盛也。對，當也。言先王以此無妄盛事，當其無妄之時，育養萬物也。此唯王者其德乃耳，非諸侯已下所能，故不云「君子」，而言「先王」也。案：諸卦之象，直言兩象，即以卦名結之，若「雷在地中，復」。今《無妄》應云：「天下雷行，無妄。」今云「物與無妄」者，欲見萬物皆無妄，故加「物與」二字也。其餘諸卦，未必萬物皆與卦名同義，故直顯像，以卦結之。至如《復》卦，唯陽氣復，非是萬物皆復。舉《復》一卦，余可知矣。

《周易程氏傳》曰：雷行於天下，陰陽交和，相薄而成聲，於是驚蟄藏振，萌芽發生，萬物其所賦與，洪纖高下，各正其性命，無有差妄，「物與無妄」也。先王觀天下雷行，發生賦與之象，而以茂對天時，養育萬物，使各得其宜，如天與之無妄也。茂，盛也。「茂」、「對」之為言，猶盛行永言之比。「對時」，謂順合天時，天道生萬物，各正其性命而不妄。王者體天之道，養育人民，以至昆蟲草木，使各得其宜，乃對時育物之道也。

《周易本義》曰：天下雷行，震動發生，萬物各正其性命，是物物而與之以無妄也。先王法此以對時育物，因其所性而不為私焉。

《朱子語類》卷七十一載：或問：「物與無妄，眾說不同。」文蔚曰：「是『各正性命』之意？」先生曰：「然。一物與它個無妄。」

俞琰《周易集說》卷十二曰：天有是時，先王非能先後之也，對而循之耳。物有是生，先王非能損益之也，育而成之耳。《中庸》之所謂誠，即《易》之所謂無妄也。《中庸》云：「唯天下至誠為能盡其性，能盡其性則能盡人之性，能盡人之性則能盡物之性，能盡物之性則可以贊天地之化育，可以贊天地之化育則可以與天地參矣。」子思之說，蓋本於此。

蔡清《易經蒙引》卷四上曰:「物與無妄」者,萬物各正其性命也,「對時育物」者,因其所性而不為私,乃聖人盡物之性也。

注釋:

〈象〉說:天雷滾滾,萬物皆無所希望。先王觀此卦象,而以盛大的威勢配合天時,贊育萬物,使其免受災眚。

天下雷行,物與無妄:解釋《無妄》卦卦象下卦為震象雷,上卦為乾象天。與,虞翻釋為「舉」,在此則有皆、全之義。「妄」字有多種釋義,尚秉和先生總結說:「《釋文》云:『馬、鄭、王肅皆作望,謂無所希望也。』按:此訓最古。《史記·春申君傳》云:『世有毋望之福,又有毋望之禍;今君處毋望之世,事毋望之主。』是自戰國即讀為望。《歸藏》作毋亡。亡,古文『妄』之省。王陶廬云:『妄、望,同音相借。』《大戴禮·文王》篇:『故得望譽。』望譽即妄譽。史遷受《易》於楊何,固無誤也。又按:〈雜卦〉云:『無妄災也。』故《太玄》擬無妄為去。《漢書·谷永傳》:『遭無妄之卦運。』應劭云:『天必先雲而後雷,雷而後雨。今無雲而雷,無妄者無所望也。萬物無所望於天,災異之最大者也。』《後漢·崔篆傳》:『值無妄之世。』王充《論衡》:『《易》無妄之應,水旱之至。』蔡邕《鄧皇后諡議》:『消無妄之運。』舉兩漢之人,無作『虛妄』及『失亡』解者。無妄,猶《孟子》所謂不虞也。六爻爻辭皆不虞之事。又,無妄,災也,以艮火象失傳之故,皆莫知災之自來。而焦、京以無妄為大旱之卦(《易林》屢見,詳《焦氏易詁》),其故自荀、虞莫明矣。」[22] 由尚秉和之分析可知,以「無所希望」釋「無妄」較為妥當。

先王以茂對時,育萬物:茂,有勉、盛二義。陸德明《經典釋文》引馬融曰:「茂,勉也。」《爾雅·釋詁》亦曰:「茂,勉也。」孔穎達則曰:「茂,盛也。」對,配合。對時,指「順合天時」。此卦象辭旨在訓誡「先王」觀《無妄》「天下雷行」之象,而以盛大的威勢配合天時,贊育萬物,使其免受災眚。故王弼《周易注》

22　尚秉和:《周易尚氏學》,中華書局,2016,第121頁。

下編：〈大象〉六十四卦集解及注釋

曰：「對時育物，莫盛於斯也。」此言甚是。

按語：

《無妄》卦卦辭曰：「無妄，元亨，利貞。其匪正有眚，不利有攸往。」爻辭或曰「無妄，往吉」，或曰「不耕穫，不菑畬，則利有攸往」，或曰「無妄之災，或繫之牛，行人之得，邑人之災」，或曰「可貞，無咎」，或曰「無妄之疾，勿藥有喜」，或曰「無妄，行有眚，無攸利」。按：無妄，有「無有希望」、「無亡」、「無虛妄」、「不虞」四義。作「不虞」解時，常與「災眚」並言，而卦辭和爻辭皆為不虞之事。〈象〉辭「天下雷行，物與無妄。先王以茂對時，育萬物」之「無妄」，若以「無所希望」釋之，則當指「先王」見天雷滾滾，萬物生命遭遇威脅之象，而思努力振濟萬物，以顯其功；若以「無亡」釋之，結合「天下雷行」之象，則當指「先王」見雷有萌生萬物，助其生長之功，而思順應萬物萌發、孳生繁衍之機，贊育萬物，以顯其功。但結合《周易》卦爻辭中，「無妄」多指困境，故「無所希望」之義或許更加適合本卦象辭的語境。此外，劉保貞先生認為《無妄》卦象辭可與《禮記‧月令》中的季冬之月，「天子乃與公卿大夫共飭國典，論時令，以待來歲之宜」、「令告民出五種，命農計耦耕事，修耒耜，具田器」等處相互參看。但筆者認為，《禮記》中的相關論述與「天下雷行」之象缺乏必然聯繫，故存疑也。

大畜

卦象：☷

〈象〉曰：天在山中，大畜。君子以多識前言往行，以畜其德。

大畜

諸家集解：

《周易集解》引向秀曰：止莫若山，大莫若天，天在山中，大畜之象。天為大器，山則極止，能止大器，故名「大畜」也。

《周易集解》引虞翻曰：「君子」謂乾。乾為「言」，震為「行」，坎為「志」。「乾知大始」，震在乾前，故「識前言往行」。有頤養象，故「以畜其德」矣。

《周易正義》曰：「天在山中」者，欲取德積於身中，故云「天在山中」也。「君子以多識前言往行，以畜其德」者，君子則此「大畜」，物既「大畜」，德亦「大畜」，故多記識前代之言，往賢之行，使多聞多見，以畜積己德，故云「以畜其德」也。物之可畜於懷，令其道德不有棄散者，唯貯藏「前言往行」於懷，可以令德不散也。唯此而已，故云「盡於此也」。

《周易本義》曰：天在山中，不必實有是事，但以其象言之耳。

程廷祚《大易擇言》卷十四引楊時曰：君子多識前言往行，非徒資聞見而已，所以畜德也。畜德則所畜大矣，世之學者，誇多鬥靡以資見聞而已，亦烏用學為哉？

喬萊《易俟》卷八引邱富國曰：《大畜》言「畜德」，《小畜》言「懿文德」，「畜德」雖同，而「文德」則德之小者也。

注釋：

〈象〉說：天包藏在山中，大畜。君子法此卦象，應多記識前賢之嘉言懿行，以增長見聞，畜積自身的美德。

天在山中，大畜：解釋《大畜》卦卦象下卦為乾象天，上卦為艮象地。「天在山中」者，朱熹認為：「不必實有是事，但以其象言之耳。」畜，有畜積之義。向秀釋「大畜」卦名與卦象之關係曰：「止莫若山，大莫若天，天在山中，大畜之象。天為大器，山則極止，能止大器，故名『大畜』也。」其言頗可取。

多識前言往行，以畜其德：識，《說文》卷三釋曰：「常也。一曰知也。」《詩‧大雅‧瞻卬》「君子是識」，箋曰：「知也。」故「多識」即「多知」也。前言往行，

下編：〈大象〉六十四卦集解及注釋

指前賢之嘉言懿行。此卦象辭旨在訓誡「君子」觀《大畜》「天在山中」之象，而悟知應多記識前賢之嘉言懿行，以增長見聞，畜積自身的美德。故程頤《伊川易傳》卷二曰：「人之蘊蓄，由學而大，在多聞前古聖賢之言與行，考蹟以觀其用，察言以求其心，識而得之，以畜成其德。」

按語：

《大畜》卦卦辭曰：「大畜，利貞。不家食，吉。利涉大川。」爻辭或曰「有厲，利已」，或曰「輿說輹」，或曰「良馬逐，利艱貞。日閑輿衛，利有攸往」，或曰「童牛之牿，元吉」，或曰「豶豕之牙，吉」，或曰「何天之衢，亨」。不難看出，卦辭和爻辭之旨均與〈象〉辭無涉。〈彖〉曰：「大畜，剛健篤實，輝光日新，其德剛上而尚賢。能止健，大正也。『不家食，吉』，養賢也。『利涉大川』，應乎天也。」〈彖〉辭與「多識前言往行，以畜其德」或可相通。需要指出的是，「多識前言往行，以畜其德」的思想淵源甚早。如《尚書‧說命下》曰：「人求多聞，時唯建事。學於古訓，乃有獲。事不師古，以克永世，匪說攸聞。唯學遜志，務時敏，厥修乃來。允懷於茲，道積於厥躬。唯教學半，念終始典於學，厥德修罔覺。監於先王成憲，其永無愆。唯說式克欽承，旁招俊乂，列於庶位。」《說命下》中的「學於古訓，乃有獲，事不師古，以克永世，匪說攸聞」，與「多識前言往行」之意相通。作為王室政典，《尚書》諸篇訓誡之言，是以「學以為王」、「學以為君上」為重要目標的。《論語》所說的「多聞，擇其善者而從之，多見而識之」、「博學篤志」，也是以「學以成人」、「學以成君子」為目標的。「多識前言往行，以畜其德」，作為一種普遍性的為學思想，無論是作為王室之教，還是作為儒家成人之教，都有重要意義。若以其源論之，則出於周王室之教。

頤

卦象： ䷚

〈象〉曰：山下有雷，頤。君子以慎言語，節飲食。

諸家集解：

《周易集解》引劉表曰：山止於上，雷動於下，頤之象也。

《周易集解》引荀爽曰：雷為號令，今在山下閉藏，故「慎言語」。雷動於上，以陽食陰，艮以止之，故「節飲食」也。言出乎身，加乎民，故「慎言語」所以養人也。飲食不節，殘賊群生，故「節飲食」以養物。

《周易正義》曰：山止於上，雷動於下。《頤》之為用，下動上止，故曰「山下有雷，頤」。人之開發言語、咀嚼、飲食，皆動頤之事，故君子觀此《頤》象，以謹慎言語，裁節飲食。先儒云：「禍從口出，患從口入。」故於頤養而慎節也。

《周易程氏傳》曰：以二體言之，山下有雷，雷震於山下。山之生物，皆動其根荄，發其萌芽，為養之象。以上下之義言之，艮止而震動，上止下動，頤頷之象。以卦象言之，上下二陽，中含四陰，外實中虛，頤口之象。口所以養身也，故君子觀其象以養其身，「慎言語」以養其德，「節飲食」以養其體。不唯就口取養義，事之至近而所繫至大者，莫過於言語飲食也。在身為言語，於天下則凡命令政教，出於身者皆是，慎之則必當而無失。在身為飲食，於天下則凡貨資財用，養於人者皆是，節之則適宜而無傷。推養之道，養德養天下，莫不然也。

《周易本義》曰：君子慎言語，節飲食，二者養德養身之切務。

趙汝楳《周易輯聞》卷三曰：雷之聲為言語，山之養為飲食，言語飲食出入乎頤者也。

俞琰《周易集說》卷十二曰：頤乃口頰之象，故取其切於頤者言之，曰「慎言語，節飲食」。充此言語之類，則凡號令政教之出於己者，皆所當慎，而不可悖出。充此飲食之類，則凡貨財賦稅之入於上者，皆所當節，而不可悖入。

下編：〈大象〉六十四卦集解及注釋

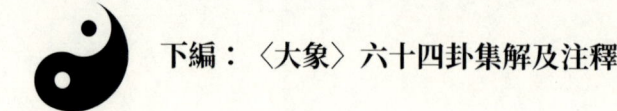

注釋：

〈象〉說：山下有雷，頤。君子法此卦象，而知應慎發言語以養德，節制飲食以養身。

山下有雷，頤：解釋《頤》卦卦象下卦為震象雷，上卦為艮象山。「頤」有二義，〈序卦〉釋為「養也」，而《周易集解》引鄭玄曰：「口車輔之名也。震動於下，艮止於上，口車動而上，因輔嚼物以養人，故謂之頤。」故程頤釋《頤》卦卦象與卦名之關係曰：「以二體言之，山下有雷，雷震於山下。山之生物，皆動其根荄，發其萌芽，為養之象。以上下之義言之，艮止而震動，上止下動，頤頷之象。以卦象言之，上下二陽，中含四陰，外實中虛，頤口之象。」

慎言語，節飲食：「慎」為謹慎，「節」為節制。以卦象言之，《頤》卦是上下二陽，中含四陰，外實中虛，為口之象。言語出乎口，飲食由口入，皆宜慎之，故〈大象〉曰：「君子以慎言語，節飲食。」即對於在位「君子」而言，應以慎言語修德，以節飲食養身。故程頤曰：「口所以養身也，故君子觀其象以養其身，『慎言語』以養其德，『節飲食』以養其體。不唯就口取養義，事之至近而所繫至大者，莫過於言語飲食也。在身為言語，於天下則凡命令政教，出於身者皆是，慎之則必當而無失。在身為飲食，於天下則凡貨資財用，養於人者皆是，節之則適宜而無傷。推養之道，養德養天下，莫不然也。」

按語：

《頤》卦卦辭曰：「頤，貞吉。觀頤，自求口實。」爻辭或曰「捨爾靈龜，觀我朵頤，凶」，或曰「顛頤，拂經。於丘頤，征凶」，或曰「拂頤，貞凶。十年勿用，無攸利」，或曰「顛頤，吉。虎視眈眈，其欲逐逐，無咎」，或曰「拂經，居貞吉，不可涉大川」，或曰「由頤，厲吉，利涉大川」。卦爻之辭，多言飲食之事，與〈象〉辭「慎言語，節飲食」或可相通，都是本乎卦象、卦名以繫辭。「慎言」是周王室的重要政教思想之一，《逸周書・寶典解》對其釋之甚詳：「何一本謀，謀有十散，不圍我哉。何慎非言，言有三信，信以生寶，寶以貴物，物周為

器。美好寶物無常，維其所貴信，無不行。行之以神，振之以寶，順之以事，明眾以備，改□以庸，庶格懷患。」《逸周書・小開解》曰：「余聞在昔，日明明非常維德，日為明貪無時。汝夜何修非躬，何慎非言，何擇非德。」《逸周書・大戒解》載周公之言曰：「於敢稱乃武考之言曰：微言入心，夙喻動眾，大乃不驕，行惠於小，小乃不懾。」除《逸周書》外，謹言慎行之道在先秦其他典籍之中也極為常見。如《論語》曰：「多聞闕疑，慎言其餘，則寡尤；多見闕殆，慎行其餘，則寡悔。言寡尤，行寡悔，祿在其中矣。」、「君子食無求飽，居無求安，敏於事而慎於言。」證之於先秦典籍，可知言行之道關乎君子立身識人，其重要性可用「一言興邦，一言喪邦」、「一言存身，一言滅身」等來概括。故《孔子家語・觀周》曰：「孔子之周，觀於太廟，右階之前，有金人焉。三緘其口，而銘其背曰：『古之慎言人也，戒之哉，戒之哉！無多言，多言多敗。』」.

大過

卦象：☱

〈象〉曰：澤滅木，大過。君子以獨立不懼，遯世無悶。

諸家集解：

《周易集解》引虞翻曰：「君子」謂乾初。陽伏巽中，體《復》一爻，潛龍之德，故稱「獨立不懼」。違則憂之，乾初同義，故「遯世無悶」也。

《周易正義》曰：「澤滅木」者，澤體處下，木體處上，澤無滅木之理。今云「澤滅木」者，乃是澤之甚極而至滅木，是極大過越之義。其《大過》之卦有二義也：一者物之自然，大相過越常分，即此「澤滅木」是也。二者大人大過越常分，以拯患難，則九二「枯楊生稊，老夫得其女妻」是也。「君子以獨立不懼，遯世

下編：〈大象〉六十四卦集解及注釋

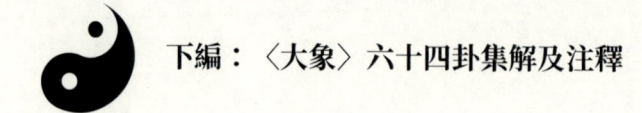

無悶」者，明君子於衰難之時，卓爾獨立，不有畏懼，隱遁於世而無憂悶，欲有遁難之心，其操不改。凡人遇此則不能，然唯君子獨能如此，是其過越之義。

《周易程氏傳》曰：澤，潤養於木者也，乃至滅沒於木，則過甚矣，故為「大過」。君子觀《大過》之象，以立其大過人之行。君子所以能大過人者，以其能獨立不懼，遁世無悶也。天下非之而不顧，獨立不懼也。舉世不見知而不悔，遁世無悶也。如此然後能自守，所以為大過人也。

《周易本義》曰：澤滅於木，大過之象也。不懼無悶，大過之行也。

晏斯盛《易翼說》卷七引李簡曰：君子進則大有為，「獨立不懼」可也。退而窮居，則堅貞不移，「遁世無悶」可也。皆大過之事。

注釋：

〈象〉說：澤水淹沒樹木，大過。君子效法此卦象，則獨立不移也無所畏懼，隱身遁世也不會苦悶。

澤滅木，大過：解釋《大過》卦卦象下卦為巽象木，上卦為兌象澤。澤本當在木之下，為其潤；今澤在木上，水淹沒木，是為大過，故以「大過」名此卦。孔穎達謂：「今云『澤滅木』者，乃是澤之甚極而至滅木，是極大過越之義。」即是本此立論。

獨立不懼，遁世無悶：遁，《說文》卷二釋之曰：「遷也。一曰逃也。從辵盾聲。」遁世，即是逃世、避世。故程頤曰：「君子觀《大過》之象，以立其大過人之行。君子所以能大過人者，以其能獨立不懼，遁世無悶也。天下非之而不顧，獨立不懼也。舉世不見知而不悔，遁世無悶也。」似亦可備一說。

按語：

《大過》卦卦辭曰：「大過，棟橈。利有攸往，亨。」爻辭或曰「藉用白茅，無咎」，或曰「枯楊生稊，老夫得其女妻，無不利」，或曰「棟橈，凶」，或曰「棟隆，吉。有它，吝」，或曰「枯楊生華，老婦得其士夫，無咎無譽」，或曰「過涉

滅頂,凶」。卦辭之「棟橈」,爻辭之「過涉滅頂」,皆有滅身之危,與〈大象〉「君子以獨立不懼,遯世無悶」之旨相合。〈彖〉曰:「《大過》之時,大矣哉。」故「君子」觀《大過》澤水淹沒樹木之象,而思應如孔穎達所指出的那樣,「大人大過越常分,以拯患難」。

坎

卦象:䷜

〈象〉曰:水洊至,習坎。君子以常德行,習教事。

諸家集解:

《周易集解》引陸績曰:洊,再。習,重也。水再至而溢,通流不捨晝夜,重習相隨以為常,有似於習。故君子象之,以常習教事,如水不息也。

《周易集解》引虞翻曰:「君子」謂乾。五在乾,稱大人;在坎,為君子。坎為習,為常。乾為德,震為行,巽為教令,坤為事,故「以常德行,習教事」也。

《周易正義》曰:重險懸絕,其水不以險之懸絕,水亦相仿而至,故謂為「習坎」也。以人之便習於「坎」,猶若水之洊至,水不以險為難也。言君子當法此,便習於坎,不以險難為困,當守德行,而習其政教之事。若能習其教事,則可便習於險也。

《周易程氏傳》曰:坎為水,水流仍洊而至。兩坎相習,水流仍洊之象也。水自涓滴,至於尋丈,至於江海,洊習而不驟者也。其因勢就下,信而有常,則常久其德。故君子觀坎水之象,取其有常,則常久其德行。人之德行不常,則偽也,故當如水之有常,取其洊習相受,則以習熟其教令之事。夫發政行教,必

下編：〈大象〉六十四卦集解及注釋

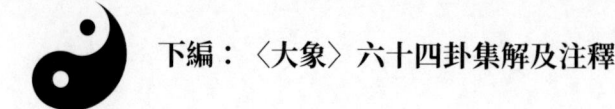

使民熟於聞聽，然後能從，故三令五申之。若驟告未喻，譴責其從，雖嚴刑以驅之，不能也，故當如水之洊習。

《周易本義》曰：治己治人，皆必重習，然後熟而安之。

司馬光《溫公易說》卷二曰：水之流也，習而不已，以成大川。人之學也，習而不止，以成大賢。故「君子以常德行，習教事」。

蘇軾《東坡易傳》卷三曰：事之待教而後能者，教事也。君子平居，常其德行，故遇險而不變。習其教事，故遇險而能應。

熊過《周易象旨決錄》卷二引陸佃曰：《離》言「明兩作」，《坎》言「水洊至」。起而上者，作也；趨而下者，至也。

王宗傳《童溪易傳》卷十三曰：坎者，水之科也。二坎相仍，習復之義也，故以「水洊至」為「習坎」之象。洊，亦重也，以謂上之坎既盈，則重至於下坎故也，此孟子所謂「盈科而後進也」。夫「盈科而後進」，不捨其晝夜之功也。故曰君子之德行貴乎有常，而教事貴於習熟。德行而有常，則其視屋漏暗室，無異於十目十手之地也。教事而習熟，則困而知學，而知其與生而知一也。勉強而行，利而行，其與「安而行」一也，此不捨晝夜之功也。

俞琰《周易集解》卷十二曰：常德行，謂德行有常而不改。習教事，謂教事練習而不輟。

注釋：

〈象〉說：水流重重而至，重坎。君子法此卦象，而悟知要恆久保持美德懿行，勤習政教事務。

水洊至，習坎：解釋《坎》卦卦象上下卦皆為坎象水，故曰「習坎」。通行本《坎》卦，在《歸藏》本中稱為「犖」，尚秉和先生釋之曰：「《歸藏》曰犖。李過曰：『犖者，勞也。以萬物勞於坎也。』黃宗炎曰：『物莫勞於牛，故從牛。』按《說文》：『犖，駁牛也。』坤為牛，陽入坤中，色不純，故曰犖。而牛為物之

最勞者,故取於駁牛。《周易》名坎,則取於陷險二義。」[23] 洊,《說文》卷十一釋為「水至也」。此處當通「薦」,為再、重之義。薦,《爾雅·釋言》釋為「再也」。《坎》云「水洊至」,《震》云「洊雷」,皆是以「重」為義。「水洊至」即是水流重重而至。習,重也,但有學者認為「習」當作「褶」。尚秉和先生指出:「上下坎,故曰習。羅汝懷云:習,當為『褶』。《禮記·玉藻》:『帛為褶。』注:『衣有表裡而無著也。』《急就篇》注:『褶,謂重衣。』皆重複之義。而褶,又假『襲』。《禮》:『裼襲。』《書》:『卜不襲吉。』故習,當作『襲』。〈彖〉曰『重險』,〈象〉曰『水洊至』,即釋『習坎』之義。自注有『便習』之說,後儒多從之。夫諳練於行事,此事理之常,豈有諳練於行險者哉?按:羅說是也。〈彖傳〉、〈象傳〉,皆有明釋。王注及《正義》詁為『便習』,此所以有野文之譏也。」[24] 以卦象而言,《坎》卦上下坎均為水之象,故程頤曰:「坎為水,水流仍洊而至。兩坎相習,水流仍洊之象也。」

常德行,習教事:常,恆常。習,習練、勤習。教事,指政教之事。此卦象辭旨在訓誡在位「君子」觀坎水有綿延不絕之象,而知唯有恆久保持美德懿行,並勤習政教事務,方可常保其位。故程頤謂:「其因勢就下,信而有常,則常久其德。故君子觀坎水之象,取其有常,則常久其德行。人之德行不常,則偽也,故當如水之有常,取其洊習相受,則以習熟其教令之事。」

按語:

《坎》卦卦辭曰:「習坎,有孚,維心,亨,行有尚。」爻辭或曰「習坎,入於坎窞,凶」,或曰「坎有險,求小得」,或曰「來之坎坎,險且枕。入於坎窞,勿用」,或曰「樽酒,簋貳,用缶,納約自牖,終無咎」,或曰「坎不盈,祗既平」,或曰「係用徽纆,寘於叢棘,三歲不得」。爻辭言涉險,卦辭則以「有孚,維心,亨,行有尚」來化解險難。而〈大象〉文辭則旨在訓誡「君子」觀坎水連

23　尚秉和:《周易尚氏學》,中華書局,2016,第138頁。
24　尚秉和:《周易尚氏學》,中華書局,2016,第138頁。

下編：〈大象〉六十四卦集解及注釋

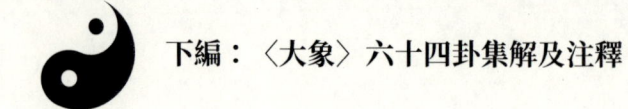

綿不絕之象，而思以常德行、習教事來常保其位。故若就取象繫辭而言，卦爻辭與象辭有明顯區別；若就君子而言，常德行、習教事實為化險之良方，故卦爻辭與象辭或可相通。需要指出的是，學者或以《論語》「為人謀而不忠乎？與朋友交而不信乎？傳不習乎？」為此卦象辭之源，實在牽強。

離

卦象：䷝

〈象〉曰：明兩作，離。大人以繼明照於四方。

諸家集解：

《周易集解》引虞翻曰：兩，謂日與月也。乾五之坤成坎，坤二之乾成離，離坎，日月之象，故「明兩作，離」。作，成也。日月在天，動成萬物，故稱「作」矣。或以日與火為明兩作也。「大人以繼明照於四方」者，陽氣稱大人，則乾五大人也。乾二五之光，繼日之明。坤為方，二五之坤。震東兌西，離南坎北，故曰「照於四方」。

《周易正義》曰：「明兩作，離」者，離為日，日為明。今有上下二體，故云「明兩作，離」也。案：八純之卦，論象不同，各因卦體事義，隨文而發。《乾》、《坤》不論上下之體，直總云「天行健」、「地勢坤」，以天地之大，故總稱上下二體也。雷是連續之至，水為流注不已，義皆取連續相因，故《震》云「洊雷」，《坎》云「水洊至」也。風是搖動相隨之物，故云「隨風巽」也。山澤各自為體，非相入之物，故云「兼山艮」、「麗澤兌」，是兩物各行也。今明之為體，前後各照，故云「明兩作，離」，是積聚兩明，乃作於《離》。若一明暫絕，其離未久，必取兩明前後相續，乃得作《離》卦之美，故云「大人以繼明照於四方」，

是繼續其明，乃照於四方。若明不繼續，則不得久為照臨，所以特云「明兩作，離」，取不絕之義也。

《周易程氏傳》曰：若云「兩明」，則是二明，不見「繼明」之義，故云「明兩」。明而重兩，謂相繼也。作離，明兩而為離，「繼明」之義也。震、巽之類，亦取洊、隨之義，然離之義尤重也。大人，以德言則聖人，以位言則王者。大人觀離明相繼之象，以世繼其明德，照臨於四方。大凡以明相繼，皆繼明也，舉其大者，故以世襲繼照言之。

朱鑒《朱文公易說》卷八曰：「明兩作，離」者，作，起也，如日然，今日出了，明日又出，是之謂「兩作」。蓋只是這個明兩番作，非明兩，乃兩作也，猶云「水洊至，習坎」。

晏斯盛《易翼說》卷七引徐在漢曰：「繼明」者，無時不明也。「照於四方」者，無處不照也。唯其無時不明，所以無處不照，是之謂明，明德於天下也。

注釋：

〈象〉說：光明前後相繼，離。大人觀此卦象，而知應繼承先王的明德，繼續用明德治理天下。

明兩作，離：解釋《離》卦卦象上下卦皆為離象明，故曰「明兩作，離」。兩，指上下卦皆為離。作，起也。孔穎達曰：「離為日，日為明。今有上下二體，故云『明兩作，離』也。」

大人以繼明照於四方：大人，程頤釋曰：「以德言則聖人，以位言則王者。」繼，有繼承、繼續之義。明，此處當指「明德」。本卦象辭旨在訓誡「大人」應效法《離》上下卦皆為離，有光明前後相繼之象，而知應繼承先王的明德，繼續用明德治理天下。故程頤曰：「大人觀離明相繼之象，以世繼其明德，照臨於四方。大凡以明相繼，皆繼明也，舉其大者，故以世襲繼照言之。」

下編：〈大象〉六十四卦集解及注釋

按語：

《離》卦卦辭曰：「離，利貞，亨。畜牝牛，吉。」爻辭或曰「履錯然，敬之，無咎」，或曰「黃離，元吉」，或曰「日昃之離，不鼓缶而歌，則大耋之嗟，凶」，或曰「突如其來如，焚如，死如，棄如」，或曰「出涕沱若，戚嗟若」，或曰「王用出征，有嘉，折首，獲匪其醜，無咎」。卦爻皆以「離」有「附麗」之義來擬辭，與〈大象〉「大人以繼明照於四方」之旨無關。但證之於近年出土的先秦文獻可知，秉受祖先之德是周王室政教思想的一個重要來源。如《牆盤》、《毛公鼎》、《大克鼎》、《師望鼎》等西周青銅器銘文中常見的「帥型祖考之德」、「帥秉明德」等，既表明了周王室重視王位傳承的合法性，也強調了後王應在繼承發揚祖考之德的基礎上，更加積極作為，以求國祚綿長。

咸

卦象：䷞

〈象〉曰：山上有澤，咸。君子以虛受人。

諸家集解：

《周易集解》引崔憬曰：山高而降，澤下而升。山澤通氣，《咸》之象也。

《周易集解》引虞翻曰：「君子」謂否乾。乾為「人」，坤為「虛」，謂坤虛三受上，故「以虛受人」。艮山在地下為謙，在澤下為虛。

《周易正義》曰：「山上有澤，咸」者，澤性下流，能潤於下；山體上承，能受其潤。以山感澤，所以為《咸》。「君子以虛受人」者，君子法此《咸》卦下山上澤，故能空虛其懷，不自有實；受納於物，無所棄遺。以此感人，莫不皆應。

《周易程氏傳》曰：澤性潤下，土性受潤。澤在山上，而其漸潤通徹，是二

物之氣相感通也。君子觀山澤通氣之象，而虛其中，以受於人。夫人，中虛則能受，實則不能入矣。虛中者，無我也。中無私主，則無感不通。以量而容之，擇合而受之，非聖人有感必通之道也。

《周易本義》曰：山上有澤，以虛而通也。

納蘭性德《合訂刪補大易集義粹言》卷三十五引呂大臨曰：澤居下而山居高，然山能出雲而致雨者，山內虛而澤氣通也。故君子居物之上，物情交感者，亦以虛受也。

郭雍《郭氏傳家易說》卷四曰：唯虛，故能受，受故能感。不能感者，以不能受故也。不能受者，以不能虛故也。

程廷祚《大易擇言》卷十七引陳琛曰：山上有澤，澤以潤而感乎山，山以虛而受其感，《咸》之象也。君子體之，則虛其心以受人之感焉！蓋心無私主，有感皆通。若有一毫私意自蔽，則先入者為主，而感應之機窒矣。雖有所受，未必其所當受，而所當受者，反以為不合而不之受矣。

晏斯盛《易翼說》卷八引何楷曰：六爻之中，一言思，三言志。思何可廢，而至於朋從，則非虛；志何可無，而末而外而隨人，則非虛。極而言之，天地以虛而感物，聖人以虛而感人心。三才之道，盡於是矣。

周玉章《御覽經史講義》卷六引吳曰慎曰：虛者，咸之貞也。天地之常，以其心普萬物而無心；聖人之常，以其情順萬物而無情者，虛而已。君子之學，廓然大公，物來順應，所謂「以虛受人」也。

注釋：

〈象〉說：山上有澤，咸。君子法此卦象，而悟知應以謙虛的態度接納他人。

山上有澤，咸：解釋《咸》卦卦象下卦為艮象山，上卦為兌象澤。咸，〈象〉曰「感也」。〈說卦〉曰「天地定位，山澤通氣」。以卦象而論，《咸》卦上澤下山，有二者交感之象，故鄭玄曰：「艮為山，兌為澤，山氣下，澤氣上。二氣通而相應，故曰『咸』也。」孔穎達曰：「澤性下流，能潤於下；山體上承，能受其潤。

下編：〈大象〉六十四卦集解及注釋

以山感澤，所以為《咸》。」二人均以山澤交感立論。

以虛受人：受，受納。本卦象辭旨在訓誡「君子」觀《咸》卦山澤通氣，有兩相交感之象，而知應以謙虛的態度接納他人。故孔穎達曰：「君子法此《咸》卦下山上澤，故能空虛其懷，不自有實；受納於物，無所棄遺。以此感人，莫不皆應。」

按語：

《咸》卦卦辭曰：「咸，亨，利貞。取女，吉。」爻辭或曰「咸其拇」，或曰「咸其腓，凶，居吉」，或曰「咸其股，執其隨，往吝」，或曰「貞吉，悔亡。憧憧往來，朋從爾思」，或曰「咸其脢，無悔」，或曰「咸其輔頰舌」。〈彖〉曰：「天地感，而萬物化生；聖人感人心，而天下和平。」卦辭、爻辭、彖辭、象辭雖皆以「咸」為「感」來擬辭，但它們的立論不同，其中，卦辭、爻辭講的是男女交感之道，彖辭講的是天地交感之道，象辭講的是君子待人處事之道。可見它們於交感之道，各有發明，切不可混為一談。需要指出的是，學者或謂《論語》「不恥下問」為本卦象辭「君子以虛受人」之源，實不可取。

恆

卦象：☳☴

〈象〉曰：雷風，恆。君子以立不易方。

諸家集解：

《周易集解》引宋衷曰：雷以動之，風以散之。二者常相薄，而為萬物用，故君子象之，以立身守節而不易道也。

《周易集解》引虞翻曰：「君子」謂乾三也。乾為易，為立。坤為方。乾初之

坤四,三正不動,故「立不易方」也。

《周易正義》曰:雷風相與為「恆」,已如〈象〉釋。君子立身得其恆久之道,故不改易其方。方,猶道也。

《周易程氏傳》曰:君子觀雷風相與成《恆》之象,以常久其德,自立於大中常久之道,而不易其方所也。

胡炳文《周易本義通釋》卷四曰:雷風雖變,而有不變者存。體雷風之變者,為我之不變者,善體雷風者也。

《周易折中》案:說此象者,用烈風雷雨弗迷;說《震》象者,用迅雷風烈必變,皆非也。「雷風」者,天地之變而不失其常也。「立不易方」者,君子之歷萬變而不失其常也。「洊雷」者,天地震動之氣也。「恐懼修省」者,君子震動之心也。

注釋:

〈象〉說:雷風相與,恆。君子觀此卦象,而知應確立自己不可動搖的處世原則及應事方式。

雷風,恆:解釋《恆》卦卦象上卦為震象雷,下卦為巽象風。〈彖〉曰:「恆,久也。剛上而柔下,雷風相與,巽而動,剛柔皆應,恆。」孔穎達《周易正義》釋卦象與卦名之關係曰:「『恆,久也』者,釋訓卦名也。恆之為名,以長久為義。『剛上而柔下』者,既訓恆為久,因明此卦得其恆名,所以釋可久之意,此就二體以釋恆也。震剛而巽柔,震則剛尊在上,巽則柔卑在下,得其順序,所以為恆也。『雷風相與』者,此就二象釋恆也,雷之與風,陰陽交感,二氣相與,更互而相成,故得恆久也。『巽而動』者,此就二卦之義因釋恆名。震動而巽順,無有違逆,所以可恆也。『剛柔皆應』者,此就六爻釋恆。此卦六爻,剛柔皆相應和,無孤媲者,故可長久也。恆者,歷就四義釋恆名訖,故更舉卦名以結之也。明上四事皆可久之道,故名此卦為恆。」其論可從。

立不易方:方,道也;此處則指原則、方法。本卦象辭旨在訓誡「君子」效

下編：〈大象〉六十四卦集解及注釋

法《恆》卦雷風相與之象，思「恆」有「恆久」之義，而知應確立自己不可動搖的處世原則及應事方式。故孔穎達曰：「君子立身，得其恆久之道，故不改易其方。方，猶道也。」

按語：

《恆》卦卦辭曰：「恆，亨，無咎，利貞，利有攸往。」爻辭或曰「浚恆，貞凶，無攸利」，或曰「悔亡」，或曰「不恆其德，或承之羞，貞吝」，或曰「田無禽」，或曰「恆其德」，或曰「振恆，凶」。卦爻辭分別從正反面指明了守「恆」之重要性，與〈象〉「雷風，恆。君子以立不易方」之旨相通。胡震在《周易衍義》卷八引徐幾之言曰：「恆有二義，有不易之恆，有不已之恆。『利貞』者，不易之恆也；『利有攸往』者，不已之恆也；合而言之，乃常道也，倚於一偏，則非道矣。」亦可備一說。學者或以《中庸》「君子素其位而行，不願乎其外」為本卦象辭之源，實不識卦名、卦辭、爻辭、象辭、彖辭之間的內在一致性。

遯

卦象：☶

〈象〉曰：天下有山，遯。君子以遠小人，不惡而嚴。

諸家集解：

《周易集解》引崔覲曰：天喻君子，山比小人。小人浸長，若山之侵天；君子遯避，若天之遠山，故言「天下有山，遯」也。

《周易集解》引虞翻曰：「君子」謂乾。乾為遠，為嚴。「小人」謂陰。坤為惡，為小人。故「以遠小人，不惡而嚴」也。

《周易集解》引侯果曰：群小浸盛，剛德殞削，故君子避之。高尚林野，但

矜嚴於外，亦不憎惡於內，所謂吾家耄遜於荒也。

《周易正義》曰：「天下有山，遯」者，山者陰類，進在天下，即是山勢欲上逼於天；天性高遠，不受於逼，是遯避之象，故曰「天下有山，遯」。積陽為天，積陰為地。山者，地之高峻，今上逼於天，是陰長之象。君子當此遯避之時，小人進長，理須遠避，力不能討，故不可為惡；復不可與之褻瀆，故曰「不惡而嚴」。

《周易程氏傳》曰：天下有山，山下起而乃止，天上進而相違，是遯避之象也。君子觀其象，以避遠乎小人。遠小人之道，若以惡聲厲色，適足以致其怨忿，唯在乎矜莊威嚴，使知敬畏，則自然遠矣。

《周易本義》曰：天體無窮，山高有限，遯之象也。「嚴」者，君子自守之常，而小人自不能近也。

李衡《周易義海撮要》卷四引石介曰：「不惡而嚴」者，外順而內正也。尚惡則小人憎，不嚴則正道消。

沈起元《周易孔義集說》卷十七引張子曰：「遠小人不惡而嚴」之「惡」，讀為「憎惡」之「惡」。「遠小人」不可示以惡也，惡則患及之，又焉能遠？「嚴」之為言，敬小人而遠之之意也。

方聞一《大易粹言》卷三十三引楊時曰：天下有山，其藏疾也無所拒，然亦終莫之陵也，此君子遠小人不惡而嚴之象也。

郭雍《郭氏傳家易說》卷四曰：君子當遯避之時，畏小人之害道，志在遠之而已。雖山林江海為遠害之地，然亦有以道遠之者。遠之之道何如？不惡其人，而嚴其分是也。孔子曰：「人而不仁，疾之已甚，亂也。」疾之則惡也，不惡則不疾矣。

俞琰《周易集說》卷十二曰：君子觀象以遠小人，豈有它哉！不過危行言遜而已。遜其言則不惡，不使之怨也；危其行則有不可犯之嚴，不使之不遜也。此「君子遠小人」之道也。

下編：〈大象〉六十四卦集解及注釋

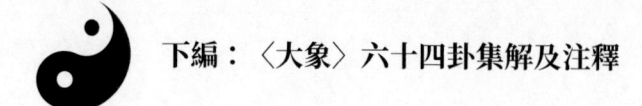

《周易折中》案：「天下有山」者，以山喻小人，以天喻君子，似未切。蓋「天下有山」，山之高峻，極於天也。山之高峻者，未嘗絕人，而自不可攀躋，故有「不惡而嚴」之象。

注釋：

〈象〉說：天下有山，遯。君子觀此卦象，而知應儼然矜莊，以遠避小人。

天下有山，遯：解釋《遯》卦卦象上卦為乾象天，下卦為艮象山。故崔覲說：「天喻君子，山比小人。小人浸長，若山之侵天；君子遯避，若天之遠山。」尚秉和先生則從「明之藏」為遯的角度，釋卦象、卦名之關係曰：「凡卦，皆合上下卦以立名。乾健艮止，皆無退義，然而遯者，以乾與艮先後天皆居西北也。西北者，幽潛無用之地，《太玄》謂曰冥。冥者，明之藏也，故曰遯。」[25]

遠小人，不惡而嚴：惡，憎惡。嚴，猶謂「威嚴」，有凜然不可侵犯之義。故俞琰曰：「君子觀象以遠小人，豈有它哉！不過危行言遜而已。遜其言則不惡，不使之怨也；危其行則有不可犯之嚴，不使之不遜也。此『君子遠小人』之道也。」其言可從。

按語：

《遯》卦卦辭曰：「遯，亨，小利貞。」爻辭或曰「遯尾，厲，勿用有攸往」，或曰「執之用黃牛之革，莫之勝說」，或曰「系遯，有疾厲。畜臣妾，吉」，或曰「好遯，君子吉，小人否」，或曰「嘉遯，貞吉」，或曰「肥遯，無不利」。不難看出，卦辭和爻辭皆以遯為吉。〈象〉辭則旨在訓誡「君子」在小人當道之時，既要明遯之吉，又要明遯之道。故孔穎達曰：「君子當此遯避之時，小人進長，理須遠避，力不能討，故不可為惡；復不可與之褻瀆，故曰『不惡而嚴』。」學者或以《論語》「匿怨而友其人，左丘明恥之，丘亦恥之」為本卦象辭之源，此說實不可從。

25　尚秉和：《周易尚氏學》，中華書局，2016，第 157 頁。

大壯

卦象：☰

〈象〉曰：雷在天上，大壯。君子以非禮弗履。

諸家集解：

《周易集解》引崔覲曰：乾下震上，故曰「雷在天上」。一曰：雷，陽氣也。陽至於上卦，能助於天威，《大壯》之象也。

《周易集解》引陸績曰：天尊雷卑，君子見卑乘尊，終必消除，故象以為戒，非禮不履。

《周易注》曰：剛以動也，壯而違禮則凶，凶則失壯也，故君子以大壯而順禮也。

《周易正義》曰：震雷為威動，乾天主剛健，雷在天上，是「剛以動」，所以為《大壯》。盛極之時，好生驕溢，故於《大壯》，誡以非禮勿履也。

《周易程氏傳》曰：雷震於天上，大而壯也。君子觀《大壯》之象，以行其壯。君子之大壯者，莫若克己復禮。古人云「自勝之謂強」，《中庸》於「和而不流，中立而不倚」，皆曰「強哉矯」。赴湯火，蹈白刃，武夫之勇可能也；至於克己復禮，則非君子之大壯不可能也。故云「君子以非禮弗履」。

《周易本義》曰：自勝曰強。

朱鑒《朱文公易說》卷八引朱熹云：雷在天上，是甚威嚴。人之克己，能如雷在天上，則威嚴果決以去其惡，而必為於善。若半上落下，則不濟事，何以為君子？須是如雷在天上，方能克去非禮。

注釋：

〈象〉說：雷在天上，大壯。君子觀此卦象，而知應嚴格要求自己，不去做非分之事。

下編：〈大象〉六十四卦集解及注釋

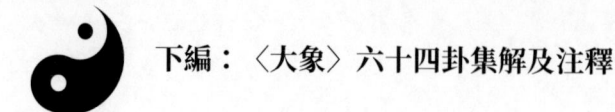

雷在天上，大壯：解釋《大壯》卦卦象下卦為乾象天，上卦為震象雷。虞翻以「壯」為「傷」，釋卦象與卦名之關係曰：「陽息，《泰》也。壯，傷也。大，謂四失位，為陰所乘。《兌》為毀折傷，與五易位乃得正，故『利貞』也。」侯果以「壯」為「強壯」，釋卦象與卦名之關係曰：「此卦本《坤》。陰柔消弱，剛大長壯，故曰『大壯』也。剛以動，故壯。」荀爽亦持此說，曰：「乾剛震動，陽從下升，陽氣大動，故壯也。」

非禮弗履：履，踐履。震，為雷，為威。《大壯》震雷居於乾天之上，有凜然不可侵犯，犯之必為其所傷之象，故「君子」觀得此象，應嚴格要求自己，不去做非分之事。孔穎達則以乾為健，震為動，大壯為強壯，認為此卦象辭旨在告誡「君子」於強盛之時，必須守正履禮，善保其「壯」。

按語：

《大壯》卦卦辭曰：「大壯，利貞。」爻辭或曰「壯於趾，征凶，有孚」，或曰「小人用壯，君子用罔，貞厲。羝羊觸藩，羸其角」，或曰「藩決不羸，壯於大輿之輹」。卦辭、爻辭之「壯」，有「傷」、「強壯」二義，而以「傷」義為主。〈彖〉曰：「大壯，大者壯也。剛以動，故壯。大壯利貞，大者正也。正大而天地之情可見矣。」故知〈彖〉辭之「大壯」，亦以「強壯」為義。〈象〉辭旨在訓誡君子觀震雷居於乾天之上，有凜然不可侵犯，犯之必為其所傷之象，君子觀此而知「非禮弗履」，此與《大壯》上六爻辭「羝羊觸藩，不能退，不能遂」之意可通。學者或謂《論語》「非禮勿禮，非禮勿聽，非禮勿言，非禮勿動」為此卦象辭之源，亦當慎從。史書記載，周公將遠古至殷商的禮樂加以改造和發展，形成了系統化的典章制度和行為規範。孔子之前，宗周禮樂制度已經運行了幾百年，而「非禮弗履」的思想在其中發揮了重要的作用。學者或以《論語》「四非」之言為「非禮弗履」之源，當是於宗周禮樂制度暢行幾百年之由未及深思之言。

晉

卦象：☷

〈象〉曰：明出地上，晉。君子以自昭明德。

諸家集解：

《周易集解》引鄭玄曰：地雖生萬物，日出於上，其功乃著。故君子法之，而「以明自昭其德」。

《周易集解》引虞翻曰：「君子」謂觀乾。乾為德，坤為自，離為明。乾五動，以離日自照，故「以自昭明德」也。

《周易正義》曰：「自昭明德」者，「昭」亦「明」也，謂自顯明其德也。周氏等以「照」為自照己身。《老子》曰：「自知者明。」用明以自照為明德。案：王《注》此云：「以順著明，自顯之道。」又此卦與《明夷》正反。《明夷·象》云：「君子以莅眾，用晦而明。」王注彼云：「君子以莅眾，莅眾顯明，蔽偽百姓者也，故以《蒙》養正，以《明夷》莅眾矣。用晦而明，藏明於內，乃得明也；顯明於外，乃所避也。」準此二注，明王之《注》意以此為自顯明德。

《周易程氏傳》曰：「昭」，明之也。《傳》曰：「昭德塞違，昭其度也。」君子觀明出地上而益明盛之象，而以自昭其明德。去蔽致知，昭明德於己也；明明德於天下，昭明德於外也。明明德在己，故云「自昭」。

胡炳文《周易本義通釋》卷四曰：至健莫如天，君子以之「自強」。至明莫如日，君子以之「自昭」。

俞琰《周易集說》卷十二曰：明德，君子固有之德也。自昭者，自有此德而自明之也。人德本明，人欲蔽之，不能不少昏昧。其本然之明，固未嘗息。知所以自明，則本然之明，如日之出地，而其昭著初無增損也。

下編：〈大象〉六十四卦集解及注釋

注釋：

〈象〉說：光明出現在地上，晉。君子觀此卦象，而知應不斷加強道德修養，昭著美德。

明出地上，晉：釋《晉》卦卦象下卦為坤象地，上卦為離象明。故《周易集解纂疏》釋本卦卦象曰：「日出於地，進於天以照地，故曰『明出地上』。」

自昭明德：昭，明也，作動詞，猶言「昭著」。明德，光輝的道德。此卦象辭旨在訓誡「君子」要效法《晉》象，不斷加強道德修養，昭著美德。故《周易程氏傳》曰：「君子觀明出地上而益明盛之象，而以自昭其明德。去蔽致知，昭明德於己也；明明德於天下，昭明德於外也。」

按語：

在先秦時期，「明德」是一個十分重要的概念，趙成傑在《「明德」小考》一文中，以先秦時期的傳世文獻與出土文獻為參考，對「明德」的來源及其流變進行了詳細的考察。[26] 筆者在前文解釋《晉》卦象辭時，也作了詳細考察，在此就不再贅述了。

需要指出的是，《大學》曰：「大學之道，在明明德，在新民，在止於至善。」、「古之欲明明德於天下者，先治其國。」其中，「古之」一詞就表明了「明德」的時代性。而《大學》提出的「明明德」、「親民」、「止於至善」，均是對統治者而言的。也唯有統治者，才有「親民」、「明明德」的資格。這也從一個側面證明了，先秦時期的「君子」指的是有位或在位的統治者。

26　趙成傑：《「明德」小考》，《寧夏大學學報》2014 年第 9 期。

明夷

卦象：䷣

〈象〉曰：明入地中，明夷。君子以莅眾，用晦而明。

諸家集解：

《周易集解》引虞翻曰：而，如也。「君子」謂三。體《師》象，以坎莅坤。坤為眾，為晦；離為明，故「用晦如明」也。

王弼《周易注》曰：君子以莅眾，莅眾顯明，蔽偽百姓者也，故以《蒙》養正，以《明夷》莅眾矣。用晦而明，藏明於內，乃得明也；顯明於外，乃所避也。

《周易正義》曰：莅眾顯明，蔽偽百姓者也。所以君子能用此「明夷」之道，以臨於眾，冕旒垂目，黈纊塞耳，無為清靜，民化不欺。若運其聰明，顯其智慧，民即逃其密網，奸詐愈生，豈非藏明用晦，反得其明也？故曰「君子以莅眾，用晦而明」也。

《周易程氏傳》曰：明所以照，君子無所不照。然用明之過，則傷於察，太察則盡事而無含弘之度。故君子觀「明入地中」之象，於莅眾也，不極其明察而用晦，然後能容物和眾，眾親而安，是用晦乃所以為明也。若自任其明，無所不察，則己不勝其忿疾，而無寬厚含容之德，人情睽疑而不安，失莅眾之道，適所以為不明也。古之聖人設前旒屏樹者，不欲明之盡乎隱也。

林希元《易經存疑》卷五曰：「用晦而明」，不是以晦為明，亦不是晦其明。蓋雖明而用晦，雖用晦而明也。「用晦而明」，只是不盡用其明。蓋盡用其明，則傷於太察，而無含弘之道，唯明而用晦，則既不汶汶而暗，亦不察察而明。雖無所不照，而有不盡照者，此古先帝王所以莅眾之術也。

注釋：

〈象〉說：光明隱入地中，明夷。君子應法此卦象，而知在治理民眾時，應。

下編：〈大象〉六十四卦集解及注釋

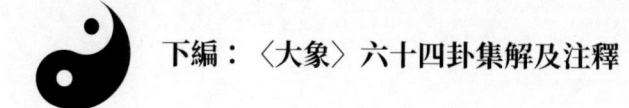

　　明入地中，明夷：解釋《明夷》卦象下卦為離象明，上卦為坤象地。夷者，傷也，明夷，即光明受傷，卦象日入地中，即明夷之象，《周易集解》引鄭玄曰：「日出地上，其明乃光；至其入地，明則傷矣，故謂之『明夷』。」此言可從。

　　君子以莅眾，用晦而明：莅，《說文》卷十釋曰「臨也」，其意如「刁莅事三年」（《韓非子・十過》）、「楚莊王莅政三年」（《韓非子・喻老》）之「莅」，為治理、統治之義。「莅眾」即是「治眾」。「晦」與「明」相對，《說文》釋之曰「月盡也」，引申為昏暗。《左傳・僖公十五年》曰「己卯晦，震夷伯之廟」。《公羊傳》注曰「晦者何，冥也」。又有隱晦、含蓄之義。如「志而晦」（《左傳・成公十四年》）。此卦象辭旨在訓誡在位「君子」觀《明夷》卦象，而知治理民眾，不可過於明察秋毫，而應適當表現出昏昧的狀態。故程頤曰：「明所以照，君子無所不照。然用明之過，則傷於察，太察則盡事而無含弘之度。故君子觀「明入地中」之象，於莅眾也，不極其明察而用晦，然後能容物和眾，眾親而安，是用晦乃所以為明也。」林希元亦曰：「蓋盡用其明，則傷於太察，而無含弘之道，唯明而用晦，則既不汶汶而暗，亦不察察而明。雖無所不照，而有不盡照者，此古先帝王所以莅眾之術也。」此皆見理甚明。

按語：

　　《明夷》卦卦辭曰：「明夷，利艱貞。」爻辭或曰「明夷於飛，垂其翼。君子於行，三日不食。有攸往，主人有言」，或曰「明夷，夷於左股。用拯馬壯，吉」，或曰「明夷於南狩，得其大首。不可疾，貞」，或曰「入於左腹，獲明夷之心，於出門庭」，或曰「箕子之明夷，利貞」，或曰「不明晦。初登於天，後入於地」。〈象〉曰：「明入地中，明夷。內文明而外柔順，以蒙大難，文王以之。利艱貞，晦其明也。內難而能正其志，箕子以之。」卦辭、爻辭、〈象〉辭都是以「明夷」指政治黑暗立論，旨在訓誡「君子」如何在政治黑暗之時保全自身，以克時艱。而〈象〉辭則旨在闡述在位「君子」的御下之術。黃壽祺、張善文認為：「這一點實為古代統治階級總結出來的一種政治『藝術』，本於《老子》『無為而

無不為』的思想。」[27] 孔穎達從帝王諸侯冠冕「冕旒垂目，黈纊塞耳」的形制特徵出發，引申出「用晦而明」的帝王之術，其說頗具見地。而學者或以《中庸》「君子之道，闇然而日章」為本卦象辭之源，則失之遠矣。

家人

卦象：☲

〈象〉曰：風自火出，家人，君子以言有物而行有恆。

諸家集解：

《周易集解》引馬融曰：木生火，火以木為家，故曰「家人」。火生於木，得風而盛，猶夫婦之道，相須而成。

《周易集解》引荀爽曰：風火相與，必附於物。物大火大，物小火小。君子之言，必因其位。位大言大，位小言小。不在其位，不謀其政，故「言有物」也。大暑爍金，火不增其烈；大寒凝冰，火不損其熱，故曰「行有恆」矣。

《周易正義》曰：巽在離外，是風從火出。火出之初，因風方熾。火既炎盛，還復生風。內外相成，有似家人之義。故曰「風自火出，家人」也。物，事也。言必有事，即口無擇言。行必有常，即身無擇行。正家之義，修於近也。言之與行，君子樞機。出身加人，發邇化遠，故舉言行以為之誡。言既稱物，而行稱恆者，發言立行，皆須合於可常之事，互而相足也。

《周易程氏傳》曰：正家之本，在正其身。正身之道，一言一動，不可易也。君子觀風自火出之象，知事之由內而出，故所言必有物，所行必有恆也。物，謂事實。恆，謂常度法則也。德業之著於外，由言行之謹於內也。言慎行修，則身

27　黃壽祺、張善文：《周易譯注》，中華書局，2016，第 264 頁。

下編：〈大象〉六十四卦集解及注釋

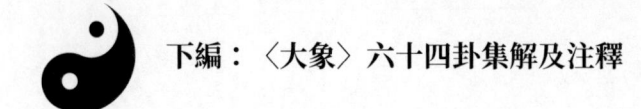

正而家治矣。

《周易本義》曰：身修則家治矣。

胡炳文《周易本義通釋》卷四曰：風自火出，一家之化，自吾言行出，皆由內及外，自然薰蒸而成者也。

俞琰《周易集說》卷十二曰：齊家之道，自修身始，此「風自火出」，所以為《家人》之象也。君子知風之自，於是齊家以修身為本，而修身以言行為先，言必有物而無妄，行必有恆而不改。物，謂事實，言而誠實則有物，不誠實則無物也。恆，謂常度，行而常久則有恆，不常久則無恆也。

注釋：

〈象〉說：風從火中產生，家人。君子應法此卦象，而思日常言語必切合實際，居家行事必持之以恆。

風自火出，家人：解釋《家人》卦卦象下卦為離象火，上卦為巽象風。《歸藏》稱此卦為「散家人」，與通行本有異。孔穎達釋卦象與卦名之關係曰：「火出之初，因風方熾。火既炎盛，還復生風，內外相成，有似家人之義。」

言有物而行有恆：風自火出，離火中虛，風亦虛，風火為家人，然皆不實不可長久之象，故君子觀此不實不久之象，而思言有實，而行有恆，以求長存。孔穎達謂：「言之與行，君子樞機。出身加人，發邇化遠，故舉言行以為之誡。言既稱物，而行稱『恆』者，發言立行，皆須合於可常之事，互而相足也。」斯言可為借鑑。

按語：

《家人》卦卦辭曰：「家人，利女貞。」爻辭或曰「閑有家，悔亡」，或曰「無攸遂，在中饋，貞吉」，或曰「家人嗃嗃，悔厲吉。婦子嘻嘻，終吝」，或曰「富家，大吉」，或曰「王假有家，勿恤，吉」，或曰「有孚威如，終吉」。〈彖〉曰：「家人，女正位乎內，男正位乎外。男女正，天地之大義也。家人存嚴君焉，父

母之謂也。父父，子子，兄兄，弟弟，夫夫，婦婦，而家道正。正家而天下定矣。」卦辭、爻辭、〈象〉辭講述的是治家之道，而〈象〉辭講述的則是治國之道。由治家之道推之於治國之道，是《家人》卦的卦義所在。君子應如何治家治國呢？六爻爻辭之〈小象〉提出「順以巽」、「順在位」、「交相愛」、「威如之吉，反身之謂」等方法，〈象〉辭提出父子、兄弟、夫婦相處之道，而〈象〉辭中的「言有物而行有恆」，是否指治家治國之道，實難判斷。

需要指出的是，言行之道為王者從政之重要手段，《逸周書》中多有提及，而〈繫辭〉也說：「言出乎身，加乎民；行發乎邇，見乎遠。言行，君子之樞機，樞機之發，榮辱之主也。言行，君子之所以動天地也，可不慎乎？」此卦文辭可與《頤》卦「君子以慎言語」相結合來研究。

睽

卦象：䷥

〈象〉曰：上火下澤，睽，君子以同而異。

諸家集解：

《周易集解》引荀爽曰：火性炎上，澤性潤下，故曰「睽」也。大歸雖同，小事當異。百家殊職，四民異業。文武並用，威德相反，共歸於治，故曰「君子以同而異」也。

《周易正義》曰：「上火下澤，睽」者，動而相背，所以為「睽」也。「君子以同而異」者，佐王治民，其意則同；各有司存，職掌則異，故曰「君子以同而異」也。

《周易程氏傳》曰：上火下澤，二物之性違異，所以為睽離之象。君子觀睽

下編：〈大象〉六十四卦集解及注釋

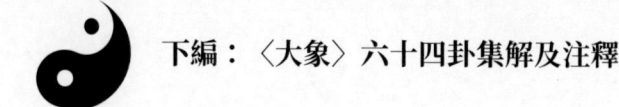

異之象，於大同之中，而知所當異也。夫聖賢之處世，在人理之常，莫不大同。於世俗所同者，則有時而獨異。蓋於秉彞則同矣，於世俗之失則異也。不能大同者，亂常拂理之人也；不能獨異者，隨俗習非之人也；要在同而能異耳。《中庸》曰「和而不流」是也。

朱震《漢上易傳》卷四曰：《離》、《兌》同為陰卦，而未始不異，君子之所同者，人之大倫也。然各盡其道，亦不苟同，以徇眾人，見其為異矣，不知異所以為同。《中庸》曰「和而不流」，晏平仲曰「同之不可也」，如是〈彖〉言異而同，〈大象〉言同而異。

李中正《泰軒易傳》卷四曰：澤與火，遇則相息，所以為《革》；不遇則相違，所以為《睽》。〈彖〉言異而同，所以成濟睽之功；〈象〉言同而異，所以明用睽之理。離、兌二女始於同居，其本同也；及其終也，一動而上，一動而下，則氣類不投而睽矣。然物各有性也，奚必強同哉？君子於此，則同於其道，而異於其事，同以相與，而異以相濟。

梁寅《周易參義》卷六曰：火、澤二體合而為一，此其同也。然火之性上而又居上，澤之性下而又居下，是同而異矣。君子觀火澤之象，有以同於人，而或異於人，如本心則同，而制事則異；處常則同，而應變則異；修身則同，而出處則異；大節則同，而細故則異。以此推之，皆所謂「同而異」也。〈象傳〉言異而同，以理言之也；此言同而異，自人言之也。

注釋：

〈象〉說：上火下澤，睽，君子觀得此卦象，而知求同存異。

上火下澤，睽：解釋《睽》卦卦象下卦為兌象澤，上卦為離象火。由《尚書‧洪範》「水曰潤下，火曰炎上」可知，水、火物性相反，而澤又為水，上火下澤構成睽違之象，故名此卦曰「睽」。《周易集解》引荀爽曰：「火性炎上，澤性潤下，故曰『睽』也。」

以同而異：猶言求同存異。本卦象辭旨在訓誡「君子」觀《睽》卦有火澤乖

離之象,而知在處理政事或日常事物中的歧見時,既要知其同,又能辨其異。荀爽曰:「大歸雖同,小事當異。百官殊職,四民異業;文武並用,威德相反,共歸於治。」主要是從治國理政的角度闡發「以同而異」之理。程頤謂:「蓋於秉彝則同矣,於世俗之失則異也。不能大同者,亂常拂理之人也,不能獨異者,隨俗習非之人也。要在同而能異耳。」主要是從日用倫常的角度闡發「以同而異」之理。

按語:

《睽》卦卦爻辭皆以「睽違背離」為擬辭之本,或言「睽違」之事,或言「化合」之道。其卦辭曰:「睽,小事吉。」爻辭或曰「悔亡,喪馬勿逐,自復。見惡人,無咎」,或曰「遇主於巷,無咎」,或曰「見輿曳,其牛掣,其人天且劓。無初有終」,或曰「睽孤,遇元夫,交孚,厲,無咎」,或曰「悔亡,厥宗噬膚,往何咎」,或曰「睽孤,見豕負塗,載鬼一車。先張之弧,後說之弧。匪寇婚媾,往遇雨則吉」。關於卦爻辭與「睽」義的內在聯繫,李光地《周易折中》引馮當可之言曰:「內卦皆睽而有所待,外卦皆反而有所應,初『喪馬勿逐』,至四『遇元夫』,而初、四合矣。二委曲以求遇,至五『往何咎』,而二、五合矣。三『輿曳』『牛掣』,至上『遇雨』,而三、上合矣。天下之理,固未有終睽也。」陳夢雷《周易淺述》卷四亦認為:「內卦皆睽而有所待,外卦皆反而有所應,天下未有終睽而不合者也。」〈彖〉曰:「天地睽而其事同也,男女睽而其志通也,萬物睽而其事類也。睽之時用大矣哉!」、「天地睽」、「男女睽」、「萬物睽」之「睽」,皆是以「異」為義,分別是「天地異」、「男女異」、「萬物異」。因其異而求其同,「睽之時用大矣哉」!由此可知,卦辭、爻辭、〈彖〉辭旨在明其異而求其同以成事,〈象〉辭則旨在明其同而辨其異以濟事。但總括而言,皆是《睽》卦「同」、「異」之辨的具體運用。李中正曰:「〈彖〉言異而同,所以成濟睽之功;〈象〉言同而異,所以明用睽之理。」梁寅亦謂:「〈彖傳〉言異而同,以理言之也;此言同而異,自人言之也。」此皆明〈彖傳〉與〈大象〉論同異之別。學者或以《論語》

下編：〈大象〉六十四卦集解及注釋

「君子群而不黨」、「周而不比」、「和而不同」之言為象辭之源，亦宜慎之。翟奎鳳、田澤人等學者對易學史上諸家對《睽卦‧大象》「以同而異」的釋讀進行了詳細分梳，讀者可自行參看。[28]

蹇

卦象：䷦

〈象〉曰：山上有水，蹇，君子以反身修德。

諸家集解：

《周易集解》引崔覲曰：山上至險，加之以水，蹇之象也。

《周易集解》引虞翻曰：「君子」謂《觀》乾。坤為身，《觀》上反三，故「反身」。陽在三，進德修業，故「以反身修德」。孔子曰：「德之不修，是吾憂也。」

《周易正義》曰：山者是岩險，水是阻難。水積山上，彌益危難，故曰「山上有水，蹇」。蹇難之時，未可以進，唯宜反求諸身，自修其德，道成德立，方能濟險，故曰「君子以反身修德」也。陸績曰：「水在山上，失流通之性，故曰蹇。」通水流下，今在山上，不得下流，蹇之象。陸績又曰：「水本應山下，今在山上，終應反下，故曰反身。」處難之世，不可以行，只可反自省察，修己德用乃除難。君子涌達道暢之時，並濟天下；處窮之時，則獨善其身也。

《周易程氏傳》曰：山之峻阻，上復有水，坎水為險陷之象。上下險阻，故為蹇也。君子觀蹇難之象，而以反身修德，君子之遇險阻，必反求諸己，而益自修。孟子曰：「行有不得者，皆反求諸己。」故遇艱蹇，必自省於身有失而致之

28　翟奎鳳、田澤人：《理同事異、和而不流：《睽卦‧大象》辭「君子以同而異」詮釋》，《周易研究》2015 年第 6 期。

乎,是反身也;有所未善,則改之。無歉於心,則加勉,乃自修其德也。君子修德以俟時而已。

程廷祚《大易擇言》卷二十一引呂大臨曰:山上有水,水行不利,不得其地,故蹇也。水行不得其地,猶君子之行不得於人,不得於人,反求諸己而已,故「愛人不親反其仁,治人不治反其知,禮人不答反其敬」。

《朱子語類》卷七十二載:潘謙之書曰:「《蹇》與《困》相似,『致命遂志』『反身修德』亦一般,殊不知不然。〈象〉曰『澤無水,《困》』,處困之極,事無可為者,故只得『致命遂志』。若《蹇》,則猶可進步,如山上之泉,曲折多艱阻,然猶可行,故教人以『反身修德』。只觀『澤無水,《困》』與『山上有水,《蹇》』二句,便全不同。」

注釋:

〈象〉說:山上有水,蹇,君子觀此卦象,而知應時時反思自身,加強道德修養,以預防蹇難之發生。

山上有水,蹇:解釋《蹇》卦卦象下卦為艮象山,上卦為坎象水。〈序卦〉曰:「蹇者,難也。」《蹇》卦上卦為水,為坎陷之象;下卦為山,有險阻之義;二者相重,故有「蹇」義。故孔穎達曰:「山者是岩險,水是阻難。水積山上,彌益危難,故曰『山上有水,蹇』。」

反身修德:反身,即反求自身,與孟子所謂「反求諸己」同義。本卦象辭旨在訓誡君子觀《蹇》卦之象,並思「蹇難」之義,而知應時時反思自身,加強德行修養,以預防蹇難之發生。故孔穎達曰:「蹇難之時,未可以進,唯宜反求諸身,自修其德,道成德立,方能濟險。故曰『君子以反身修德』也。」程頤亦曰:「君子觀蹇難之象,而以『反身修德』,君子之遇險阻,必反求諸己而益自修。孟子曰:『行有不得者,皆反求諸己。』故遇艱蹇,必自省於身有失而致之乎,是反身也,有所未善,則改之。無歉於心,則加勉,乃自修其德也,君子修德以俟時而已。」

下編：〈大象〉六十四卦集解及注釋

按語：

《蹇》卦卦辭曰：「蹇，利西南，不利東北，利見大人，貞吉。」爻辭或曰「往蹇，來譽」，或曰「王臣蹇蹇，匪躬之故」，或曰「往蹇，來反」，或曰「往蹇，來連」，或曰「大蹇，朋來」，或曰「往蹇，來碩，吉，利見大人」。不難看出，卦辭、爻辭皆圍繞如何克蹇來擬辭。〈彖〉曰：「蹇，難也，險在前也；見險而能止，知矣哉！」則言遇蹇之時，應知進退之宜；而「利見大人，往有功也；當位貞吉，以正邦也。蹇之時用大矣哉」，則指明了克蹇對君子進德修業的重要意義。總之，卦辭、爻辭、〈彖〉辭講的是「往蹇」、「大蹇」時的臨事應變之道，而〈大象〉則旨在訓誡君子觀《蹇》之象，而思「反身修德」，居安思危，是為處常之道。至於《中庸》「反求諸其身」，《論語》「見賢思齊焉，見不賢而內自省也」，《孟子》「行有不得者，皆反求諸己」，與本卦象辭之間的淵源，實難以論定。

解

卦象：☷

〈象〉曰：雷雨作，解，君子以赦過宥罪。

諸家集解：

《周易集解》引虞翻曰：「『君子』謂三。伏陽出，成《大過》。坎為罪人，則《大過》象壞，故『以赦過』。二、四失位，皆在坎獄中。三出體乾，兩坎不見。震喜兌說，罪人皆出，故以『宥罪』。謂三入則赦過，出則宥罪。「公用射隼」以解悖，是其義也。

《周易正義》曰：赦，謂放免。過，謂誤失。宥，謂寬宥。罪，謂故犯。過輕則赦，罪重則宥，皆解緩之義也。

《周易程氏傳》曰：天地解散而成雷雨，故「雷雨作」而為「解」也，與「明兩作，離」，語不同。赦，釋之。宥，寬之。過失則赦之可也，罪惡而赦之，則非義也，故寬之而已。君子觀「雷雨作，解」之象，體其發育，則施恩仁；體其解散，則行寬釋也。

胡瑗《周易口義》卷七曰：雷雨既作，則蟄蟲昭蘇，草木甲坼，解之義也。天下之民，方此難解之時，始出於塗炭，其有過惡，遷善遠罪，蓋舊染汙俗，化上薄惡之政而然也。故君子之人當此之時，有過者赦之，有罪者宥之，使之改過自新，遷善遠罪，蓋難解之道也。

朱震《漢上易傳》卷四曰：雷雨作，天地之難解，萬物維新之時也。內外有坎，坎為獄，九二、九四皆不正，九二未失中，而陷之過也；九四不中正，罪也。君子於是時，過誤者赦而不問，有罪者宥而從輕，與民更始，則難解矣。後世多赦，輕重悉原刑，罰不得其平，失是義也。

林栗《周易經傳集解》卷二十曰：雷者，震也。雨者，坎也。雷行雨施，解之象也。「君子以赦過宥罪」者，法解緩之義也。今夫雷雨之象，是威德並行之譬也，而獨言赦宥，則刑戮之事不議而彰矣。聖人以為平難之時，刑人、殺人出於一時之權，非能折獄而致刑，明罰而勅法，不可以訓後世，故但言「赦宥」而已。由是觀之，古之赦宥，大抵皆承禍亂之餘，蕩滌舊染，與民更始，如雷行而雨隨之，民不怨雷霆之暴，而喜於膏澤之流也。漢祖入秦，約法三章，大赦天下，得其義矣。後世因之，常歲赦宥以幸小人，而以為合於經義，豈不過哉？

趙汝楳《周易輯聞》卷四曰：雷者，天之威；雨者，天之澤，威中有澤，猶刑獄之有赦宥。

林希元《易經存疑》卷六曰：震之象為雷，坎之象為雨，震坎合體，是雷雨交作也。雷雨交作，雷以動之，雨以潤之，萬物之勾者萌，甲者坼，為解之象，故名其卦為「解」。君子以之，有過者赦之而不問，有罪者宥之而從輕，而民之鬱者舒，困者通，亦猶天地之解萬物也。

下編：〈大象〉六十四卦集解及注釋

注釋：

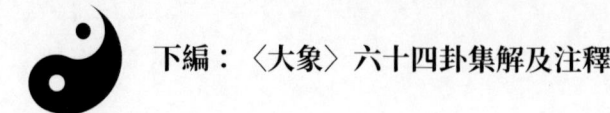

〈象〉說：雷雨興起，解，君子觀此卦象，而知應赦免下民之過失，寬宥其罪刑。

雷雨作，解：解釋《解》卦卦象下卦為坎象雨，上卦為震象雷。〈序卦〉曰：「物不可以終難，故受之以解。解者，緩也。」對於萬物而言，雷雨有緩解其死難之危，助其生長之功。「解」為卦名，即取義於此。〈彖〉曰：「天地解而雷雨作，雷雨作而百果草木皆甲坼。」亦是取義於此。故林希元謂：「震之象為雷，坎之象為雨，震坎合體，是雷雨交作也。雷雨交作，雷以動之，雨以潤之，萬物之勾者萌，甲者坼，為解之象，故其卦為『解』。」

赦過宥罪：赦，赦免。宥，寬宥。本卦象辭旨在訓誡君子觀《解》卦有雷雨作而萬物紓解之象，而知應赦免下民之過失，寬宥其罪刑。孔穎達謂：「赦，謂放免。過，謂誤失。宥，謂寬宥。罪，謂故犯。過輕則赦，罪重則宥，皆解緩之義也。」

按語：

《解》卦卦辭曰：「解，利西南。無所往，其來復吉。有攸往，夙吉。」爻辭或曰「無咎」，或曰「田獲三狐，得黃矢，貞吉」，或曰「負且乘，致寇至，貞吝」，或曰「解而拇，朋至斯孚」，或曰「君子維有解，吉，有孚於小人」，或曰「公用射隼於高墉之上，獲之，無不利」。卦爻辭皆是順承《蹇》卦君子逢難之義，而闡述如何解難。陳夢雷《周易淺述》卷四謂：「《解》卦次《蹇》，蹇者，難也，物不可以終難，故受之以《解》。難極必解散，所以次《蹇》也。全〈象〉以解散之後，利於平易安靜，不宜久為煩擾。然小人者，亂之根也，故六爻之義，主於去小人。」胡瑗也在《周易本義通釋》卷十二中，將此卦與《屯》卦結合起來進行解讀：「夫天在上，地在下，氣不交則雷雨不作，而萬物不生。故天以陽氣降於下，地以陰氣升於上，陰陽相蒸，剛柔始交，則必有屯難；屯難既解，故鼓之為雷，蒸之為雨，雷雨盈滿，則百果草木皆敷甲而坼。」胡炳文亦

說：「《解》上下體易，為《屯》。動乎險中，為屯；動而出乎險之外，為解；《屯》象草穿地而未申，《解》則雷雨作而百果草木皆甲坼。」二人均指出了《解》、《屯》兩卦象辭之主旨，可備一說。不難看出，卦辭、爻辭、〈彖〉辭與〈象〉辭「君子以赦過宥罪」立論不同，一為解己之難，一為解人之難。

學者或以《論語》「先有司，赦小過」為本卦象辭之源，實沒有注意到這樣一個史實，即王者實行赦過宥罪，淵源甚早，在《尚書》、《禮記》等先秦傳世文獻中，有關周王室反對苛政、任意刑殺，寬民愛民、以民為本的記載不勝枚舉，這些記載正好與〈大象〉所謂「君子以赦過宥罪」之旨內在一致。

損

卦象：䷨

〈象〉曰：山下有澤，損，君子以懲忿窒慾。

諸家集解：

《周易集解》引虞翻曰：君子，《泰》乾。乾陽剛武，為忿；坤陰吝嗇，為欲；損乾之初成兌說，故「懲忿」。初上據坤，艮為止，故「窒慾」也。

《周易正義》曰：澤在山下，澤卑山高，似澤之自損以崇山之象也。君子以法此損道，以懲止忿怒，窒塞情慾。夫人之情也，感物而動，境有順逆，故情有忿慾。懲者息其既往，窒者閉其將來。忿慾皆有往來，懲窒互文而相足也。

《周易程氏傳》曰：山下有澤，氣通上潤，與澤深下以增高，皆損下之象。君子觀《損》之象，以損於己，在修己之道所當損者，唯「忿」與「欲」，故以懲戒其忿怒，窒塞其意欲也。

《周易本義》曰：君子修身所當損者，莫切於此。

下編：〈大象〉六十四卦集解及注釋

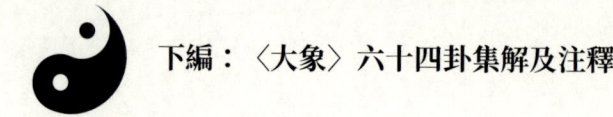

方聞一《大易粹言》卷四十一引楊時曰：損，德之修也。所當損者，唯「忿」、「慾」而已。故「九思」始於視聽貌言，終於忿思難，見得思義者，以此。

《朱子語類》卷九十七曰：問：「何以窒慾？伊川云『思此莫是欲心一萌，當思禮義以勝之』否？」曰：「然。」

王申子《大易輯說》卷六曰：和說則無忿，知止則無慾，故曰修德之要也。

注釋：

〈象〉說：山下有澤，損，君子應法此卦象，而知要懲止忿怒，窒塞情慾。

山下有澤，損：解釋《損》卦卦象下卦為兌象澤，上卦為艮象山。《周易集解》引鄭玄曰：「艮為山，兌為澤，互體坤，坤為地。山在地上，澤在地下，澤以自損，增山之高也。猶諸侯損其國之富，以貢獻於天子，故謂之損也。」

懲忿窒慾：懲，《玉篇》謂「戒也」。懲忿，警戒忿怒。窒，《說文》卷七釋之曰「塞也」。窒慾，遏止慾望。本卦象辭旨在訓誡「君子」觀《損》卦山在上，澤處下，澤水退而山顯高之象，以損不善而揚美。故孔穎達說：「君子以法此損道，以懲止忿怒，窒塞情慾。夫人之情也，感物而動；境有順逆，故情有忿慾。懲者，息其既往；窒者，閉其將來。忿、慾皆有往來，懲、窒互文而相足也。」

按語：

《損》卦卦辭曰：「損，有孚，元吉，無咎，可貞，利有攸往。曷之用，二簋可用享。」爻辭或曰「已事遄往，無咎，酌損之」，或曰「利貞，征凶。弗損，益之」，或曰「三人行則損一人，一人行則得其友」，或曰「損其疾，使遄有喜，無咎」，或曰「或益之十朋之龜，弗克違，元吉」，或曰「弗損益之。無咎，貞吉，利有攸往。得臣無家」。卦辭、爻辭與〈大象〉「損忿窒慾」均無直接聯繫。〈彖〉曰：「損益盈虛，與時偕行。」則是「損益之道」在日用倫常及政教事物之中的具體運用。馬王堆帛書《周易·要》載孔子之言曰：「二三子，夫損益之道，不可不審察也，吉凶之門也。」又曰：「損益之道，足以觀天地之變，而君者之

• 224

事已。是以察於損益之變者,不可動以憂喜。故明君不時不宿,不日不月,不卜不筮,而知吉與凶,順於天地之道也,此謂《易》道。」孔子以春夏秋冬、陰陽、剛柔、上下論「損益之道」,與〈象〉辭「損益盈虛,與時偕行」之旨相契。而〈象〉辭「山下有澤,損,君子以懲忿窒慾」,則更多強調的是克制忿怒,抑止嗜慾,去不善而揚善。與孔子及〈象〉辭從天地人三才之道來解讀損益之道,有明顯區別。

益

卦象:☱

〈象〉曰:風雷,益,君子以見善則遷,有過則改。

諸家集解:

《周易集解》引虞翻曰:「君子」謂乾也。上之三,離為見,乾為善,坤為過。坤三進之乾四,故「見善則遷」。乾上之坤初,改坤之過。體《復》象,《復》以自知,故「有過則改」也。

《周易正義》曰:《子夏易傳》云:「雷以動之,風以散之,萬物皆盈。」孟僖亦與此同其意。言必須雷動於前,風散於後,然後萬物皆益。如二月啟蟄之後,風以長物;八月收聲之後,風以殘物。風之為益,其在雷後,故曰「風雷,益」也。「遷」謂遷徙慕尚,「改」謂改更懲止,遷善改過,益莫大焉,故君子求益,以「見善則遷,有過則改」也。六子之中,並有益物,猶取雷風者,何晏云:「取其最長可久之義也。」

《周易程氏傳》曰:風烈則雷迅,雷激則風怒,二物相益者也。君子觀風雷相益之象,而求益於己。為益之道,無若「見善則遷,有過則改」也。見善能

遷,則可以盡天下之善。有過能改,則無過矣。益於人者,莫大於是。

《周易本義》曰:風雷之勢,交相助益,遷善改過,益之大者,而其相益亦猶是也。

胡炳文《周易本義通釋》卷四曰:雷與風自有相益之勢,速於遷善,則過當益寡。決於改過,則善當益純。是遷善改過,又自有相益之功也。

李光地《周易折中》引蔣悌生曰:風雷相益,迅速不遲。君子法之,見善則即遷,知過必速改,不可猶豫。

晏斯盛《易翼說》卷八引何楷曰:咸言速,心之德通於虛也,不損不虛。懲忿窒慾,損之又損,致虛以復其為咸。恆言久,心之德凝於實也。不益不實,遷善改過;益之又益,充實而成其為恆。

《周易折中》案:雷者,動陽氣者也,故人心奮發,而勇於善者如之。風者,散陰氣者也,故人心蕩滌,以消其惡者如之。

注釋:

〈象〉說:風雷,益,君子應法此卦象,而知見到美善的品行,就應傾心追隨;而有了錯誤,則應迅速改正。

風雷,益:解釋《益》卦卦象下卦為震象雷,上卦為巽象風。卦象與卦名「益」之關係,有兩種解釋,一以風雷於萬物有長養之功,故為「益」,如《周易正義》引《子夏易傳》曰:「雷以動之,風以散之,萬物皆盈。」一以風雷並見,可以互增其威,故為「益」。如程頤曰:「風烈則雷迅,雷激則風怒,二物相益者也。」

見善則遷,有過則改:遷,《爾雅》謂「徙也」。《說文》卷二釋之曰「登也」。本卦象辭旨在訓誡「君子」觀《益》卦上巽下雷之象,思及卦名「益」之義,而知應遷善改過,以增益自身之德行修養。故程頤謂:「見善能遷,則可以盡天下之善。有過能改,則無過矣。益於人者,莫大於是。」

按語：

《益》卦卦辭曰：「益，利有攸往，利涉大川。」爻辭或曰「利用為大作，元吉，無咎」，或曰「或益之十朋之龜，弗克違。永貞吉。王用享於帝，吉」，或曰「益之用凶事，無咎。有孚中行，告公用圭」，或曰「中行，告公從，利用為依遷國」，或曰「有孚惠心，勿問元吉。有孚惠我德」，或曰「莫益之，或擊之。立心勿恆，凶」。卦辭、爻辭透過人情、物事、國事，以昭明《益》卦吉凶之理。而〈大象〉則旨在訓誡君子如何透過為善去惡，以提升自身的德行修養。

夬

卦象：☰

〈象〉曰：澤上於天，夬，君子以施祿及下，居德則忌。

諸家集解：

《周易集解》引陸績曰：水氣上天，決降成雨，故曰「夬」。

《周易集解》引虞翻曰：「君子」謂乾，乾為「施祿」。下為剝「坤」，坤為「眾臣」。以乾應坤，故「施祿及下」。乾為「德」，艮為「居」，故「居德則忌」。陽極陰生，謂陽忌陰。

《周易正義》曰：「澤上於天，夬」者，澤性潤下，雖復「澤上於天」，決來下潤，此事必然，故是「夬」之象也。「君子以施祿及下，居德則忌」者，忌，禁也。「決」有二義，〈象〉則澤來潤下，〈彖〉則明法決斷，所以君子法此夬義，威惠兼施，雖復施祿及下，其在身居德，復須明其禁令，合於健而能說，決而能和，故曰「君子以施祿及下，居德則忌」也。

《周易程氏傳》曰：澤，水之聚也，而上於天至高之處，故為《夬》象。君

下編：〈大象〉六十四卦集解及注釋

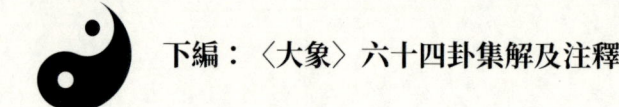

子觀澤決於上而注溉於下之象，則以「施祿及下」，謂施其祿澤以及於下也。觀其決潰之象，則以「居德則忌」。居德，謂安處其德。則，約也。忌，防也，謂約立防禁，有防禁則無潰散也。王弼作「明忌」，亦通。不云「澤在天上」，而云「澤上於天」，以澤上於天，則意不安而有決潰之勢。雲在天上，乃安辭也。

《周易本義》曰：澤上於天，潰決之勢也。施祿及下，潰決之意也。居德則忌，未詳。

來知德《周易集注》卷九曰：此象諸家泥滯程朱「潰決」二字，所以皆說不通。殊不知孔子此二句乃生於「澤」字，非生於「夬」字也。蓋《夬》乃三月之卦，正天子春來布德行惠之時。乃惠澤之澤，非水澤之澤也。天者，君也。祿者，澤之物也。德者，澤之善也。居者，施之反也。紂鹿臺之財，居德也。周有大賚，施祿也。下句乃足上句之意，言澤在於君，當施其澤，不可居其澤也。居澤乃人君之所深忌者。

《周易折中》案：澤上於天，所謂稽天之浸也，必潰決無疑矣。財聚而不散則悖出，故「君子以施祿及下」。居身無所畏忌，則滿而溢，故君子之聚德也，則常存畏忌而已。《禮》曰：「積而能散。」《書》曰：「：敬忌，而罔有擇言在躬。」夫如是，則何潰決之患之有？

注釋：

〈象〉說：澤在天上面，夬，君子觀此卦象，而知不應將天下視為私有產業，而應廣施恩德於臣民百姓。

澤上於天，夬：解釋《夬》卦卦象下卦為乾象天，上卦為兌象澤。夬，《說文》卷三釋曰：「分決也。」對於卦象與卦名之關係，前人或以爻象關係釋之，如《夬》卦五陽在下為剛，一陰居上為柔，故其〈象〉曰：「夬，決也，剛決柔也。」或以上下卦之卦象取義釋之，如《周易集解》引陸績曰：「水氣上天，決降成雨，故曰『夬』。」

施祿及下，居德則忌：祿，《說文》釋曰「福也」。先秦典籍中常指恩澤、賞

賜、俸祿。如《禮記‧祭統》謂「古者明君爵有德而祿有功」,《尚書‧周官》「位不期驕,祿不期侈」。施祿及下,或是指施予臣下恩澤,或是指賜給臣下俸祿。「德」字在先秦有多重含義,「居德則忌」之「德」,當釋為「得」,王者所得之大,莫過於天下。「居德」之「居」,當釋為占據。忌,《說文》「憎惡也」。「施祿及下,居德則忌」意在訓誡「君子」觀《夬》卦「澤上於天」或「剛決柔」之象,不應將天下視為私有產業,而應廣施恩德於臣民百姓。故來知德曰:「言澤在於君,當施其澤,不可居其澤也,居澤乃人君之所深忌者。」

按語:

《夬》卦卦辭或曰:「夬,揚於王庭,孚號有厲。告自邑,不利即戎。利有攸往。」爻辭或曰「壯於前趾,往不勝,為咎」,或曰「惕號,莫夜有戎,勿恤」,或曰「壯於頄,有凶。君子夬夬獨行,遇雨,若濡。有慍,無咎」,或曰「臀無膚,其行次且。牽羊悔亡,聞言不信」,或曰「莧陸夬夬,中行無咎」,或曰「無號,終有凶」。卦辭、爻辭皆是立足於《夬》卦以剛決柔、以陽息陰之象,借戎事以發明君子應以果決克難之理。學者或以《中庸》「在上位,不陵下」、「居上位而不驕」為此卦象辭之源,筆者認為實不可取。《中庸》之「不陵下」、「不驕」,旨在說明君上應具有謙虛謹慎、厚待臣民的德行,而《夬》卦象辭則旨在強調君上應實行德政,廣施恩澤於臣民。一為強調內德修養,一為強調外施德政。《逸周書‧寶典解》載周公勸誡成王之言曰:「上設榮祿,不患莫仁。仁以愛祿,允維典程,既得其祿,又增其名,上下咸勸,孰不競仁。維子孫之謀,寶以為常。」周公之言,可與本卦象辭互相發明。此外,本卦象辭與《剝》卦象辭「君子以厚下安宅」,亦一理同然。

下編：〈大象〉六十四卦集解及注釋

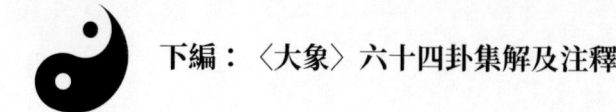

姤

卦象：☰

〈象〉曰：天下有風，姤，后以施命誥四方。

諸家集解：

《周易集解》引翟玄曰：天下有風，風無不周布，故君以施令告化四方之民矣。

《周易集解》引虞翻曰：後，繼體之君。《姤》陰在下，故稱「后」。與《泰》稱「后」同義也。乾為「施」，巽為「命」，為「誥」。《復》震二月東方，《姤》五月南方，《巽》八月西方，《復》十一月北方，皆總在初，故以「誥四方」也。孔子「行夏之時」，經用周家之月，夫子傳〈彖〉、〈象〉以下，皆用夏家月，是故《復》為十一月，《姤》為五月矣。

《周易正義》曰：風行天下，則無物不遇，故為「遇」象。「后以施命誥四方」者，風行草偃，天之威令，故人君法此，以施教命，誥於四方也。

《周易程氏傳》曰：風行天下，無所不周，為君、後者觀其周遍之象，以施其命令，用誥四方也。「風行地上」與「天下有風」，皆為周遍萬物之象，而行於地上，遍觸萬物，則為《觀》，經歷觀省之象也；行於天下，周遍萬物，則為《姤》，施發命令之象也。諸象或稱「先王」，或稱「后」，或稱「君子」、「大人」。稱「先王」者，先王所以立法制、建國、作樂、省方、敕法、閉關、育物、享帝，皆是也。稱「后」者，後王之所為也，財成天地之道、施命誥四方是也。「君子」則上下之通稱；「大人」者，王公之通稱。

晏斯盛《易翼說》卷八引龔煥曰：「天下有風，姤」者，與「風行地上，觀」相似，故在《姤》則曰「施命誥四方」，在《觀》則曰「省方觀民設教」。曰「施」曰「誥」，自上而下，「天下有風」之象也；曰「省」曰「觀」，周歷遍覽，「風行地上」之象也。

《周易折中》案：《巽》之「申命」，因有積弊而振飭之也。《姤》之「施命」，與《巽》正同。蓋在三畫之卦為《巽》者，在六畫之卦即為《姤》也。施命、申命，所以消隱慝、除積弊，法風之吹散伏陰也。

惠士奇《惠氏易學》卷四曰：晉《冬夏二至寢鼓兵議》曰：夏至，少陰肇啟，殺氣始興，《否》、《剝》將至，大戚方來，宜鳴鼓開關，興兵駭旅，施命四方，詰其逆兆，以遏小人方長之害。二至之義，《否》、《泰》道殊，休戚宜異，寢鼓之教，不宜同也。後漢魯恭曰：夏至之日，施命令止四方行者，所以助微陰，豈其然乎？陽宜助，陰宜止，一陰初生，止之非助之，在冬欲靜，在夏毋躁。《巽》究為躁卦，毋躁者，所以止之，非所以助之也。故曰：百官靜事，毋刑以定晏，陰之所成，晏安也。陰稱安，若不清靜，與人為病，故當定之，定非止而何？防奸於隱，除慝於微，亦唯靜以鎮之，乃雲鳴鼓開關，興兵駭旅，失之已甚矣。仲夏之月，門閭毋閉，順時令也。乃反止四方之行者，亦失之，其職在匡人。「后以施命」者，所謂匡人違法，則匡邦國，而觀其慝使，無敢反側以順王命也。然則後施命，匡人違之，故《姤》卦取象焉。

注釋：

〈象〉說：天下有風，姤，君後觀此卦象，而施令傳告四方，以求上下相協。

天下有風，姤：解釋《姤》卦卦象下卦為巽象風，上卦為乾象天。姤，〈彖〉釋曰：「遇也，柔遇剛也。」故孔穎達曰：「風行天下，則無物不遇，故為『遇』象。」

后以施命誥四方：誥，《說文》釋曰「告也」；段玉裁注曰：「以言告人，古用此字，今則用『告』字。以此『誥』為上告下之字。」惠士奇《惠氏易說》卷四說：「誥，或作『誥』，傳寫之訛。鄭康成、王肅本皆作『詰』；《釋文》音起一反，止也，謂禁止奸慝。《姤》一陰生，奸慝將萌之象，故禁止之。《書》曰『度作詳刑，以詰四方』，謂禁止四方之奸慝也。晉《易》亦作『詰』。」故知本卦象辭旨在訓誡「后」應效法《姤》卦「天下有風」之象，而施令傳告四方，以求上

下編：〈大象〉六十四卦集解及注釋

下相協。

按語：

《姤》卦卦辭曰：「姤，女壯，勿用取女。」爻辭或曰「繫於金柅，貞吉。有攸往，見凶，羸豕孚蹢躅」，或曰「包有魚，無咎。不利賓」，或曰「臀無膚，其行次且。厲，無大咎」，或曰「包無魚，起凶」，或曰「以杞包瓜，含章，有隕自天」，或曰「姤其角，吝，無咎」。《周禮・天官》載內小臣之職守曰：「后有好事於四方，則使往；有好令於卿大夫，則亦如之。」鄭玄注曰：「后於其族親所善者，使往問遺之。」賈公彥疏曰：「『后於其族親』者，后有族親在四方，謂畿外諸侯於王有親，謂若魯、衛、晉、鄭之等也。於卿大夫，亦謂同姓族在朝廷者也。王后意行所善，遣小臣往以物問遺之。四方諸侯言事，卿大夫言令者，后雖無正令施與卿大夫，時有言教至焉，故云『令』也。后於畿外全無言教所及，故以『事』言之也。」若以內小臣之職守為據，「后以施命誥四方」當是指王后向四方諸侯和卿大夫施以特殊的恩惠，以維護君臣之間的良好關係。《姤》卦卦辭謂「女壯，勿用取女」，應指娶妻當娶賢，而象辭「后以施命誥四方」，即體現了王后在國家政治生活中的重要作用。學者或以《論語》「使於四方，不辱使命」為本卦象辭之源，實不可取。

萃

卦象：䷬

〈象〉曰：澤上於地，萃，君子以除戎器，戒不虞。

諸家集解：

《周易集解》引荀爽曰：澤者卑下，流潦歸之，萬物生焉，故謂之萃也。

萃

　　《周易集解》引虞翻曰:「君子」謂五。除,修。戎,兵也。《詩》曰:「修爾車馬,弓矢戎兵。」陽在三、四為「修」。坤為「器」,三、四之正,離為戎兵、甲冑、飛矢,坎為弓弧,巽為繩,艮為石,謂毂甲冑,鍛厲矛矢,故「除戎器」也。坎為寇,坤為亂,故「戒不虞」也。

　　《周易正義》曰:澤上於地,則水潦聚,故曰「澤上於地,萃」也。除者,治也。人既聚會,不可無防備。故君子於此之時,修治戎器,以戒備不虞也。

　　《周易程氏傳》曰:澤上於地,為萃聚之象,君子觀《萃》象,以除治戎器,用戒備於不虞。凡物之萃,則有不虞度之事,故眾聚則有爭,物聚則有奪,大率既聚則多故矣,故觀《萃》象而戒也。除,謂簡治也,去弊惡也。除而聚之,所以「戒不虞」也。

　　《周易本義》曰:除者,修而聚之之謂。

　　《朱子語類》卷七十二云:大凡物聚眾盛處,必有爭,故當豫為之備。又,澤本當在地中,今卻上於地上,是水盛有潰決奔突之憂,故取象如此。

　　王申子《大易緝說》卷七曰:澤上有地,《臨》,則聚澤者地岸也。澤上於地,《萃》,則聚澤者堤防也。以地岸而聚澤,則無堤防之勞;以堤防而聚澤,則有潰決之憂。故君子觀此象,為治世之防,除治其戎器,以為不虞之戒。若以治安而忘戰守之備,則是以舊防為無用而壞之也,其可乎?

注釋:

　　〈象〉說:澤聚於地,萃,君子觀此卦象,而知應勤修武備以防不測。

　　澤上於地,萃:解釋《萃》卦卦象下卦為坤象地,上卦為兌象澤。萃,〈彖〉釋曰:「聚也。順以說,剛中而應,故聚也。」是以上下卦之卦德及爻位關係釋卦象、卦名。大地含蓄水而聚之,有成長萬物之功,故荀爽曰:「澤者卑下,流潦歸之,萬物生焉,故謂之萃也。」

　　除戎器,戒不虞:除,《說文》卷十四釋為「殿陛也」,段玉裁注曰:「殿謂宮殿。殿陛謂之除,因之凡去舊更新皆曰除。」此處亦以「修」、「治」為義。戎,

下編：〈大象〉六十四卦集解及注釋

《說文》釋曰「兵也」，指兵器。不虞，指不可預測之事。如《詩經‧大雅‧抑》曰：「質爾人民，謹爾侯度，用戒不虞。」故知此卦象辭旨在訓誡「君子」觀《萃》卦之象，則思事物久「聚」必生變亂，人情久「聚」或萌異心，故修治兵器，以防不測。王弼《周易注》曰：「聚而無防，則眾心生。」孔穎達疏曰：「人既聚會，不可無防備，故君子於此之時修治戒器，以戒備不虞也。」

按語：

《萃》卦卦辭曰：「萃，亨。王假有廟，利見大人，亨利貞。用大牲吉，利有攸往。」爻辭或曰「有孚，不終，乃亂乃萃。若號，一握為笑，勿恤，往無咎」，或曰「引吉，無咎。孚乃利用禴」，或曰「萃如，嗟如，無攸利。往無咎，小吝」，或曰「大吉，無咎」，或曰「萃有位，無咎。匪孚，元永貞，悔亡」，或曰「齎咨涕洟，無咎」。卦辭、爻辭皆以「萃」為「聚」義，講的是王者應勤修武備，以克難平亂之事。〈象〉曰「除戎器，戒不虞」，學者或以「因人既聚會，不可無防備」釋之，實不妥。因「萃」除有「聚」義外，亦可指戰車。此處或即以「萃」指戰車，故「除戎器，戒不虞」實指王者觀戰車而思備戰，以防不測。

升

卦象：䷭

〈象〉曰：地中生木，升，君子以順德，積小以高大。

諸家集解：

《周易集解》引荀爽曰：地謂坤，木謂巽。地中生木，以微至著，升之象也。

《周易集解》引虞翻曰：「君子」謂三。「小」謂陽息《復》時。《復》小，為德之本，至二成《臨》。《臨》者，大也；《臨》初之三，巽為「高」；二之五，艮

為「慎」；坤為「積」，故「慎德，積小成高大」。

《周易正義》曰：「地中生木，升」者，地中生木，始於細微，以至高大，故為升象也。「君子以順德，積小以高大」者，地中生木，始於毫末，終至合抱。君子象之，以順行其德，積其小善，以成大名，故〈繫辭〉云「善不積，不足以成名」是也。

《周易程氏傳》曰：木生地中，長而上升，為《升》之象。君子觀《升》之象，以順修其德，積累微小，以至高大也。順則可進，逆乃退也。萬物之進，皆以順道也。「善不積，不足以成名」者，學業之充實，道德之崇高，皆由積累而至。積小所以成高大，升之義也。

《周易本義》曰：王肅本「順」作「慎」。今案他書引此，亦多作「慎」，意尤明白，蓋古字通用也。

胡炳文《周易本義通釋》卷四曰：木之生也，一日不長則枯；德之進也，一息不慎則退。必念念謹審，事事謹審，其德積小高大，當如木之升矣。

注釋：

〈象〉說：樹木生於地中，升，君子觀得此卦象，而知唯有不斷培養自身的德行，方可成就大的事功。

地中生木，升：解釋《升》卦卦象下卦為巽象木，上卦為坤象地。升，〈序卦〉釋曰：「聚而上者，謂之升。」荀爽釋卦象與卦名之關係曰：「地謂坤，木謂巽。地中生木，以微至著，升之象也。」

君子以順德，積小以高大：順，朱熹《周易本義》釋曰：「王肅本『順』作『慎』。今案他書引此，亦多作『慎』，意尤明白，蓋古字通用也。」慎德，即是慎重地修養德行。此卦象辭旨在訓誡君子觀《升》卦有樹木由小變大之象，而思透過不斷培養德行，以成就自己的事功。故孔穎達曰：「地中生木，始於細微，以至高大，故為升象也。『君子以順德，積小以高大』者，地中生木，始於毫末，終至合抱。君子象之，以順行其德，積其小善，以成大名，故〈繫辭〉云

下編：〈大象〉六十四卦集解及注釋

『善不積，不足以成名』是也。」

按語：

《升》卦卦辭曰：「升，元亨。用見大人，勿恤。南征，吉。」爻辭或曰「允升，大吉」，或曰「孚乃利用禴，無咎」，或曰「升虛邑」，或曰「王用亨於岐山，吉，無咎」，或曰「貞吉，升階」，或曰「冥升，利於不息之貞」。卦辭爻辭或言戰事，或言祭事，與〈大象〉「君子以順德，積小以高大」之旨無涉。而〈彖〉曰：「柔以時升，巽而順，剛中而應，是以大亨。」若以柔上而居九五之中，象徵君子德進而成就事功，或可與「君子以順德，積小以高大」互相參看。需要指出的是，〈大象〉以「地中生木」為象，來闡發君子「慎德」之思想，可聯繫〈繫辭〉「善不積不足以成名，惡不積不足以滅身」來理解。〈繫辭〉之言意在強調，德行之培育應慎其所修，「成名」、「滅身」皆是慢慢積累而來，或為善，或為惡，故需慎重對待。程頤亦曰：「萬物之進，皆以順道也。『善不積不足以成名』者，學業之充實，道德之崇高，皆由積累而至。」學者或以《中庸》「小德川流，大德敦化」為本卦象辭之源，並不足取。

困

卦象：䷮

〈象〉曰：澤無水，困，君子以致命遂志。

諸家集解：

《周易集解》引王弼曰：澤無水，則水在澤下也。水在澤下，《困》之象也。處困而屈其志者，小人也。君子固窮，道可忘乎？

《周易集解》引虞翻曰：「君子」謂三，伏陽也。《否》坤為「致」，巽為「命」，

坎為「志」，三入陰中，故「致命遂志」也。

　　《周易正義》曰：「澤無水，困」者，謂水在澤下，則澤上枯槁，萬物皆困，故曰「澤無水，困」也。「君子以致命遂志」者，君子之人，守道而死，雖遭困厄之世，期於致命喪身，必當遂其高志，不屈撓而移改也，故曰「致命遂志」也。

　　《周易程氏傳》曰：澤無水，睏乏之象也。君子當困窮之時，既盡其防慮之道而不得免，則命也。當推致其命，以遂其志。知命之當然也，則窮塞禍患不以動其心，行吾義而已。苟不知命，則恐懼於險難，隕獲於窮厄，所守亡矣，安能遂其為善之志乎？

　　《周易本義》曰：水下漏，則澤上枯，故曰「澤無水」。致命，猶言授命，言持以與人而不之有也。能如是，則雖困而亨矣。

　　鄭汝諧《易翼傳》下經上曰：知其不可求，而聽其自至焉，「致命」也。在命者不可求，在志者則可遂，所謂「從吾所好」也。

　　胡震《周易衍義》卷十一曰：君子處困，有命焉，命在天則致之，雖困而無所避也；有志焉，志在我則遂之，雖困而不可奪也。不可求者，命也；從吾所好者，志也。委致其命，自遂其守道之志，所以處困而亨也。若小人處之，凡可以求倖免者，無不為也，而卒不得免焉，則亦徒喪其所守而已矣。

　　李光地《周易折中》引馮當可曰：君子之處困也，命在天而致之，志在我則遂之。困而安於困者，命之致也。困而有不困者，志之遂也。若小人處之，則凡可以求倖免者，無不為也，而卒不得免焉，則亦徒喪其所守而已矣！體《坎》險以「致命」，體《兌》說而「遂志」。

　　晏斯盛《易翼說》卷八引何楷曰：致，猶委也。人不信其命，則死生禍福，營為百端。居貞之志，何以自遂？今一委之命，則不以命貳志者，夫且能以志立命。

下編：〈大象〉六十四卦集解及注釋

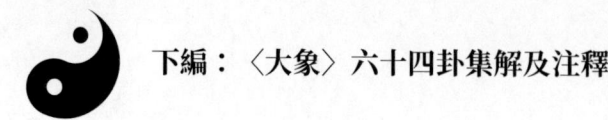

注釋：

〈象〉說：澤上無水，困，君子應法此卦象，寧可捨命，也要堅守自己的志向。

澤無水，困：解釋《困》卦卦象下卦為坎象水，上卦為兌象澤。孔穎達釋卦象與卦名之關係曰：「『澤無水，困』者，謂水在澤下，則澤上枯槁，萬物皆困，故曰『澤無水，困』也。」

致命遂志：致命，朱熹釋曰：「猶言授命，言持以與人而不之有也。」遂志，順志。「致命遂志」者，即便是付出生命，也要堅守自己的志向。故孔穎達曰：「君子之人，守道而死，雖遭困厄之世，期於致命喪身，必當遂其高志，不屈撓而移改也。故曰『致命遂志』也。」

按語：

《困》卦卦辭曰：「困，亨，貞。大人吉，無咎。有言不信。」爻辭或曰「臀困於株木，入於幽谷，三歲不覿」，或曰「困於酒食，朱紱方來，利用享祀，征凶，無咎」，或曰「困於石，據於蒺藜。入於其宮，不見其妻，凶」，或曰「來徐徐，困於金車。吝，有終」，或曰「劓刖，困於赤紱。乃徐有說，利用祭祀」，或曰「困於葛藟，於臲卼。曰動悔有悔，征吉」。卦辭、爻辭結合卦象來闡述諸種困境及其最終之結果，但未明言脫困之道。〈大象〉則明示君子於窮困之時，尤當「致命遂志」。故程頤曰：「君子當困窮之時，既盡其防慮之道而不得免，則命也。當推致其命，以遂其志。知命之當然也，則窮塞禍患不以動其心，行吾義而已。苟不知命，則恐懼於險難，隕獲於窮厄，所守亡矣，安能遂其為善之志乎？」

井

卦象：䷯

〈象〉曰：木上有水，井，君子以勞民勸相。

諸家集解：

《周易集解》引王弼曰：木上有水，上水之象也。水以養而不窮也。

《周易集解》引虞翻曰：「君子」謂《泰》乾也。坤為「民」，初上成坎為「勸」，故「勞民勸相」。相，相助也，謂以陽助坤矣。

《周易正義》曰：木上有水，則是上水之象，所以為《井》。「君子以勞民勸相」者，「勞」謂勞賚，「相」猶助也。井之為義，汲養而不窮。君子以勞徠之恩，勤恤民隱，勸助百姓，使有成功，則此養而不窮也。

《周易程氏傳》曰：木承水而上之，乃器汲水而出井之象。君子觀《井》之象，法《井》之德，以勞徠其民，而勸勉以相助之道也。勞徠其民，法井之用也。勸民使相助，法井之施也。

《周易本義》曰：木上有水，津潤上行，《井》之象也。「勞民」者，以君養民；「勸相」者，使民相養，皆取井養之義。

《朱子語類》卷七十三云：「『木上有水，井』，說者以為木是汲器，則後面卻有瓶，瓶自是瓦器，此不可曉。怕只是說水之津潤上行，至那木之杪，這便是井水上行之象。」又云：「草木之生，津潤皆上行，直至樹末，便是『木上有水』之義。如菖蒲葉，每晨葉尾皆有水如珠顆，雖藏之密室亦然，非露水也。問如此，則井之義與木上有水何預？曰：木上有水，便如水本在井底，卻能汲上來給人之食，故取象如此。」

李光地《周易折中》案：〈大象〉「木上有水」，須以朱子之說為長。〈彖傳〉「巽乎水而上水」，則鄭氏桔槔之說，不妨並存也。「勞民」者，如巽風之布號令。「勸相」者，如坎水之相灌輸。

239

下編：〈大象〉六十四卦集解及注釋

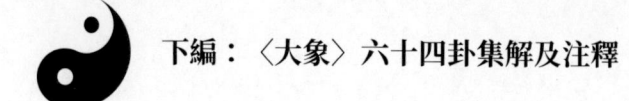

朱駿聲《六十四卦經解》卷六曰：井之為物，有木底以隔泥，使清泉上出木上，故木上有水。

注釋：

〈象〉說：木上有水，井，君子觀此卦象，而知應慰勞民眾，並勸導他們要相互幫助。

木上有水，井：解釋《井》卦卦象下卦為巽象木，上卦為坎象水。《井》卦卦名與卦象之關係，諸說不一。如程頤曰：「木承水而上之，乃器汲水而出井之象。」尚秉和曰：「坎在上，故曰上水。巽入也，『巽乎水而上水』者，言以瓶入水，汲水使之上也。」

勞民勸相：勞民，與《逸周書・文政解》「九典」之「四戒以勞之」同義，即慰勞民眾。勸相，勸導民眾要相互幫助。故孔穎達曰：「勞，謂勞齎。相，猶助也。井之為義，汲養而不窮。君子以勞徠之恩，勤恤民隱，勸助百姓，使有成功，則此養而不窮也。」故知本卦象辭旨在訓誡「君子」觀《井》卦有木上有水之象，效法井有「養而不窮」之德，而知應慰勞民眾，並勸導他們要相互幫助。

按語：

《井》卦卦辭曰：「井，改邑不改井，無喪無得，往來井井。汔至，亦未繘井，羸其瓶，凶。」爻辭或曰「井泥不食，舊井無禽」，或曰「井谷射鮒，甕敝漏」，或曰「井渫不食，為我心惻。可用汲，王明，並受其福」，或曰「井甃，無咎」，或曰「井冽、寒泉，食」，或曰「井收勿幕，有孚元吉」。卦辭、爻辭圍繞卦爻之象，分別從「井泥」、「井谷」、「井甃」、「井收」等角度，闡明吉凶禍福之理。而〈大象〉則旨在訓誡「君子」觀《井》卦有木上有水之象，效法井有「養而不窮」之德，而知應慰勞民眾，並勸導他們相互幫助。

革

卦象：☱☲

《革》：澤中有火，革，君子以治曆明時。

諸家集解：

《周易集解》引崔覲曰：火就燥，澤資濕，二物不相得，終宜易之，故曰「澤中有火，革」也。

《周易集解》引虞翻曰：「君子」，《遯》乾也。曆象，謂日月星辰也，離為「明」，坎為「月」，離為「日」，《蒙》艮為「星」，四動成坎離，日月得正，天地革而四時成，故「君子以治曆明時」也。

《周易正義》曰：「澤中有火，革」者，火在澤中，二性相違，必相改變，故為《革》象也。「君子以治曆明時」者，天時改變，故須曆數，所以君子觀茲《革》象，修治曆數，以明天時也。

《周易程氏傳》曰：水火相息，為革。革，變也。君子觀變革之象，推日月星辰之遷易，以治曆數，明四時之序也。夫變易之道，事之至大，理之至明，跡之至著，莫如四時。觀四時而順變革，則「與天地合其序」矣。

《朱子語類》卷七十三曰：治曆明時，非謂曆當改革。蓋四時變革中，便有個治曆明時的道理。

朱震《漢上易傳》卷五曰：水火相會，其氣必革。澤中有火，革之時也。其在地，則溫泉是已。君子觀「澤中有火」，則知日、月、坎、離有交會之道。日，火也；月，水也。冬至日起牽牛一度，右行而周十二次，盡斗二十六度，則復還牽牛之一度，而曆更端矣。「牽牛」者，星紀也，水之位也。日月交會於此，「澤中有火」之象也。「曆更端」者，革也。昔者黃帝迎日推策，始作《調曆》。閱世十一，歷年五千，而更七曆，至漢造曆，歲在甲子，乃十一月冬至甲子朔為入曆之始，是時日月如合璧，復會於牽牛，距上元太初十四萬

下編：〈大象〉六十四卦集解及注釋

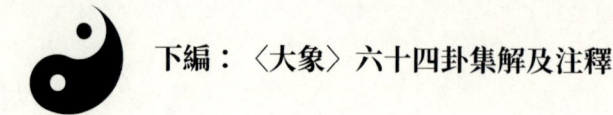

三千一百二十七歲。蓋日月盈縮，與天錯行，積久閏差，君子必修治其曆，以明四時之正。所謂四時之正者，冬至，日月必會於牽牛之一度，而弦望晦朔、分至啟閉，皆得其正矣。日月不會者，司曆之過也。震嘗問曆於郭忠孝曰：「古曆起於牽牛一度，沈括謂『今宿於斗六度，謂之歲差』，何也？」曰：「久則必差，差久必復於牽牛。牽牛一度者，乃上元太初起曆之元也。」

注釋：

〈象〉說：澤中有火，革，君子觀此卦象，而知應適時修治曆法，以辨明時令變化。

澤中有火，革：解釋《革》卦卦象下卦為離象火，上卦為兌象澤。革，〈彖傳〉釋為「水火相息」。相息，猶言「相長」，即更迭用事。崔覲釋卦象與卦名之關係曰：「火就燥，澤資濕，二物不相得，終宜易之，故曰『澤中有火，革』也。」

治曆明時：治，修治。曆，曆法。明，明辨。時，時令節氣。此卦象辭旨在訓誡在位「君子」觀「澤中有火」，二性相息，勢必變革之象，又知日月星辰皆因時而變，故思修治曆法，使民眾按時令從事農業生產。故程頤曰：「君子觀變革之象，推日月星辰之遷易，以治曆數，明四時之序也。」

按語：

《革》卦卦辭曰：「革，己日乃孚，元亨利貞，悔亡。」爻辭或曰「鞏用黃牛之革」，或曰「己日乃革之，征吉，無咎」，或曰「征凶，貞厲。革言三就，有孚」，或曰「悔亡，有孚，改命，吉」，或曰「大人虎變，未佔有孚」，或曰「君子豹變，小人革面。征凶，居貞吉」。卦辭、爻辭之「革」，有皮革、改變等義，強調的是人道上的變革，〈大象〉強調的是治曆以明天道變化。〈彖〉曰：「天地革而四時成。湯武革命，順乎天而應乎人。革之時義大矣哉！」則是兼天道、人道而言之，強調的是順天應人的重要性。學者或以《中庸》「合外內之道也，故時措之宜也」為本卦象辭之源，實不可取。因治曆明時的思想，起源甚早，《尚

書‧堯典》曰：「乃命羲和，欽若昊天，曆象日月星辰，敬授人時。」即是王者治曆明時之具體記載。夏、商、周建立之後，均對前代曆法進行了變革，以求與農業生產和民眾的日常生活相適應。

鼎

卦象：䷱

〈象〉曰：木上有火，鼎，君子以正位凝命。

諸家集解：

《周易集解》引鄭玄曰：鼎，象也。卦有木火之用，互體乾兌，乾為金，兌為澤，澤鐘金而含水，爨以木火，鼎烹熟物之象。鼎烹熟以養人，猶聖君興仁義之道以教天下也，故謂之「鼎」矣。

《周易集解》引荀爽曰：木火相因，金在其間，調和五味，所以養人，《鼎》之象也。

《周易集解》引虞翻曰：「君子」謂三也。《鼎》五爻失正，獨三得位，故「以正位」。凝，成也。體《姤》，謂陰始凝，初巽為命，故「君子以正位凝命」也。

《周易正義》曰：木上有火，即是「以木巽火」，有烹飪之象，所以為鼎也。「君子以正位凝命」者，凝者，嚴整之貌也。鼎既成新，即須製法。製法之美，莫若上下有序，正尊卑之位，輕而難犯，布嚴凝之命，故君子象此，以「正位凝命」也。

《周易程氏傳》曰：木上有火，以木巽火也，烹任之象，故為鼎。君子觀《鼎》之象，以「正位凝命」。鼎者，法象之器，其形端正，其體安重。取其端正之象，則以正其位，謂正其所居之位。君子所處必正，其小至於席不正不坐，毋

下編：〈大象〉六十四卦集解及注釋

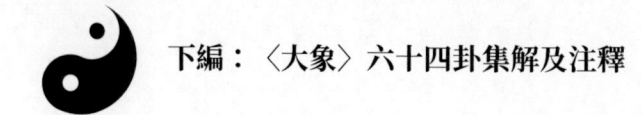

跛毋倚。取其安重之象，則凝其命令，安重其命令也。凝，聚止之義，謂安重也。今世俗有「凝然」之語，以命令而言耳。凡動為，皆當安重也。

《朱子語類》卷七十三曰：正位凝命，恐伊川說得不妥。此言人君臨朝，也須端莊安重，一似那鼎相似，安在這裡不動，然後可以凝住那天之命，如所謂「協於上下，以承天休」。

李衡《周易義海撮要》卷五引房喬曰：鼎者，神器，至大至重。正位凝命，法其重大，不可遷移也。

王宗傳《童溪易傳》卷二十二引李元量曰：木上有火，非鼎也，鼎之用也。猶之木上有水，非井也，井之功也。

蘇軾《東坡易傳》卷五曰：聖人之創業，其所以創之者不可見；其成就熟好，使之堅凝而不壞者可見也，故〈象〉曰「君子以正位凝命」。《革》所以改命，而《鼎》所以凝之也，知《革》而不知《鼎》，則上下之分不明而位不正，雖其所受於天者，流泛而不可知矣。

項安世《周易玩辭》卷十曰：存神息氣，人所以凝壽命。中心無為，以守至正，君所以凝天命。

王申子《大易緝說》卷七曰：鼎，形端而正，體鎮而重。君子取其端正之象，以正其所居之位，使之愈久而愈安。取其鎮重之象，以凝其所受之命，使之愈久而愈固。

胡炳文《周易本義通釋》卷四曰：鼎之器正，然後可凝其所受之實。君之位正，然後可凝其所受之命。

注釋：

〈象〉說：木上有火，鼎，君子應法鼎之形，效鼎之用，正守自己所處之位，既不失禮，也不失其職守，以凝聚天命或上位者之賜命。

木上有火，鼎：解釋《鼎》卦卦象下卦為巽象木，上卦為離象火。鼎雖有烹飪食物之用，但須以木火輔之方可。故荀爽謂：「木火相因，金在其間，調和五

味,所以養人,《鼎》之象也。」

正位凝命:正,端正。正位,正守自己所居之位。凝,凝聚、凝結。如《坤》卦初六爻辭曰「履霜」,〈象傳〉釋之曰:「履霜堅冰,陰始凝也。」程頤亦曰:「凝,聚止之義。」故於王者而言,「凝命」即是凝聚天命;於臣下而言,「凝命」即是凝聚上位者的賜命。故知此卦象辭旨在訓誡「君子」觀《鼎》卦之象,法鼎之形,效鼎之用,正守自己所處之位,既不失禮,也不失其職守,以凝聚天命或上位者之賜命。

按語:

《鼎》卦卦辭曰:「元吉,亨。」爻辭或曰「鼎顛趾,利出否。得妾以其子,無咎」,或曰「鼎有實。我仇有疾,不我能即,吉」,或曰「鼎耳革,其行塞。雉膏不食,方雨虧悔,終吉」,或曰「鼎折足,覆公餗,其形渥,凶」,或曰「鼎黃耳金鉉,利貞」,或曰「鼎玉鉉,大吉,無不利」。卦辭、爻辭皆結合鼎之象,論人事之吉凶禍福。

需要指出的是,對於《鼎・大象》「木上有火,鼎,君子以正位凝命」之解讀,易學史上眾所紛紜,僅義理派就提出了以下三個代表性的觀點。其一,以王弼、孔穎達、胡瑗、張載等為代表的易學家以〈雜卦〉曰「《革》,去故也;《鼎》,取新也」為據,結合《鼎》、《革》兩卦之象辭,從治國理政的角度出發,提出「正位凝命」強調的是君王於政權或王權交替之際,必須要正尊卑之位,定嚴凝之命。其二,以程頤為代表的宋明理學家則從鼎的形制特徵出發,提出君子應取其端正之象,則正其所居之位;取其安重之象,則安重其命令。其三,以朱熹、王申子、俞琰、趙汸等為代表的易學家,則以《左傳・宣公三年》「楚子問鼎」之事為據,[29]從王朝或王位更迭的角度出發,提出「正位凝命」闡述的是君王

29　《左傳・宣公三年》載:「楚子問鼎之大小輕重焉。對曰:『在德不在鼎。昔夏之方有德也,遠方圖物,貢金九牧,鑄鼎象物,百物而為之備,使民知神、奸。故民入川澤山林,不逢不若。螭魅罔兩,莫能逢之,用能協於上下,以承天休。桀有昏德,鼎遷於

下編：〈大象〉六十四卦集解及注釋

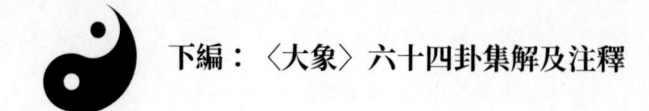

承天凝命以延國祚之道。翟奎鳳先生在對諸家之說進行細緻梳理之後，歸納出兩種詮釋路徑：其一，以鼎為烹飪食物之器，有革物之功用，故認為「正位凝命」強調的是君王於政權或王權交替之際，應效法鼎之革物功能，革新治國理政之道。其二，從鼎之形體端正安重出發，認為「正位凝命」強調的是無論是日用倫常，還是治國理政，皆應端正安重。[30] 前者取法於鼎之功用，後者取法於鼎之形象。此外，先秦時期，以鼎為代表的青銅器上常常銘刻有天子或諸侯對臣下的冊命銘文。如《禮記·祭統》曰：「夫鼎有銘，銘者自名也，自名以稱揚其先祖之美，而明著之後世者也。」眾所周知，先秦用鼎亦有嚴格規制，爵位不同，鼎數有別。[31] 此點正可與「君子以正位凝命」互相發明。

商，載祀六百。商紂暴虐，鼎遷於周。德之休明，雖小，重也。其奸回昏亂，雖大，輕也。天祚明德，有所厎止。成王定鼎於郟鄏，卜世三十，卜年七百，天所命也。周德雖衰，天命未改，鼎之輕重，未可問也。』」

30　翟奎鳳指出，《鼎·大象》曰：「木上有火，鼎，君子以正位凝命。」王弼以鼎為取新，程頤以鼎為安重，這兩大詮釋在歷史上影響最大。朱熹強調從政治王朝運命上來解釋「正位凝命」，要求君主一言一行的莊重，這一詮釋在歷史上的影響也很大。以離為南面君位，巽為申命教令，此取上下卦象簡潔明快，在詮釋史上也很有影響。從人生修養上論，取鼎之安重神聖，「正位」包含著對個體當下時空點存在之「在」的明覺，身心存在的中正、莊重與安穩，也包含著對工作職位、社會角色的敬重，而「凝命」可以理解為做好本職工作，完成自己的使命，成就一番事業。最高的「凝命」即凝道，盡心知命，通達性天。參見翟奎鳳：《君子以正位凝命：〈周易〉鼎卦大象傳詮釋》，《湖南大學學報》2017年第2期。

31　相關研究成果有：俞偉超：《周代用鼎制度研究（上、中、下）》，《北京大學學報》1978年第1、2期，1979年第1期。林澐：《周代用鼎制度商榷》，《史學集刊》1990年第3期。張聞捷：《周代用鼎制度疏證》，《考古學報》2012年第2期。

震

卦象：☳

〈象〉曰：洊雷，震，君子以恐懼修省。

諸家集解：

《周易集解》引虞翻曰：「『君子』謂《臨》二。二出之坤四，體以修身，坤為身，二之四，以陽照坤，故『以恐懼修省』。老子曰『修之身，德乃真』也。

《周易正義》曰：洊者，重也，因仍也。雷相因仍，乃為威震也。此是重震之卦，故曰「洊雷，震」也。「君子以恐懼修省」者，君子恆自戰戰兢兢，不敢懈惰，今見天之怒，畏雷之威，彌自修身省察己過，故曰「君子以恐懼修省」也。

《周易程氏傳》曰：洊，重襲也。上下皆震，故為「洊雷」，雷重仍則威益盛。君子觀洊雷威震之象，以恐懼自修飭循省也。君子畏天之威，則修正其身，思省其過咎而改之。不唯雷震，凡遇驚懼之事，皆當如是。

項安世《周易玩辭》卷十曰：恐懼修省，所謂「洊」也。人能恐懼，則既震矣，又修省焉，「洊」在其中矣。

錢一本《像象管見》卷四上曰：人心非動，無震兩雷洊至，益有所動。震象恐懼作於心，修省見於事。修，克治之功；省，審察之力。因恐懼而修省，修省而後無恐懼。恐懼，初雷象；修省，洊雷象。

注釋：

〈象〉說：雷相重，震，君子觀洊雷威震之象，當懷著警懼憂患之心，自覺地修德省過。

洊雷，震：解釋《震》卦卦象上下卦皆為震象雷。洊，有再、重之義。故孔穎達曰：「洊者，重也，因仍也。雷相因仍，乃為威震也。此是重震之卦，故曰

下編：〈大象〉六十四卦集解及注釋

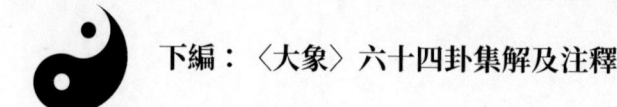

『洊雷，震』也。」

恐懼修省：君子觀洊雷威震之象，當懷著警懼憂患之心，自覺地修德省過。故孔穎達曰：「君子恆自戰戰兢兢，不敢懈惰，今見天之怒，畏雷之威，彌自修身省察己過，故曰『君子以恐懼修省』也。」

按語：

《震》卦卦辭曰：「震，亨。震來虩虩，笑言啞啞。震驚百里，不喪匕鬯。」爻辭或曰「震來虩虩，後笑言啞啞，吉」，或曰「震來，厲，億喪貝，躋於九陵。勿逐，七日得」，或曰「震蘇蘇，震行無眚」，或曰「震遂泥」，或曰「震往來，厲；億無喪，有事」，或曰「震索索，視矍矍，征凶。震不於其躬，於其鄰，無咎。婚媾，有言」。〈彖〉曰：「震亨，震來虩虩，恐致福也。」〈象〉曰：「洊雷，震，君子以恐懼修省。」卦辭、爻辭、彖辭、象辭均旨在訓誡君子見天之怒，畏雷之威，而知應懷著警懼憂患之心，自覺地修德省過。馬振彪曰：「人當顛沛造次之時，如履薄臨深之可懼；國際風雨飄搖之會，有內憂外患之交乘，其危乃光。懲前毖後，必如此卦之爻象，始終戒懼，乃可免禍而致福。」[32]黃壽祺、張善文亦謂：「《震》卦取象於雷動威盛，正是揭明震懼可致亨通的道理。卦辭設擬兩層相互見旨的譬喻，先言雷動奮起，萬物畏懼，於是慎行獲福，笑語聲聲；再言君主教令震驚百里，遂致萬方警懼，社稷長保。」[33]

學者或以《論語》「內省不疚，夫何憂何懼」為本卦象辭之源，並不可取。王者觀震雷而恐懼，故反躬自省之思想，早已有之。如《尚書·金縢》載：「秋，大熟，未獲。天大雷電以風，禾盡偃，大木斯拔。邦人大恐，王與大夫盡弁，以啟金縢之書，乃得周公所自以為功，代武王之說。二公及王乃問諸史與百執事。對曰：『信。噫！公命，我勿敢言。』王執書以泣，曰：『其勿穆卜。昔公勤勞王家，唯予沖人弗及知。今天動威，以彰周公之德。唯朕小子其新逆，我國家禮亦

32　馬振彪著，張善文整理：《周易學說》，花城出版社，2002，第 499、500 頁。
33　黃壽祺、張善文：《周易譯注》，中華書局，2016，第 383 頁。

宜之。』王出郊，天乃雨。反風，禾則盡起。二公命邦人，凡大木所偃，盡起而築之，歲則大熟。」此外，《清華大學藏戰國竹簡》（一）收錄的《周武王有疾周公所自以代王之志》中，亦有類似的記載。

艮

卦象：䷳

〈象〉曰：兼山，艮，君子以思不出其位。

諸家集解：

《周易集解》引虞翻曰：「君子」謂三也。三，君子位；震為出；坎為隱伏，為思，故「以思不出其位」也。

《周易正義》曰：「兼山，艮」者，兩山義重，謂之「兼山」也。直置一山，已能鎮止；今兩山重疊，止義彌大，故曰「兼山，艮」也。「君子以思不出其位」者，「止」之為義，各止其所。故君子於此之時，思慮所及，不出其己位也。

《周易程氏傳》曰：上下皆山，故為「兼山」。此而並彼為「兼」，謂重複也，重艮之象也。君子觀艮止之象，而思安所止，「不出其位」也。「位」者，所處之分也。萬事各有其所，得其所，則止而安。若當行而止，當速而久，或過或不及，皆出其位也，況逾分非據乎？

林栗《周易經傳集解》卷二十六曰：艮為山，重卦為「兼山」，但取山象，艮止之義備矣。而取諸「兼山」者，明尊卑小大各有其位分，辨而可不亂也。自天子至於庶人，守其位則安，出其位則悖，是以君子思而不出也。君止於仁，臣止於忠，父止於慈，子止於孝。上不逼下，下不僭上，尊者制其略，卑者治其詳，皆「不出其位」之義也。

下編：〈大象〉六十四卦集解及注釋

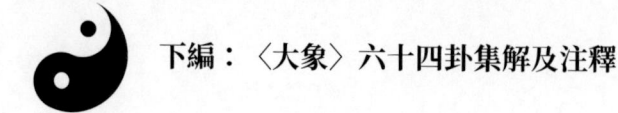

楊萬里《誠齋易傳》卷十四曰：大哉，止乎，有止而絕之者，有止而居之者，有止而約之者。「艮其背」者，所以絕人欲而全天理，此止而絕之者。時止時行，必止乎道，此止而居之者。思不出其位，而各止其分，此止而約之也。大哉，止乎！夫止一端而已乎？

潘士藻《讀易述》卷九曰：思不出位，取諸「兼山，艮」象。凡兩雷、兩風、兩火、兩水、兩澤，皆有往來之義，特兩山並峙，則止而不動也。心之官則思，其萬感萬應，此心凝然不動，心之體本如是也。憧憧往來者，滯於有；沉空守寂者，淪於無，皆非「不出位」之旨也。觀「兼山，艮」象，可以悟不出位之思矣。

蔡清《易經蒙引》卷七下引邱富國曰：凡人所為，所以易至於出位者，以其不能思也。思則心有所悟，知其所當止，而得所止矣。

《周易折中》案：「思不出位」者，諸家皆作思欲不出其位，「思」字不甚重。今觀《咸》卦云：「貞吉悔亡，憧憧往來，朋從爾思。」而夫子以「何思何慮」明之，則此「思」字蓋不可略。雜擾之思，動於欲者也；通微之思，浚於理者也。《大學》云「安而後能慮」，蓋「思不出位」之說也。

注釋：

〈象〉說：兩山相併，艮，君子觀此卦象，又思艮為「止」義，故所思所慮所為，皆應與自身之爵次相應，而不出其位。

兼山，艮：解釋《艮》卦卦象上下卦皆為艮，為重山之象。兼，《說文》釋曰「並也」。兼山，即兩山相併。此外，「兼」還可釋為「重」。如孔穎達曰：「兩山義重，謂之兼山也。直置一山，已能鎮止；今兩山重疊，止義彌大，故曰『兼山，艮』也。」

思不出其位：位，鄭玄注《周禮·天官·小宰》「四曰祿位，以馭其士」之「位」時說：「位，爵次也。」、「位」之高低上下之別，即是爵位之等級差別，故知本卦象辭旨在訓誡「君子」觀《艮》兩山相重之象，又思艮為「止」義，故所思所慮所為，皆應與自身之爵次相應，而不出其位。易學家或刻意淡化「位」的

禮制色彩，將其抽象化為「角色」之義。如程頤曰：「君子觀艮止之象，而思安所止，『不出其位』也。『位』者，所處之分也。萬事各有其所，得其所，則止而安。若當行而止，當速而久，或過或不及，皆出其位也，況逾分非據乎？」

按語：

《艮》卦之卦辭、爻辭皆以「知止」為核心要義。〈彖〉曰：「艮，止也。時止則止，時行則行，動靜不失其時，其道光明。」其中「時止則止，時行則行」，正是〈大象〉「君子以思不出其位」的具體表現形式。宋明理學家對於《艮》卦，極其看重。如周敦頤謂：「一部《法華經》，只消一個《艮》卦可了。」[34] 程頤謂：「看一部《華嚴經》，不如看一《艮》卦。」②

學者或以《論語》「君子思不出其位」為本卦象辭之源，崔述《洙泗考信錄》即以此為據，認為〈大象〉晚出。自天子以至於卿、士、大夫，皆為爵稱，在先秦典籍中多有記載。如《周禮·春官·大宗伯》曰：「以九儀之命，正邦國之位。」鄭玄注云：「每命異儀，貴賤之位乃正。」《左傳·莊公十八年》曰：「王命諸侯，名位不同，禮亦異數。」《禮記·王制》曰：「王者之制祿爵：公、侯、伯、子、男，凡五等。諸侯之上大夫卿、下大夫、上士、中士、下士，凡五等。」《孟子》謂：「天子一位，公一位，侯一位，伯一位，子、男同一位，凡五等也。君一位，卿一位，大夫一位，上士一位，中士一位，下士一位，凡六等。」由以上史籍可知，天子有天子之儀，以天子為爵位之一等，應可成立。此外，顧炎武在《日知錄·周室班爵祿》中亦說：「為民而立之君，故班爵之意，天子與公、侯、伯、子、男，一也，而非絕世之貴；代耕而賦之祿，故班祿之意，君、卿、大夫、士與庶人在官一也，而非無事之食。是故知天子一位之義，則不敢肆於民上以自尊；知祿以代耕之義，則不敢厚取於民以自奉。」故知「君子以思不出其位」之思想，應是與周代的爵祿制度相伴而生的，並非出現於春秋禮崩樂壞之後。

34　（宋）程顥、（宋）程頤：《河南程氏外書》卷十，載氏著：《二程集》，中華書局，2004，第408頁。

下編：〈大象〉六十四卦集解及注釋

漸

卦象：䷴

〈象〉曰：山上有木，漸，君子以居賢德善俗。

諸家集解：

《周易集解》引虞翻曰：「君子」謂《否》乾。乾為「賢德」；坤陰小人柔弱，為「俗」。乾四之坤為艮，為「居」。以陽善陰，故「以居賢德善俗也」。

《周易正義》曰：「山上有木，漸」者，木生山上，因山而高，非是從下忽高，故是漸義也。「君子以居賢德善俗」者，夫止而巽者，漸之美也。君子求賢，得使居位，化風俗使清善，皆須文德謙下，漸以進之。若以卒暴威刑，物不從矣。

《周易程氏傳》曰：山上有木，其高有因，漸之義也。君子觀《漸》之象，以居賢善之德，化美於風俗。人之進於賢德，必有其漸，習而後能安，非可陵節而遽至也。在己且然，教化之於人，不以漸，其能入乎？移風易俗，非一朝一夕所能成，故善俗必以漸也。

《周易本義》曰：二者皆當以漸而進，疑「賢」字衍，或「善」下有脫字。

程廷祚《大易擇言》卷二十六引馮當可曰：居，積也。德以漸而積，俗以漸而善。內卦艮止，居德者止諸內也；外卦巽入，善俗者入於外也。體艮以居德，體巽以善俗。

《周易折中》案：地中生木，始生之木也。山上有木，高大之木也。凡木始生，枝條驟長，旦異而夕不同，及既高大，則自拱把而合抱，自捩手而干霄，必須踰年積歲。此升與漸之義所以異也。居德善俗，皆須以漸。以居賢德，然後可以善俗，亦漸之意也。

注釋：

〈象〉說：山上有木，漸，君子觀此卦象，而知修德、化俗，皆當循序漸進。

山上有木，漸：解釋《漸》卦卦象下卦為艮象山，上卦為巽象木。李光地釋卦名與卦象之關係曰：「地中生木，始生之木也。山上有木，高大之木也。凡木始生，枝條驟長，旦異而夕不同，及既高大，則自拱把而合抱，自挋手而干霄，必須踰年積歲。此升與漸之義所以異也。居德善俗，皆須以漸。以居賢德，然後可以善俗，亦漸之意也。」

居賢德善俗：居，此處為「積」之義。善，改善。善俗，陸德明《經典釋文》釋曰：「王肅本作『善風俗』。」故知本卦象辭旨在訓誡君子觀「山上有木」，樹木逐漸長成參天大樹，而知無論是培養德行還是改善風俗，都需一步步積累而至。程頤曰：「人之進於賢德，必有其漸，習而後能安，非可陵節而遽至也。在己且然，教化之於人，不以漸，其能入乎？移風易俗，非一朝一夕所能成，故善俗必以漸也。」

按語：

《漸》卦卦辭曰：「漸，女歸，吉，利貞。」爻辭或曰「鴻漸於干，小子厲。有言，無咎」，或曰「鴻漸於磐，飲食衎衎，吉」，或曰「鴻漸於陸，夫征不復，婦孕不育，凶。利禦寇」，或曰「鴻漸於木，或得其桷，無咎」，或曰「鴻漸於陵，婦三歲不孕，終莫之勝，吉」，或曰「鴻漸於陸，其羽可用為儀，吉」。爻辭以鴻之漸進為喻，示以吉凶，是以物論；象辭則旨在強調君子修德、化俗，皆當循序漸進，則是以人道論。

歸妹

卦象：䷵

〈象〉曰：澤上有雷，歸妹，君子以永終知敝。

下編：〈大象〉六十四卦集解及注釋

諸家集解：

《周易集解》引干寶曰：雷薄於澤，八月九月將藏之時也。君子象之，故不敢恃當今之虞，而慮將來禍也。

《周易集解》引虞翻曰：「君子」謂乾也。坤為「永終」，為「敝」。乾為「知」，三之四，為「永終」；四之三，兌為毀折，故「以永終知敝」。

《周易集解》引崔覲曰：歸妹，從之始終也。始則征凶，終則無攸利，故「君子以永終知敝」為戒者也。

《周易正義》曰：澤上有雷，說以動也。故曰「歸妹，君子以永終知敝」者，「歸妹相終始之道也」。故君子象此，以永長其終，知應有不終之敝故也。

《周易程氏傳》曰：雷震於上，澤隨而動，陽動於上，陰說而從，女從男之象也，故為《歸妹》。君子觀男女配合，生息相續之象，而以永其終知有敝也。永終，謂生息嗣續永久其傳也。知敝，謂知物有敝壞而為相繼之道也。女歸則有生息，故有「永終」之義。又夫婦之道，當常永有終，必知其有敝壞之理而戒慎之。敝壞，謂離隙。《歸妹》說以動者也，異乎《恆》之巽而動，《漸》之止而巽也。少女之說，情之感動，動則失正，非夫婦正而可常之道，久必敝壞。知其必敝，則當思永其終也。天下之反目者，皆不能永終者也。不獨夫婦之道，天下之事，莫不有終有敝，莫不有可繼可久之道。觀《歸妹》，則當思永終之戒也。

《周易本義》曰：雷動澤隨，《歸妹》之象。君子觀其合之不正，知終之有敝也。推之事物，莫不皆然。

晏斯盛《易翼說》卷八引吳曰慎曰：永終知敝，言遠慮其終而知有敝也。《氓》之詩，不思其反，所以終見棄於人與？

《周易折中》案：澤上有雷，不當以澤從雷取象，當以澤感雷取象。蓋取於陰氣先動，為「歸妹」之義。

注釋：

〈象〉說：澤上有雷，歸妹，君子觀此卦象，而思凡事都要以有善終為目標，

並要知道破壞這種善終的問題可能在哪裡,並全力克服之。

　　澤上有雷,歸妹:解釋《歸妹》卦卦象下卦為兌象澤,上卦為震象雷。震為長男,兌為少女,上震下兌,有少女隨長男之象,故名此卦象曰「歸妹」。程頤曰:「雷震於上,澤隨而動,陽動於上,陰說而從,女從男之象也,故為《歸妹》。」

　　永終知敝:永終,永遠有善終。知敝,知道弊病在哪裡。故知本卦象辭旨在訓誡「君子」觀《歸妹》卦象,又以夫婦相處之道為鑒,而思凡事都要以有善終為目標,並要知道破壞這種善終的問題可能在哪裡,並克服它。程頤說:「《歸妹》說以動者也,異乎《恆》之巽而動,《漸》之止而巽也。少女之說,情之感動,動則失正,非夫婦正而可常之道,久必敝壞。知其必敝,則當思永其終也。天下之反目者,皆不能永終者也。不獨夫婦之道,天下之事,莫不有終有敝,莫不有可繼可久之道。觀《歸妹》,則當思永終之戒也。」

按語:

　　《歸妹》卦辭曰:「歸妹,征凶,無攸利。」爻辭或曰「歸妹以娣,跛能履,征吉」,或曰「眇能視,利幽人之貞」,或曰「歸妹以須,反歸於娣」,或曰「歸妹愆期,遲歸有時」,或曰「帝乙歸妹,其君之袂,不如其娣之袂良。月幾望,吉」,或曰「女承筐,無實;士刲羊,無血。無攸利」。卦辭、爻辭皆圍繞男女婚嫁之事擬辭,而婚姻無不以善始善終為目標,故與〈大象〉「君子以永終知敝」之旨相合。需要指出的是,於「歸妹」而言,「跛能履」、「眇能視」、「歸妹以須」、「歸妹愆期」、「其君之袂,不如其娣之袂良」、「女承筐無實」,皆為「敝」也。故君子應以小見大,而知凡事都要以有善終為目標,並要知道破壞這種善終的問題可能在哪裡,並全力克服之。

下編：〈大象〉六十四卦集解及注釋

豐

卦象：☷

〈象〉曰：雷電皆至，豐，君子以折獄致刑。

諸家集解：

《周易集解》引荀爽曰：豐者，陰據不正，奪陽之位而行以豐，故「折獄致刑」，以討除之也。

《周易集解》引虞翻曰：「君子」謂三。《噬嗑》四失正，系在坎獄中，故上之三。折四入《大過》，死象，故「以折獄致刑」。兌折為刑，《賁》三得正，故「無敢折獄」也。

《周易正義》曰：「雷電皆至，豐」者，雷者，天之威動；電者，天之光耀。雷電俱至，則威明備，足以為《豐》也。「君子以折獄致刑」者，君子法象天威而用刑罰，亦當文明以動。折獄，斷決也。斷決獄訟，須得虛實之情。致用刑罰，必得輕重之中。若動而不明，則淫濫斯及，故君子象於此卦，而折獄致刑。

《周易程氏傳》曰：雷電皆至，明震並行也。二體相合，故云「皆至」。明動相資，成《豐》之象。離，明也，照察之象。震，動也，威斷之象。「折獄」者，必照其情實，唯明克允。「致刑」者，以威於奸惡，唯斷乃成。故君子觀雷電明動之象，以「折獄致刑」也。《噬嗑》言先王「敕法」，《豐》言君子「折獄」，以明在上而麗於威震，王者之事，故為制刑立法。以明在下而麗於威震，君子之用，故為「折獄致刑」。《旅》明在上，而云「君子」者，《旅》取「慎用刑」與「不留獄」，君子皆當然也。

蘇軾《東坡易傳》卷六曰：《傳》曰：「為刑罰威獄，使民畏忌，以類其震曜殺戮也。」故《易》至於雷電相遇，則必及刑獄，取其「明以動」也；至於離與艮相遇，曰無折獄，無留獄，取其「明以止」也。

朱震《漢上易傳》卷六曰：電，明照也，所以「折獄」；雷，威怒也，所以

「致刑」。

朱鑒《朱文公易說》卷八曰：問：「『雷電，噬嗑』與『雷電，豐』，似一同？」先生曰：「《噬嗑》明在上，動在下，是明得事理，先立這法在此，未有犯底人，留待異時之用，故云『明罰敕法』。《豐》威在上，明在下，是用這法時，須是明見下情曲折方得，不然，威動上必有過錯也，故云『折獄致刑』。此是伊川之意，其說極好。」

注釋：

〈象〉說：雷電俱至，豐，君子法此卦象，而知斷獄時應像閃電一樣明察秋毫，行刑時應如雷霆般迅猛果決。

雷電皆至，豐：解釋《豐》卦卦象下卦為離象電，上卦為震象雷，有天威盛大之象。孔穎達釋卦象與卦名之關係曰：「雷者，天之威動；電者，天之光耀。雷電俱至，則威明備，足以為《豐》也。」

折獄致刑：折獄，斷決刑獄。致刑，施加刑罰，其義與《尚書‧多士》「我乃明致天罰」相近。本卦象辭旨在訓誡在位「君子」觀《豐》卦上雷下電之象，而悟斷獄時應像閃電一樣明察秋毫，行刑時應如雷霆般迅猛果決。孔穎達謂：「斷決獄訟，須得虛實之情。致用刑罰，必得輕重之中。若動而不明，則淫濫斯及，故君子象於此卦，而折獄致刑。」

按語：

《豐》卦卦辭曰：「豐，亨，王假之。勿憂，宜日中。」爻辭或曰「遇其配主，雖旬無咎，往有尚」，或曰「豐其蔀，日中見斗。往得疑疾，有孚發若，吉」，或曰「豐其沛，日中見沬，折其右肱，無咎」，或曰「豐其蔀，日中見斗。遇其夷主，吉」，或曰「來章，有慶譽，吉」，或曰「豐其屋，蔀其家，窺其戶，闃其無人，三歲不覿，凶」。卦辭、爻辭之旨均與〈大象〉「君子以折獄致刑」之旨無關。學者或以《論語》「道之以政，齊之以刑」為本卦象辭之源，實不可取。其

257

下編：〈大象〉六十四卦集解及注釋

原因有二，一是明罰敕法、折獄致刑之思想，在西周王室的政教典籍中屢屢言及。如《尚書‧呂刑》曰：「非佞折獄，唯良折獄，罔非在中。察辭於差，非從唯從。哀敬折獄，明啟刑書胥占，咸庶中正。其刑其罰，其審克之。獄成而孚，輸而孚；其刑上備，有並兩刑。」二是先秦儒家提倡以德、禮治國，故很少提及「折獄」之事。故可推知，本卦象辭應源出於周王室之政教思想。

旅

卦象：☲

〈象〉曰：山上有火，旅，君子以明慎用刑，而不留獄。

諸家集解：

《周易集解》引侯果曰：火在山上，勢非長久，《旅》之象也。

《周易集解》引虞翻曰：「君子」謂三。離為明，艮為慎，兌為刑，坎為獄。賁初之四，獄象不見，故「以明慎用刑，而不留獄」。與《豐》「折獄」同義者也。

《周易正義》曰：火在山上，逐草而行，勢不久留，故為《旅》象。又上下二體，艮止離明，故君子象此，以明察審慎用刑，而不稽留獄訟。

《周易程氏傳》曰：火之在高，明無不照，君子觀明照之象，則「以明慎用刑」。明不可恃，故戒於慎，明而止，亦「慎」象。觀火行不處之象，則「不留獄」。獄者，不得已而設，民有罪而入，豈可留滯淹久也？

《周易本義》曰：慎刑如山，不留如火。

項安世《周易玩辭》卷十一曰：山非火之所留也，野燒延緣，過之而已，故名之曰「旅」，而像之以「不留獄」。

趙汝楳《周易輯聞》卷十一曰：火煬則宅於灶，冶則宅於爐，在山則野燒之

暫，猶旅寓耳，故為《旅》之象。離虛為「明」，艮止為「謹」，君子體之，明謹於用刑，而不留獄。蓋獄者，人之所旅也；不留獄，不使久處其中也。用刑固貴於明，然明者未必謹，謹者或留獄，明矣謹矣。而淹延不決，雖明猶暗也，雖謹反害也。

趙以夫《易通》卷六曰：君子用刑，唯明唯謹。明，則無遁形；謹，則無濫罰。明謹既進，斷決隨之。聖人取象於旅，正恐其留獄也。刑既用，則獄不留矣。明取離，慎取艮，不留取旅之義。

張英《易經衷論》卷下曰：「不留獄「之稱，最妙。犴狴桎梏，淹滯拘留，或為無辜之株連，或為老弱之累系，動經歲時，宜仁人君子隱惻於此。然非至明至慎，亦不敢輕言決獄。能明慎而不留獄，斯可謂祥刑矣。

注釋：

〈象〉說：山上有火，旅，君子在處理獄訟時應法此卦象，既要明察謹慎地使用刑罰，又要從速判決。

山上有火，旅：解釋《旅》卦卦象下卦為艮象山，上卦為離象火。旅，在此為暫處之義，與山上之火，草木盡則火息，故不可長久之象相契，故以「旅」來名此卦。侯果說：「火在山上，勢非長久，《旅》之象也。」

君子以明慎用刑，而不留獄：趙汝楳釋曰：「用刑固貴於明，然明者未必謹，謹者或留獄，明矣謹矣。而淹延不決，雖明猶暗也，雖謹反害也。」故知本卦象辭旨在訓誡君子在處理獄訟時，既要明察謹慎地使用刑罰，又要從速判決。程頤曰：「火之在高，明無不照，君子觀明照之象，則「以明慎用刑」。明不可恃，故戒於慎，明而止，亦「慎」象。觀火行不處之象，則「不留獄」。」

按語：

《旅》卦卦辭曰：「旅，小亨，旅貞吉。」爻辭或曰「旅瑣瑣，斯其所取災」，或曰「旅即次，懷其資，得僮僕，貞」，或曰「旅焚其次，喪其僮僕，貞厲」，或

下編：〈大象〉六十四卦集解及注釋

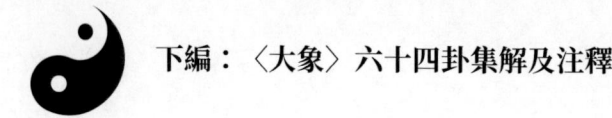

曰「旅於處，得其資斧，我心不快」，或曰「射雉，一矢亡，終以譽命」，或曰「鳥焚其巢，旅人先笑後號咷。喪牛於易，凶」。卦辭、爻辭闡述的均是旅人出門在外之種種遭遇，與〈大象〉「君子以明慎用刑，而不留獄」之旨無涉。「明慎用刑」之義，筆者在《噬嗑》、《解》、《豐》已論之甚詳，此處就不再贅述了。

巽

卦象：☴

〈象〉曰：隨風巽，君子以申命行事。

諸家集解：

《周易集解》引虞翻曰：「君子」謂《遯》乾也。巽為命，重象，故「申命」。變至三，坤為事，震為行，故「行事」也。

《周易集解》引荀爽曰：巽為號令，兩巽相隨，故「申命」也。法教百端，令行為上，貴其必從，故曰「行事」也。

《周易正義》曰：「隨風，巽」者，兩風相隨，故曰「隨風」。風既相隨，物無不順，故曰「隨風，巽」。「君子以申命行事」者，風之隨至，非是令初，故君子訓之以「申命行事」也。

《周易程氏傳》曰：兩風相重，隨風也。隨，相繼之義。君子觀重巽相繼以順之象，而以申命令，行政事。隨與重，上下皆順也，上順下而出之，下順上而從之，上下皆順，「重巽」之義也。命令政事，順理則合民心，而民順從矣。

《周易本義》曰：隨，相繼之義。

史徵《周易口訣義》卷六曰：〈象〉曰「隨風，巽」者，按〈說卦〉云：「巽，入也。」風之所入，物無不順風相隨而行，故曰「隨風，巽」也。「君子以申命

• 260

行事者」，風行草偃，亦有王者風教行於天下意，故君子象此，申其命令，行其政教之事也。

胡瑗《周易口義》卷九曰：《巽》之體，上下皆巽，如風之入物，無所不至，無所不順，故曰「隨風，巽」。君子法此巽風之象，以申其命、行其事於天下，無有不至，而無有不順者也。

蘇軾《東坡易傳》卷六曰：申，重也。兩風相因，是謂隨風，申命之象也。古之為令者，必反覆申明之，然後事必行。

郭雍《郭氏傳家易說》卷六曰：君子之德，風也；有風之德，而下無不從，然後具「重巽」之義。《易》於巽主教命，猶《詩》之言風也，故《觀》則「省方觀民設教」，《姤》則「施命誥四方」，皆主巽而言也。

俞琰《周易集說》卷十三曰：既告戒之，又丁寧之，使人聽信其說，然後見之「行事」，則民之從之也，亦如風之迅速也。大抵命令之出，務在必行，不行則徒為虛文耳。

吳桂森《周易像象述》卷七曰：〈象〉曰：「隨風，巽，君子以申命行事。」〈月令〉「八風」云：「風者，何謂也？風之為言，萌也，養物成功，八風以象八卦。」巽風，東南夏令之景風也。景者，大也，言陽氣長養也。景風至，則爵有德，封有功。隨風者，前後接續，如相隨然。君子以隨風申命，以巽德行長養之事。事即所命之事也。

注釋：

〈象〉說：兩風相隨，巽，君子應法此卦象，在施行政令時也要保持前後一致性。

隨風，巽：解釋《巽》卦卦象上下卦皆為巽，乃兩風相隨之象。隨，有相繼之義。《周易口義》曰：「《巽》之體，上下皆巽，如風之入物，無所不至，無所不順，故曰『隨風，巽』。」

以申命行事：申，重。申命，重命、再命。「以……行事」，即以什麼樣的

下編：〈大象〉六十四卦集解及注釋

方式行事。可知本卦象辭旨在訓誡在位君子應效法《巽》卦風與風相隨而吹之象，在施行政令時也要保持前後一致性。

按語：

對於「隨風巽，君子以申命行事」的釋讀，易學史上主要分為象數和義理兩種路向。象數派以虞翻之說為代表。虞翻提出：「『君子』謂《遯》乾也。巽為命，重象，故『申命』。變至三，坤為事，震為行，故『行事』也。」而義理派又可細分為以下四種解讀路向：一、孔穎達、胡瑗、程頤、郭雍等易學家，從「隨」有「順」義出發，認為此句象辭旨在強調君子發布政令，須為民眾所順從。二、史徵、朱熹、王申子、趙汸、錢一本等易學家，以〈說卦〉、〈序卦〉「巽，入也」為據，認為此句象辭旨在強調君王發布政令，須遍及於民。三、蘇軾、張根、易祓、趙以夫、梁寅、趙汸，魏濬等易學家，從「申」有「重複」義、「巽」有「政令」義出發，認為此句象辭旨在強調君王頒布政令，唯有反覆叮嚀在前，民眾才能順從於後。四、朱震、解蒙、吳桂森、魏荔彤等易學家，則從春秋戰國時的「八風」理論出發，提出「八風」因時而至，「風」有「養物成功」之用，故認為此句象辭旨在強調君子應法風能「養物成功」，應因時施宜，以成就天地萬物。諸家之說均言之有據，故錄之於此，以饗讀者。

兌

卦象：䷹

〈象〉曰：麗澤，兌，君子以朋友講習。

諸家集解：

《周易集解》引虞翻曰：君子，《大壯》乾也。陽息見兌，「學以聚之，問以辯

之」。兌二陽同類為「朋」，伏艮為「友」，坎為「習」，震為「講」，兌兩口對，故「朋友講習」也。

《周易正義》曰：「麗澤，兌」者，麗，猶連也；兩澤相連，潤說之盛，故曰「麗澤，兌」也。「君子以朋友講習」者，同門曰朋，同志曰友，朋友聚居，講習道義，相說之盛，莫過於此也。故君子象之，以朋友講習也。

《周易程氏傳》曰：麗澤，二澤相附麗也。兩澤相麗，交相浸潤，互有滋益之象，故君子觀其象，而「以朋友講習」。朋友講習，互相益也。先儒謂天下之可說，莫若朋友講習。朋友講習，固可說之大者，然當明相益之象。

《周易本義》曰：兩澤相麗，互相滋益，朋友講習，其象如此。

俞琰《大易集說》卷十三曰：「講」者，講其所未明，講多則義理明矣；「習」者，習其所未熟，習久則踐履熟矣。此「朋友講習」所以為有滋益，而如兩澤之相麗也。若獨學無友，則孤陋而寡聞，故《論語》以「學之不講」為憂，以「學而時習」為說，以「有朋自遠方來」為樂。

注釋：

〈象〉說：兩澤並連，兌，君子應法此卦象，時常跟宗族群臣探討治國理政之道。

麗澤，兌：解釋《兌》卦卦象上下卦皆為兌，為澤水並連之象。麗，《玉篇》釋為「偶爾」；「麗澤」即為兩澤並連，故孔穎達曰：「麗，猶連也；兩澤相連，潤說之盛，故曰『麗澤，兌』也。」此外，「麗」又可釋為「附麗」，「兩澤附麗」即為兩澤交通，故程頤曰：「麗澤，二澤相附麗也。兩澤相麗，交相浸潤，互有滋益之象。」此兩說皆可作參考。

君子以朋友講習：《禮記》曰：「同門曰朋，同志曰友。」在甲骨文中，「朋」、「友」多單獨使用；西周中晚期時，「朋友」才成為一個複合詞。講習，講辯、習練。孔穎達曰：「同門曰朋，同志曰友，朋友聚居，講習道義，相說之盛，莫過於此也。故君子象之，以朋友講習也。」

下編：〈大象〉六十四卦集解及注釋

按語：

易學史上，學者多將《論語・學而》「學而時習之，不亦說乎！有朋自遠方來，不亦樂乎」，與《兌・大象》「麗澤，兌，君子以朋友講習」互相參看。如俞琰《周易集說》曰：「若獨學無友，則孤陋而寡聞，故《論語》以『學之不講』為憂，以『學而時習』為說，以『有朋自遠方來』為樂。」需要注意的是，「朋友」在先秦時，兼有宗族、君臣之義。故〈大象〉言「君子以飲食宴樂」、「君子以類族辨物」，探討的是如何處理宗族關係；而「君子以厚下安宅」、「君子以施祿及下」，探討的則是如何處理君臣關係。因此，結合《尚書》中周王室的相關記載可知，《兌》卦象辭旨在訓誡在位「君子」觀《兌》卦有兩澤相連或兩澤附麗之象，時常跟宗族群臣探討治國理政之道，而非後世易學家所理解的研究所習之學問。

渙

卦象： ䷸

〈象〉曰：風行水上，渙，先王以享於帝，立廟。

諸家集解：

《周易集解》引荀爽曰：謂受命之王，收集散民，上享天帝，下立宗廟也。陰上至四承五，為「享帝」。陽下至二，為「立廟」也。離日上為宗廟，而謂天帝宗廟之神所配食者。王者所奉，故繼於上。至於宗廟，其實在地。地者，陰中之陽，有似廟中之神。

《周易集解》引虞翻曰：《否》乾為「先王」。享，祭也。震為帝，為祭。艮為「廟」。四之二，殺坤大牲，故「以享於帝，立廟」。謂成《既濟》，有《噬嗑》食象故也。

《周易正義》曰:「風行水上,渙」者,風行水上,激動波濤,散釋之象,故曰「風行水上,渙」。「先王以享於帝,立廟」者,先王以渙然無難之時,享於上帝,以告太平;建立宗廟,以祭祖考,故曰「先王以享於帝,立廟」也。

《周易程氏傳》曰:風行水上,有渙散之象。先王觀是象,救天下之渙散,至於享帝立廟也。收合人心,無如宗廟,祭祀之報,出於其心。故享帝立廟,人心之所歸也。繫人心合離散之道,無大於此。

《周易本義》曰:皆所以合其散。

胡瑗《周易口義》卷十曰:夫風行水上,渙然而散,是得《渙》之象也。帝即天帝也,以形言之,謂之天;以氣言之,謂之陰陽;以主宰言之,謂之帝。言先王當此渙散之時,設其郊祀,備其物儀,薦享於天地,以報成功也。「立廟」者,言萃聚先祖之精神,立為廟貌,四時祭之,以表悽愴之心,奉先之道也。

朱震《漢上易傳》卷六曰:風行水上,渙然離散之象。離散之時,天下之險難方作,先王以是享於上帝,以一天下之心,使知無二主也。立廟以合天下之渙散,則人知反本,鬼有所歸。享於帝,立廟,離散者一矣。帝,乾上九也,上又為宗廟,巽股為立,坤為牛,坎為血,享於帝也。揚雄曰:「僭莫僭於祭,祭莫重於地,地莫重於天。」雄其知《渙》之說矣。

方聞一《大易粹言》卷四十五引程頤曰:《萃》、《渙》皆「享於帝,立廟」,因其精神之萃,而形於此,為其渙散,故立此以收之。

程廷祚《大易擇言》卷三十一引呂大臨曰:風行水上,波瀾必作,振盪離散不寧之時,王者求以合其散,莫若反其本,享帝立廟,所以明天下之本也。

注釋:

〈象〉說:風行於水上,渙,先王觀得此卦象,而思凝聚之道,故透過獻祭上帝,建立宗廟,以凝聚人心,協於上下。

風行水上,渙:解釋《渙》卦卦象下卦為坎象水,上卦為巽象風。渙,《說文》釋曰「流散也」。孔穎達釋卦名與卦象之關係曰:「風行水上,激動波濤,散釋之

下編：〈大象〉六十四卦集解及注釋

象，故曰『風行水上，渙』。」

先王以享於帝，立廟：享，古作「亯」，《說文》卷五釋曰「獻也」。享帝，即獻祭上帝。立廟，建立宗廟。本卦象辭旨在訓誡「先王」觀《渙》卦有風行水上之象，而思凝聚之道，故透過獻祭上帝，建立宗廟，以凝聚人心，團結宗族，協於上下。故程頤曰：「收合人心，無如宗廟，祭祀之報，出於其心。故享帝立廟，人心之所歸也。繫人心合離散之道，無大於此。」

按語：

《渙》卦卦辭曰：「渙，亨。王假有廟，利涉大川，利貞。」爻辭或曰「用拯馬壯，吉」，或曰「渙奔其機，悔亡」，或曰「渙其躬，無悔」，或曰「渙其群，元吉。渙有丘，匪夷所思」，或曰「渙汗其大號，渙王居」，或曰「渙其血去逖出，無咎」。尚秉和先生在《周易尚氏學》中指出：「舊解皆以風行水上，渙散為說。然如『渙王居』『渙其躬』等爻辭，『散』義皆不通。按《太玄》擬『渙』為『文』。司馬光雲，揚子蓋讀『渙』為『煥』。案，『渙』即有『文』義。」筆者認為，若以「渙」為「文」之義，於卦辭、爻辭亦有難通之處。卦辭、爻辭、象辭皆圍繞風行水上之象擬辭，因水面渙散，故思凝聚之道，而「王假有廟」、「先王以享於帝，立廟」，無不是為了凝聚人心，協於上下。馬振彪先生曰：「渙之取義有二，勢散而不能聚者，則以能聚其散為美；私聚而不能散者，則以散其私為公，無非在中而已」；「渙者其形跡，不渙者其精神」。馬氏此論，可謂切中本卦之旨。

節

卦象：䷻

〈象〉曰：澤上有水，節，君子以制數度，議德行。

節

諸家集解：

《周易集解》引侯果曰：澤上有水，以堤防為節。

《周易集解》引虞翻曰：君子，《泰》乾也。艮止為「制」；坤為「度」；震為「議」，為「行」；乾為「德」，故「以制數度，議德行」。乾三之五，為「制數度」。坤五之乾，為「議德行」也。

《周易正義》曰：「澤上有水，節」者，水在澤中，乃得其節，故曰「澤上有水，節」也。「君子以制數度，議德行」者，數度，謂尊卑禮命之多少；德行，謂人才堪任之優劣。君子象《節》，以制其禮數等差，皆使有度；議人之德行任用，皆使得宜。

《周易程氏傳》曰：澤之容水有限，過則盈溢，是有節，故為《節》也。君子觀《節》之象，以制立數度。凡物之大小、輕重、高下、文質皆有數度，所以為節也。數，多寡；度，法制。「議德行」者，存諸中為德，發於外為行，人之德行，當議則中節。議，謂商度求中節也。

張浚《紫岩易傳》卷六曰：數度之制因乎人，德行之議自於己。《記》曰：「君子議道自己，而置法以民。」蓋己之所不能行，與其所不可行，而強於人，誰其從之？一言盡《節》之道，中而已。中必自身始也。

郭雍《郭氏傳家易說》卷六曰：澤無水，困，則為不足；澤上有水，則為有餘。不足則為困，有餘則當節，理之常也。在人之節，則制數度所以節於外，議德行所以節於內也。為國為家，至於一身，其內外製節皆一也。

《周易折中》案：「議德行」者，諸儒皆謂一身之德行，獨孔氏謂在人之德行，於「議」字尤切，且得愛爵祿、慎名器之意。

注釋：

〈象〉說：澤上有水，節，君子觀此卦象，而思按照禮儀數度使用名物，評議臣下之德行。

澤上有水，節：解釋《節》卦卦象下卦為兌象澤，上卦為坎象水。節，此處

下編：〈大象〉六十四卦集解及注釋

有「節制」之義，故程頤釋卦名與卦象之關係曰：「澤之容水有限，過則盈溢，是有節，故為《節》也。」

制數度，議德行：「數度」有兩義，程頤認為指的是區分事物大小、輕重、高下、文質之標準尺度。而孔穎達認為指的是禮儀法度：「數度，謂尊卑禮命之多少；德行，謂人才堪任之優劣。君子象《節》，以制其禮數等差，皆使有度；議人之德行任用，皆使得宜。」兩說皆可備參考。

按語：

《節》卦卦辭曰：「節，亨，苦節不可貞。」爻辭或曰「不出戶庭，無咎」，或曰「不出門庭，凶」，或曰「不節若，則嗟若，無咎」，或曰「安節，亨」，或曰「甘節，吉，往有尚」，或曰「苦節，貞凶，悔亡」。〈彖〉曰：「天地節而四時成，節以制度，不傷財，不害民。」卦辭、爻辭、彖辭皆以「節」為「節制」之義。〈大象〉曰：「君子以制數度，議德行。」結合〈彖〉「節以制度」與〈大象〉「制數度」來看，「數度」應指禮儀法度。

筆者在前文已對宗周時期的爵祿制度進行了詳細分析，此處就不再贅述了。結合宗周以名物制度來區別爵位高低、以德行來授爵授官的史實來看，本卦象辭旨在訓誡在位君子觀《節》卦澤上有風之象，而思透過制定明確的名物使用規範來區分爵位高低，透過評議臣下的德行來授爵授職。此外，嚴格按照禮制使用名物，還可以防止因僭越禮制而造成的浪費，故與〈彖〉「節以制度，不傷財，不害民」之旨相契。學者或以《論語》「道之以德，齊之以禮」為本卦象辭之源，實不可取。

中孚

卦象：☲

〈象〉曰：澤上有風，中孚，君子以議獄緩死。

諸家集解：

《周易集解》引崔覲曰：流風令於上，布澤惠於下，《中孚》之象也。

《周易集解》引虞翻曰：「君子」謂乾也。《訟》坎為「獄」；震為「議」，為「緩」；坤為「死」。乾四之初，則二出坎獄，兌說震喜，坎獄不見，故「議獄緩死」也。

《周易正義》曰：「澤上有風，中孚」者，風行澤上，無所不周，其猶信之被物，無所不至，故曰「澤上有風，中孚」。「君子以議獄緩死」者，中信之世，必非故犯過失為辜，情在可恕，故君子以議其過失之獄，緩舍當死之刑也。

《周易程氏傳》曰：澤上有風，感於澤中，水體虛，故風能入之；人心虛，故物能感之。風之動乎澤，猶物之感於中，故為《中孚》之象。君子觀其象，以議獄與緩死。君子之於議獄，盡其忠而已；於決死，極於惻而已，故誠意常求於緩。緩，寬也，於天下之事，無所不盡其忠。而議獄緩死，最其大者也。

《周易本義》曰：風感水受，《中孚》之象；議獄緩死，中孚之意。

胡瑗《周易口義》卷十曰：澤與風，皆生成之道也。夫風行澤上，物無不從，猶君子之人，以由中之信施乎外，無所不及，無所不順也。「議獄緩死」者，君子觀是之象，以謂獄者，繫獄之人就苦而告之，以所死者不可復生，必推由中之誠，原議冤枉，察其真偽，求其曲直，以緩恕其死，則可以盡其至信之道也。

楊萬里《誠齋易傳》卷十六曰：風無形而能鼓幽潛，誠無象而能感人物。《中孚》之感，莫大於好生不殺。「議獄」者，求其入中之出；「緩死」者，求其死中之生也。

晏斯盛《易翼說》卷八引徐幾曰：〈象〉言「刑獄」五卦：《噬嗑》、《豐》以其有離之明，震之威也。《賁》次《噬嗑》，《旅》次《豐》，離明不易，震皆反

下編：〈大象〉六十四卦集解及注釋

為艮矣。蓋明貴無時不然，威則有時當止。至於《中孚》，則全體似離，互體有震艮，而又兌以議之，巽以緩之，聖人即像垂教，其忠厚惻怛之意，見於謹刑如此。

《周易折中》案：風之入物也，不獨平地草木為之披拂，岩谷竅穴為之吹籟，即積水重陰之下，亦因之而凍解冰釋焉！此所以為至誠無所不入之象也。民之有獄，猶地之有重陰也。王者體察天下之情隱，至於「議獄緩死」，然後其至誠無所不入矣。

注釋：

〈象〉說；澤上有風，中孚，君子觀此卦象，而思斷決獄刑時，宜緩不宜急，務求盡得其情實，不枉不縱。

澤上有風，中孚：解釋《中孚》卦卦象下卦為兌象澤，上卦為巽象風。尚秉和先生提出，《歸藏》稱此卦為「大明」。[35] 孚，信也；中孚，內心誠信。於人事而言，忠信則可通天下。孔穎達釋卦象與卦名之關係曰：「風行澤上，無所不周，其猶信之被物，無所不至，故曰：『澤上有風，中孚』。」

議獄緩死：議，審議。緩，寬緩。故知本卦象辭旨在訓誡在位「君子」觀《中孚》卦既有「中孚」之名，又有大《離》之象，而思斷決獄刑時，宜緩不宜急，務求盡得其情實，不枉不縱。胡瑗曰：「『議獄緩死』者，君子觀是之象，以謂獄者，繫獄之人就苦而告之，以所死者不可復生，必推由中之誠，原議冤枉，察其真偽，求其曲直，以緩恕其死，則可以盡其至信之道也。」

按語：

《中孚》卦辭曰：「中孚，豚魚吉，利涉大川，利貞。」爻辭或曰「虞吉，有它不燕」，或曰「鳴鶴在陰，其子和之。我有好爵，吾與爾靡之」，或曰「得敵，或鼓或罷，或泣或歌」，或曰「月幾望，馬匹亡，無咎」，或曰「有孚攣如，無

35　尚秉和：《周易尚氏學》，中華書局，2016，第 270 頁。

咎」，或曰「翰音登於天，貞凶」。卦辭、爻辭之言與〈象〉辭「君子以議獄緩死」關涉不大。此外，在具體的政治實踐當中，緩刑和急刑是並存的，故可推知本卦象辭中的「君子以議獄緩死」，應與周王室在遇到荒年時所採取的救濟措施有關。

小過

卦象：☷

〈象〉曰：山上有雷，小過，君子以行過乎恭，喪過乎哀，用過乎儉。

諸家集釋：

《周易集解》引侯果曰：山大而雷小，山上有雷，小過於大，故曰「小過」。

《周易集解》引虞翻曰：「君子以行過乎恭」者，「君子」謂三也。上貴三賤，《晉》上之三，震為「行」，故「行過乎恭」。謂三致恭以存其位，與《謙》三同義。「喪過乎哀」者，《晉》坤為喪，離為目，艮為鼻，坎為涕洟，震為出，涕洟出鼻目，體《大過》遭死，「喪過乎哀」也。「用過乎儉」者，坤為財用，為吝嗇；艮為止；兌為小。小用止，密雲不雨，故「用過乎儉」也。

《周易正義》曰：雷之所出，不出於地，今出山上，過其本所，故曰「小過」。小人過差，失在慢易奢侈，故君子矯之，以「行過乎恭，喪過乎哀，用過乎儉」也。

《周易程氏傳》曰：雷震於山上，其聲過常，故為《小過》。天下之事，有時當過，而不可過甚，故為《小過》。君子觀《小過》之象，事之宜過者則勉之，「行過乎恭，喪過乎哀，用過乎儉」是也。當過而過，乃其宜也；不當過而過，則過矣。

《周易本義》曰：山上有雷，其聲小過。三者之過，皆小者之過。可過於小，而不可過於大；可以小過，而不可甚過，〈象〉所謂可小事而宜下者也。

271

下編：〈大象〉六十四卦集解及注釋

胡瑗《周易口義》卷十曰：夫雷者出於地，今反在山之上，是《小過》之象也。君子當天下小有差弊之時，將以矯世勵俗，驅合於大中之道，是以過行小事於身，使天下之人觀而化之。故若天下之人有所行過差，而失於傲慢，君子則過恭以矯之；若天下之人居喪過差，而失於率易，君子則過哀以矯之；若天下之人用度過差，而失於奢侈，君子則過儉以矯之；是皆君子之人過為小事，以矯天下之大中也。

林栗《周易經傳集解》卷三十一曰：山者，艮也；雷者，震也；雷行天下，無所不震。今云「山上有雷」，是雷久居於山也。雷久於山，山之草木鳥獸將有震而僵斃者，得不謂之過乎？然其過小，其發生之功大，是以謂之「小過」也。君子之所為驚世駭俗之行，以新斯民之耳目者，凡皆以趨變而矯弊也，則復其亦若此也。然則趨變之事，不止於恭、哀、儉，而特言是三者，蓋人之過也，各於其黨，君子之過，常過乎厚，是三者乃君子之過也。

郭雍《郭氏傳家易說》卷六曰：凡物之過者，非其物也；事之過者，非其事也，過則其象變矣，如泰之過不為泰，否之過不為否也。唯行之過恭，不失其為行；喪之過哀，不失其為喪；用之過儉，不失其為用；是則為可過之道，所謂「宜下，大吉」也。故凡可過者過之，則不為失；不可過而過之，其為過矣。孔子曰：「禮，與其奢也，寧儉；喪，與其易也，寧戚。」此其所以為可過也與？自道論之，三者猶為道之小者，故稱「小過」。

注釋：

〈象〉說：山上有雷，小過，君子應法此卦象，在待人接物時應稍過於恭敬，臨喪時應稍過於哀傷，用度上應稍過於節儉。

山上有雷，小過：解釋《小過》卦卦象下卦為艮象山，上卦為震象雷。馬王堆帛書《易》稱此卦為「少過」。侯果、孔穎達、程頤等易學家均從上雷下山之象，來解釋本卦得名之由，朱震卻從本卦陰陽爻之多寡來解釋得名之由：「《小過》與《中孚》相易，其卦四陰二陽，陽為大，陰為小，小者過也。」兩說均

可成立。

　　行過乎恭，喪過乎哀，用過乎儉：此句象辭旨在告誡君子觀《小過》有四陰居外、二陽居中而不失其體之象，在待人接物時應稍過於恭敬，臨喪時應稍過於哀傷，用度上應稍過於節儉。胡瑗曰：「君子當天下小有差弊之時，將以矯世勵俗，驅合於大中之道，是以過行小事於身，使天下之人觀而化之。故若天下之人有所行過差，而失於傲慢，君子則過恭以矯之；若天下之人居喪過差，而失於率易，君子則過哀以矯之；若天下之人用度過差，而失於奢侈，君子則過儉以矯之；是皆君子之人過為小事，以矯天下之大中也。」

按語：

　　《小過》卦辭曰：「小過，亨利貞。可小事，不可大事。飛鳥遺之音，不宜上，宜下，大吉。」爻辭或曰「飛鳥以凶」，或曰「過其祖，遇其妣，不及其君，遇其臣，無咎」，或曰「弗過防之，從或戕之，凶」，或曰「無咎，弗過遇之。往厲必戒，勿用，永貞」，或曰「密雲不雨，自我西郊。公弋取彼在穴」，或曰「弗遇過之，飛鳥離之。凶，是謂災眚」。卦辭、爻辭多以「過」為「過越」為義，以飛鳥為喻，結合卦象爻位以論過之吉凶。卦辭「可小事，不可大事」，與〈大象〉「行過乎恭，喪過乎哀，用過乎儉」相通，恭、哀、儉於行、喪、用而言，皆是美德，而小有過之。朱熹《朱子語類》卷七十三曰：「《小過》大率是過得不多，如《大過》便說獨立不懼，《小過》只說這行、喪、用，都只是這般小事。伊川說那禪讓征伐，也未說到這個，大概都是那過低過小底。」又說：「《小過》是過於慈惠之類，《大過》則是剛嚴果毅底氣象。」學者或以《論語》「禮，與其奢也，寧儉；喪，與其易也，寧戚」為本卦象辭之源，頗值得商榷。

下編：〈大象〉六十四卦集解及注釋

既濟

卦象：䷾

〈象〉曰：水在火上，既濟，君子以思患而預防之。

諸家集解：

《周易集解》引荀爽曰：六爻既正，必當復亂，故君子象之。「思患而豫防之」者，治不忘亂也。

《周易正義》曰：水在火上，炊爨之象，飲食以之而成，性命以之而濟，故曰「水在火上，既濟」也。但既濟之道，初吉終亂，故君子思其後患，而豫防之。

《周易程氏傳》曰：水火既交，各得其用，為《既濟》。時當既濟，唯慮患害之生，故思而豫防，使不至於患也。自古天下既濟，而致禍亂者，蓋不能「思患而豫防」也。

胡瑗《周易口義》卷十曰：坎上為水，離下為火，水火之性不相入，然相資而成功，有烹飪之利，以濟於用，故得《既濟》之象也。「君子以思患而豫防之」者，既濟之時，天下既以治安，君子宜深思遠慮，豫為之防，曲為之備，居安思危，居存思亡，動作語默，皆常戒慎，則可以久於既濟矣。

郭雍《郭氏傳家易說》卷六曰：水性下而居上，火性上而居下，交則相濟，是為《既濟》也。既濟雖非有患之時，而患必生於既濟之後，故「君子思患而豫為之」，防也。成湯之危懼，成王之小毖，皆「思患豫防」之謂也。故卦言「終亂」，象言「豫防」，爻有「濡首」之屬，其義一也。

朱震《漢上易傳》卷六曰：水火相逮，而後濟。天地之道，以坎離相濟，以日言之，日降則月升；以月言之，日交則月合；以歲言之，寒來則暑往，皆《既濟》也。坎上離下，《既濟》矣。然既濟之極，水火將反其初，故《既濟》之象，《未濟》藏焉。君子不可不思慮，以豫防其患。坤土為「思」，坎為險難，患也。

土防水,防也。在既濟之時,而防險難,豫也。「思患而豫防之」,則難伏而不作。或曰五動坤變坎成震,體《豫》,而《未濟》之象毀矣。

　　林栗《周易經傳集解》曰:水者,坎也;火者,離也;以水沃火,無餘蘊矣。今水在其上,火在其下,不能以相與,則變化成矣,是以為《既濟》也。然變化既成,則水火各反其所;苟為不變,則水涸而火炎上也,君子是以思患而預防之也。孟子曰:「有伊尹之志則可,無伊尹之志則篡也。」其斯之謂與?

　　晏斯盛《易翼說》卷八引龔煥曰:水上火下,雖相為用,然水決則火滅,火炎則水涸。相交之中,相害之機伏焉,故「君子思患而豫防之」。能防在乎豫,能豫在乎思。

注釋:

　　〈象〉說:水在上火,既濟,君子觀此卦象,應居安思危,防患於未然。

　　水在火上,既濟:解釋《既濟》卦卦象下卦為離象火,上卦為坎象水。濟,成也;既濟,既成也。就爻象而言,六十四卦每卦六爻,以陰居陰位、陽居陽位為正位,而《既濟》卦為正位之卦,故以「既濟」名此卦。就卦象而言,水在火上,有烹飪食物而熟之象,故孔穎達釋卦象與卦名之關係曰:「水在火上,炊爨之象,飲食以之而成,性命以之而濟,故曰『水在火上,既濟』也。」

　　思患而豫防之:豫,通「預」,預防。本卦象辭旨在告誡君子觀《既濟》卦「水在火上」之象,思及水能滅火之理,措之於人事,則應居安思危,防患於未然。荀爽曰:「六爻既正,必當復亂,故君子象之。『思患而豫防之』者,治不忘亂也。」

按語:

　　《既濟》卦辭曰:「既濟,亨,小利貞,初吉,終亂。」〈象〉曰:「水在火上,既濟,君子以思患而豫防之。」象辭是卦辭「初吉,終亂」的進一步發揮。學者或以《中庸》「凡事豫則立,不豫則廢」為本卦象辭之源,實不可信。從治國之

下編：〈大象〉六十四卦集解及注釋

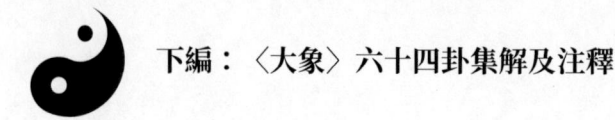

道而言，居安思危，在位思亂，是新王朝建立之後的常規做法。且《周易》一書，又被稱為「憂患之書」，〈繫辭下〉曰：「作《易》者，其有憂患乎？」《周易》經文中大量存在的吉、凶、悔、吝、無咎之類的文辭，也將作《易》者的憂患意識體現得淋漓盡致。在一定程度上，周王室的憂患思想，是宗周禮樂文明昌盛的根源，〈大象〉「水在火上，既濟，君子以思患而豫防之」與之深深相契，可以視為周王室滅商建國之後，制定一系列禮儀典章制度的內在動力。

未濟

卦象：䷿

〈象〉曰：火在水上，未濟，君子以慎辨物居方。

諸家集解：

《周易集解》引侯果曰：火性炎上，水性潤下，雖復同體，功不相成，所以未濟也。故君子慎辨物宜，居之以道，令其功用相得，則物咸濟矣。

《周易集解》引虞翻曰：君子，《否》乾也。艮為「慎」。辨，別也。物，謂「乾，陽物也；坤，陰也」。艮為「居」，坤為「方」；乾別五以居坤二，故「以慎辨物居方」也。

《周易正義》曰：「火在水上，未濟」者，火在水上，不成烹飪，未能濟物。故曰「火在水上，未濟」。「君子以慎辨物居方」者，君子見未濟之時，剛柔失正，故用慎為德，辨別眾物，各居其方，使皆得安其所，所以濟也。

《周易程氏傳》曰：水火不交，不相濟為用，故為《未濟》。火在水上，非其處也。君子觀其處不當之象，以慎處於事物，辨其所當，各居其方，謂止於其所也。

《周易本義》曰：水火異物，各居其所，故君子觀象而審辨之。

胡瑗《周易口義》卷十曰：夫水火相資，然後能濟於物，故曰「既濟」。今此二體火上水下，火自炎上，水自就下，水火相戾，而不能相資，是以有《未濟》之象。君子因此之象，則當精審其事，明辨於物，使各居其方，皆遂其所，則賢為賢，愚為愚，貴貴賤賤，法度昭明，各安其分，不相踰越，蓋取諸水下火上之義也。

張浚《紫岩易傳》卷六曰：水火性相反，其上下趨向之性一定不可易，君子法之，慎以辨物，俾各居方，用成吾必濟之治。蓋《未濟》剛柔失位，名實不正，大而君臣、上下、父子、兄弟、夫婦之序次，小而君子小人、貴賤、賢不肖之別，凡繫於剛柔者，無不顛倒錯亂，未得其正。君子以明用慎物致其辨，則禮法行而天下治矣。嗚呼，濟天下者，莫大於禮，而禮非信不行。君子法象水火，有禮信存乎其間，不徒然也。

易祓《周易總義》卷十七曰：卦為《未濟》，所以求濟也。當既濟之世，君子猶「思患而豫防之」，況未濟之時乎？以象求之，《離》卦之火在上為「辨物」，則辨之貴乎早；《坎》卦之水在下為「居方」，則居之貴乎得其所。於此加謹焉，固未嘗一日而忘防患之心，觀象而審辨之，此所以《未濟》而終於濟，易道之終者也。

來知德《周易集解》卷十二曰：火炎上，水潤下，物不同也。火居南，水居北，方不同也。君子以之慎辨物，使物以群分；慎居方，使方以類聚，則分定不亂。陽居陽位，陰居陰位，《未濟》而成《既濟》矣。

注釋：

〈象〉說：火在水上，未濟，君子要謹慎分辨名物，使各居其方，皆遂其所。

火在水上，未濟：解釋《未濟》卦卦象下卦為坎象水，上卦為離象火。就爻象而言，《未濟》卦陰居陽位，陽居陰位，六爻皆失其位，故為「未濟」。就卦象而言，水火相濟，有烹飪食物之功，而本卦水在下，火在上，而失其濟物之用，

下編：〈大象〉六十四卦集解及注釋

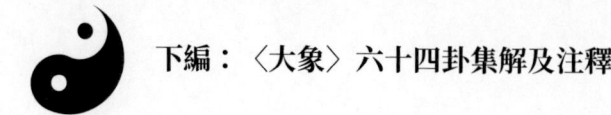

故以「未濟」稱之。孔穎達曰：「火在水上，不成烹飪，未能濟物，故曰『火在水上，未濟』。」

君子以慎辨物居方：辨，明辨、分辨。物，名物。方，此處指爵位、職位等。此卦象辭意在訓誡在位君子觀《未濟》卦水火顛倒、陰陽失位之卦爻象，比之於人道，則思慎辨諸種名物，使其居其所宜居，而不失位。孔穎達謂：「『君子以慎辨物居方』者，君子見未濟之時，剛柔失正，故用慎為德，辨別眾物，各居其方，使皆得安其所，所以濟也。」

按語：

《未濟》卦辭曰：「未濟，亨。小狐汔濟，濡其尾，無攸利。」爻辭或曰「濡其尾，吝」，或曰「曳其輪，貞吉」，或曰「未濟征凶，利涉大川」，或曰「貞吉，悔亡。震用伐鬼方，三年有賞於大國」，或曰「貞吉，無悔。君子之光，有孚吉」，或曰「有孚於飲酒，無咎。濡其首，有孚失是」。卦辭、爻辭之言均與〈象〉「君子以慎辨物居方」無涉。學者或以《論語》「慎思之，明辨之，篤行之」為本卦象辭之源，實不足取。由《周禮》可知，辨方正位、設官分職，是西周禮樂制度的重要組成部分，旨在維護封建等級制度的嚴肅性與不可僭越性，而「君子以慎辨物居方」，既與周王室的禮樂制度、宗法制度的內在精神相一致，又與《既濟》「君子以思患而豫防之」之旨一脈相承。即在位君子要謹慎地使用名物、禮儀，使貴賤有等，上下各安其分。

參考文獻

一、易學著作

(一) 原著及原著整理

(魏) 王弼:《周易注》(文淵閣四庫全書本),臺灣商務印書館,1986。
(唐) 李鼎祚:《周易集解》(文淵閣四庫全書本),臺灣商務印書館,1986。
(唐) 史徵:《周易口訣義》(文淵閣四庫全書本),臺灣商務印書館,1986。
(宋) 胡瑗:《周易口義》(文淵閣四庫全書本),臺灣商務印書館,1986。
(宋) 司馬光:《溫公易說》(文淵閣四庫全書本),臺灣商務印書館,1986。
(宋) 程頤:《周易程氏傳》,中華書局,2011。
(宋) 張載:《橫渠易說》(文淵閣四庫全書本),臺灣商務印書館,1986。
(宋) 蘇軾:《東坡易傳》(文淵閣四庫全書本),臺灣商務印書館,1986。
(宋) 張根:《吳園周易解》(文淵閣四庫全書本),臺灣商務印書館,1986。
(宋) 張浚:《紫岩易傳》(文淵閣四庫全書本),臺灣商務印書館,1986。
(宋) 朱震:《漢上易傳》(文淵閣四庫全書本),臺灣商務印書館,1986。
(宋) 朱震撰,王婷、王心田編校:《朱震集》,岳麓書社,2007。
(宋) 李中正:《泰軒易傳》(續修四庫全書本),上海古籍出版社,2002。
(宋) 林栗:《周易經傳集解》(文淵閣四庫全書本),臺灣商務印書館,1986。
(宋) 郭雍:《郭氏傳家易說》(文淵閣四庫全書本),臺灣商務印書館,1986。
(宋) 李衡:《周易義海撮要》(文淵閣四庫全書本),臺灣商務印書館,1986。
(宋) 張栻:《南軒易說》(文淵閣四庫全書本),臺灣商務印書館,1986。
(宋) 項安世:《周易玩辭》(文淵閣四庫全書本),臺灣商務印書館,1986。
(宋) 楊萬里:《誠齋易傳》(文淵閣四庫全書本),臺灣商務印書館,1986。

參考文獻

（宋）方聞一：《大易粹言》（文淵閣四庫全書本），臺灣商務印書館，1986。
（宋）馮椅：《厚齋易學》（文淵閣四庫全書本），臺灣商務印書館，1986。
（宋）王宗傳：《童溪易傳》（文淵閣四庫全書本），臺灣商務印書館，1986。
（宋）易祓：《周易總義》（文淵閣四庫全書本），臺灣商務印書館，1986。
（宋）趙以夫：《易通》（文淵閣四庫全書本），臺灣商務印書館，1986。
（宋）鄭汝諧：《易翼傳》（文淵閣四庫全書本），臺灣商務印書館，1986。
（宋）朱鑒：《朱文公易說》（文淵閣四庫全書本），臺灣商務印書館，1986。
（宋）朱熹撰，廖名春點校：《周易本義》，中華書局，2012。
（宋）趙汝楳：《周易輯聞》（文淵閣四庫全書本），臺灣商務印書館，1986。
（宋）董楷：《周易傳義附錄》（文淵閣四庫全書本），臺灣商務印書館，1986。
（宋）俞琰：《周易集說》（文淵閣四庫全書本），臺灣商務印書館，1986。
（宋）俞琰：《讀易舉要》（文淵閣四庫全書本），臺灣商務印書館，1986。
（元）胡震：《周易衍義》（文淵閣四庫全書本），臺灣商務印書館，1986。
（元）王申子：《大易緝說》（文淵閣四庫全書本），臺灣商務印書館，1986。
（元）胡炳元：《周易本義通釋》（文淵閣四庫全書本），臺灣商務印書館，1986。
（元）解蒙：《易精蘊大義》（文淵閣四庫全書本），臺灣商務印書館，1986。
（元）梁寅：《周易參義》（文淵閣四庫全書本），臺灣商務印書館，1986。
（明）蔡清：《易經蒙引》（文淵閣四庫全書本），臺灣商務印書館，1986。
（明）林希元：《易經存疑》（文淵閣四庫全書本），臺灣商務印書館，1986。
（明）熊過：《周易象旨決錄》（文淵閣四庫全書本），臺灣商務印書館，1986。
（明）來知德：《周易集注》（文淵閣四庫全書本），臺灣商務印書館，1986。
（明）潘士藻：《讀易述》（文淵閣四庫全書本），臺灣商務印書館，1986。
（明）錢一本：《像象管見》（文淵閣四庫全書本），臺灣商務印書館，1986。
（明）吳桂森：《周易像象述》（文淵閣四庫全書本），臺灣商務印書館，1986。
（清）牛鈕、孫在豐：《日講易經解義》（文淵閣四庫全書本），臺灣商務印書館，1986。
（清）李光地：《御纂周易折中》（文淵閣四庫全書本），臺灣商務印書館，1986。

（清）李光地：《周易通論》（文淵閣四庫全書本），臺灣商務印書館，1986。
（清）傅以漸：《御纂周易述義》（文淵閣四庫全書本），臺灣商務印書館，1986。
（清）喬萊：《易俟》（文淵閣四庫全書本），臺灣商務印書館，1986。
（清）張英：《易經衷論》（文淵閣四庫全書本），臺灣商務印書館，1986。
（清）納喇性德：《合訂刪補大易集義粹言》（文淵閣四庫全書本），臺灣商務印書館，1986。
（清）惠士奇：《惠氏易說》（文淵閣四庫全書本），臺灣商務印書館，1986。
（清）惠棟：《周易述》（文淵閣四庫全書本），臺灣商務印書館，1986。
（清）楊名時：《周易劄記》（文淵閣四庫全書本），臺灣商務印書館，1986。
（清）胡煦：《周易函書》（文淵閣四庫全書本），臺灣商務印書館，1986。
（清）晏斯盛：《易翼說》（文淵閣四庫全書本），臺灣商務印書館，1986。
（清）沈起元：《周易孔義集說》（文淵閣四庫全書本），臺灣商務印書館，1986。
（清）王又樸：《易翼述信》（文淵閣四庫全書本），臺灣商務印書館，1986。
（清）程廷祚：《大易擇言》（文淵閣四庫全書本），臺灣商務印書館，1986。
（清）黃宗羲撰，鄭萬耕點校：《易數象數論（外二種）》，中華書局，2010。
（清）毛奇齡撰，鄭萬耕點校：《毛奇齡易著四種》，中華書局，2010。
（清）王夫之：〈周易大象解〉（續修四庫全書本），上海古籍出版社，2002。
（清）胡渭撰，鄭萬耕點校：《易圖明辨》，中華書局，2008。
（清）惠棟撰，鄭萬耕點校：《周易述（附：易漢學、易例）》，中華書局，2007。
（清）胡煦著，程林點校：《周易函書》，中華書局，2010。
（清）焦循著，陳居淵校點：《雕菰樓易學》，北京大學出版社，2012。
（清）張惠言著，劉大鈞校點：《周易虞氏義》，北京大學出版社，2012。
（清）張惠言著，廣文編譯所編輯：《張惠言易學十書》，廣文書局，2012。
（清）李道平撰，潘雨廷點校：《周易集解纂疏》，中華書局，2006。
（清）端木國瑚：《周易指》（續修四庫全書本），上海古籍出版社，2002。
（清）沈紹勛：《周易示兒錄》，上海古籍出版社，2002。
文淵閣：《四庫全書總目提要・易類》（文淵閣四庫全書本），臺灣商務印書館，

1986。

中國科學院圖書館編：《續修四庫全書總目提要》，中華書局，1993。

（二）論著類

陳居淵：《周易今古文考證》，商務印書館，2015。

戴璉璋：《易傳之形成及其思想》，文津出版社，1989。

鄧立光：《周易象數義理發微（附：五行探原）》，上海辭書出版社，2008。

高亨：《周易大傳今注》，齊魯書社，1979。

高懷民：《先秦易學史》，廣西師範大學出版社，2007。

高懷民：《兩漢易學史》，廣西師範大學出版社，2007。

高懷民：《宋元明易學史》，廣西師範大學出版社，2007。

黃沛榮：《周易彖象傳義理探微》，萬卷樓圖書有限公司，2001。

黃壽祺、張善文：《周易譯註》，中華書局，2016。

金春峰：《周易經傳梳理與郭店楚簡思想新釋》，中國言實出版社，2004。

蘭甲雲：《周易卦爻辭研究》，湖南大學出版社，2006。

李鏡池：《周易探源》，中華書局，1978、2007。

李學勤：《周易經傳溯源》，長春出版社，1992。

廖名春：《周易經傳與易學史新論》，中國人民大學出版社，2014。

梁韋弦：《程氏易傳導讀》，齊魯書社，2003。

林忠軍：《象數易學發展史》（第1卷），齊魯書社，1994。

林忠軍：《象數易學發展史》（第2卷），齊魯書社，1998。

林忠軍：《易緯導讀》，齊魯書社，2002。

劉保貞：《易圖明辨導讀》，齊魯書社，2004。

劉大鈞：《周易概論》，巴蜀書社，2008。

劉玉建：《周易正義導讀》，齊魯書社，2005。

馬振彪著，張善文整理：《周易學說》，花城出版社，2002。

潘雨廷：《讀易提要》，上海古籍出版社，2003。

錢基博：《周易解題及其讀法》，廣西師範大學出版社，2010。

尚秉和著，張善文點校：《周易尚氏學》，中華書局，2016。

王鐵：《宋代易學》，上海古籍出版社，2005。

王新春：《易學與中國古代哲學》，人民出版社，2012。

蕭漢明：《周易本義導讀》，齊魯書社，2003。

嚴靈峰：《易學新論》，福州左海學術研究社排印，載林慶彰：《民國時期經學叢書》（第 2 輯第 23 冊），文聽閣圖書有限公司，2008。

楊慶中：《周易經傳研究》，商務印書館，2005。

余敦康：《漢宋易學解讀》，華夏出版社，2006。

張濤、陳修亮：《周易述導讀》，齊魯書社，2007。

鄭萬耕：《易學與哲學》，上海科學技術文獻出版社，2013。

周立升：《周易集注導讀》，齊魯書社，2009。

朱伯崑：《易學發展史》，崑崙出版社，2005。

（三）論文類

陳居淵：《「易象」新說——兼論《周易》原有〈象經〉問題》，《周易研究》2012 年第 1 期。

顧頡剛：《論易經的比較研究及彖傳與象傳的關係書》，《古史辨》第 3 冊上編。

姜廣輝：《文王演〈周易〉新說》，《哲學研究》1997 年第 3 期。

廖名春：《〈彖傳〉〈大象傳〉釋卦次序考》，《周易研究》1995 年第 3 期。

連劭名：《西周金文與〈周易·象傳〉》，《周易研究》1994 年第 2 期。

林叢、張韶宇：《易象視域下的法學觀》，《東嶽論叢》2012 年第 6 期。

劉保貞：《〈象傳〉性質新探》，《周易研究》1996 年第 2 期。

劉延剛、潘昱洲、劉昌明：《《易傳》的成書年代與作者新說》，《四川大學學報》2011 年第 1 期。

劉震：《〈大象傳〉的德法與法治思想》，《周易研究》2017 年第 4 期。

柳河東：《《易經象傳》所揭示的君子人格與精英修為之道》，《衡水學院學報》2013

參考文獻

年第 2 期。

孟琢：《論〈說文〉文字學思想與〈周易〉的歷史淵源》，《民俗典籍文字研究》2013年第 1 輯。

王寧、黨懷興：《〈說文解字〉與易學》，載《大易集奧》，上海古籍出版社，2004。

葉樹勛：《〈周易·大象傳〉所見古代儒家的刑罰自然主義》，《學術研究》2012年第 8 期。

翟奎鳳、田澤人：《理同事異、和而不流——睽卦〈大象〉辭「君子以同而異」詮釋》，《周易研究》2015 年第 6 期。

翟奎鳳：《君子以正位凝命——〈周易〉鼎卦大象詮詮釋》，《湖南大學學報》2017 年第 2 期。

張豔芳：《周易·大象傳》——孔子及其後學的治世理想訴求》，《孔子研究》2011 年第 5 期。

鄭萬耕：《〈周易·象傳〉及其教化觀念》，《孔子研究》2013 年第 6 期。

二、非易類著作

（一）原著及原著整理

（漢）許慎撰，（宋）徐鉉校定：《說文解字》，中華書局，2004。

（漢）鄭玄注，（唐）賈公彥疏：《周禮注疏》，上海古籍出版社，2016。

（漢）鄭玄注，（唐）賈公彥疏，王輝整理：《儀禮注疏》，上海古籍出版社，2008。

（晉）郭璞注，（宋）邢昺疏，李傳書整理：《爾雅注疏》，北京大學出版社，1999。

（唐）陸德明：《經典釋文》，中華書局，1983。

（唐）孔穎達：《春秋左傳正義》，中華書局，1980。

（宋）黎靖德編：《朱子語類》，中華書局，1986。

（清）孫希旦：《禮記集解》，中華書局，1989。

（清）陳立撰，吳則虞點校：《白虎通疏證》，中華書局，1994。

（清）顧炎武著，黃汝成集釋，樂保群、呂宗力校點：《日知錄集釋》（全校本），上海

古籍出版社，2012。

胡厚宣：《甲骨文合集釋文》，中華書局，2009。

中國社會科學院考古研究所：《殷周金文集成》（共 8 冊），中華書局，1984—1994。

中國社會科學院考古研究所：《殷周金文集成釋文》，香港中文大學出版社，2000。

張亞初：《殷周金文集成引得》，中華書局，2001。

劉雨、盧岩：《近出殷周金文集錄》，中華書局，2002。

劉雨、嚴志斌：《近出殷周金文集錄二編》，中華書局，2012。

李學勤：《尚書正義》，北京大學出版社，1999。

李學勤：《春秋左傳正義》，北京大學出版社，1999。

李學勤：《十三經注疏·毛詩正義》，北京大學出版社，1999。

黃懷信：《逸周書校補注釋》，三秦出版社，2006。

劉寶楠：《論語正義》，中華書局，1990。

黎翔鳳：《管子校注》，中華書局，2004。

徐元浩：《國語集解》，中華書局，2002。

方向東：《大戴禮記匯校集解》，中華書局，2008。

何寧：《淮南子集釋》，中華書局，1998。

（二）研究性論著

（日）白川靜著，溫天河、蔡哲茂譯：《金文的世界：殷周社會史》，聯經出版事業股份有限公司，1989。

（日）白川靜著，袁林譯：《西周史略》，三秦出版社，1992。

白鋼：《中國政治制度通史（先秦卷）》，人民出版社，1998。

曹金蘭：《金文與殷周女性文化》，北京大學出版社，2004。

晁福林：《先秦社會形態研究》，北京師範大學出版社，2003。

晁福林：《先秦社會思想研究》，商務印書館，2007。

陳漢平：《西周冊命制度研究》，學林出版社，1986。

陳來：《古代宗教與倫理：儒家思想的根源》（增訂本），北京大學出版社，2017。

參考文獻

杜正勝：《古代社會與國家》，允晨文化實業股份有限公司，1992。

范文瀾：《中國通史簡編》（修訂本），中華書局，1972。

葛志毅：《周代分封制度研究》，黑龍江人民出版社，2005。

葛志毅：《譚史齋論稿續編》，黑龍江人民出版社，2004。

葛志毅：《譚史齋論稿三編》，黑龍江人民出版社，2006。

辜堪生、李學林：《周公評傳》，四川大學出版社，2006。

郭沫若：《金文叢考·周彝中之傳統思想考》，科學出版社，2002。

郭沫若：《兩周金文辭大系圖錄考釋》，科學出版社，2002。

郭沫若：《卜辭通纂》，載氏著：《郭沫若全集·考古編》，科學出版社，2002。

何樹環：《西周錫命銘文新研》，文津出版社，2007。

胡發貴：《儒家朋友倫理研究》，光明日報出版社，2008。

李長泰：《天地人和—— 儒家君子思想研究》，人民出版社，2012。

劉啟益：《西周紀年》，廣東教育出版社，2002。

雒有倉：《商周青銅器族徽文字綜合研究》，黃山書社，2017。

呂廟軍：《周公研究》，人民出版社，2012。

梁濤：《郭店竹簡與思孟學派》，中國人民大學出版社，2008。

羅家湘：《〈逸周書〉研究》，上海古籍出版社，2006。

錢玄：《三禮通論》，南京師範大學出版社，1996。

錢宗範：《周代宗法制度研究》，廣西師範大學出版社，1989。

錢杭：《周代宗法制度史研究》，學林出版社，1991。

裘錫圭：《裘錫圭學術文集·甲骨文卷》，復旦大學出版社，2012。

裘錫圭、李家浩：《古文字論集》，中華書局，1982。

饒宗頤：《饒宗頤二十世紀學術文集·甲骨（上）》，新文豐出版有限公司，2003。

孫熙國：《先秦哲學的意蘊：中國哲學早期重要概念研究》，華夏出版社，2006。

王長豐：《殷周金文族徽研究》，上海古籍出版社，2015。

王國維：《觀林堂集》，河北教育出版社，2003。

王襄：《簠室殷契徵文（附：考釋）》，載氏著：《甲骨文研究資料彙編》（第5冊），

北京圖書出版社，2008。
王應麟：《困學紀聞》，上海古籍出版社，2015。
聞一多：《古典新義》，三聯書社，1982。
謝乃和：《古代社會與政治：周代的政體及其變遷》，黑龍江人民出版社，2011。
謝維揚、房鑫亮：《王國維全集》，浙江教育出版社，2009。
許倬云：《西周史》，三聯書店，2001。
楊寬：《西周史》，上海人民出版社，1999。
楊寬：《古史新探》，復旦大學出版社，2016。
楊朝明：《周公事蹟研究》，中州古籍出版社，2002。
楊向奎：《宗周社會與禮樂文明》，人民出版社，1997。
游喚民：《周公大傳》，湖南人民出版社，2008。
查昌國：《先秦「孝」、「友」觀念研究——兼漢宋儒學探索》，安徽大學出版社，2006。
張廣志：《西周史與西周文明》，上海科學技術文獻出版社，2007。
張亞初、劉雨：《西周金文職官制度研究》，中華書局，2004。
鄭開：《德禮之間：前諸子時期的思想史》，三聯書店，2009。
朱鳳瀚：《商周家族形態研究》，天津古籍出版社，1990。

（三）論文類

巴新生：《試論先秦「德」的起源與流變》，《中國哲學史》1997年第3期。
晁福林：《先秦時期「德」觀念的起源和發展》，《中國社會科學》2005年第4期。
陳義：《從甲骨文、銅器銘文看商周時期女性的地位》，《中國文化研究》2007年夏之卷。
陳夢家：《西周銅器斷代（二）》，《考古學報》1955年第10期。
丁鼎：《〈禮記·月令〉與齊學的關係：〈禮記·月令〉的作者與成篇時代再探討》，《海岱學刊》2016年第2期。
段凌平、柯兆利：《試論殷商的「德」觀念》，《廈門大學學報》1988年第4期。

參考文獻

方善柱：《初周青銅器銘文中的文武王后》，《大陸雜誌》第 52 卷第 5 期。
葛志毅：《論周代后妃在王室經濟中的地位與作用》，《管子學刊》2005 年第 1 期。
葛志毅：《論周代婦女在社會生產中的重要地位》，《淮陰師範學院學報》2005 年第 4 期。
郭沫若：《關於眉縣大鼎銘辭考釋》，《文物》1972 年第 7 期。
黑光、朱捷元：《陝西長安灃西出土的䢅盂》，《考古》1977 年第 1 期。
賈洪波：《論令彝銘文的年代與人物糾葛：兼略申唐蘭先生西周金文「康宮說」》，《中國史研究》2003 年第 1 期。
李學勤：《論「婦好」墓的年代及有關問題》，《文物》1977 年第 11 期。
李學勤：《石鼓山三號墓器銘選釋》，《文物》2013 年第 4 期。
林澐：《說王》，《考古》1965 年第 6 期。
林澐：《周代用鼎制度商榷》，《史學集刊》1990 年第 3 期。
劉豐：《周公「攝政稱王」及其與儒家政治哲學的幾個問題》，《人文雜誌》2008 年第 4 期。
劉啟益：《西周金文中所見的周王后妃》，《考古與文物》1980 年第 4 期。
羅西章、吳鎮烽、雒忠如：《陝西扶風出土西周伯䇶諸器》，《文物》1978 年第 5 期。
羅西章：《宰獸簋銘略考》，《文物》1998 年第 8 期。
齊思和：《周代錫命禮考》，《燕京學報》1947 年第 32 期。
裘錫圭、李家浩：《談曾侯乙墓鐘磬銘文中的幾個字》，載氏著：《古文字論集》，中華書局，1982。
裘錫圭：《說「姻」（提綱）》，載氏著：《裘錫圭學術文集（甲骨文卷）》，復旦大學出版社，2012。
容肇祖：《月令的來源考》，《燕京學報》1935 年第 18 期。
斯維至：《說「德」》，《人文雜誌》1986 年第 2 期。
孫熙國、肖雁：《「德」的哲學抽象歷程與中國古代哲學的發展》，載闞吉瑩等：《北大中國文化研究》第 1 輯，社會科學文獻出版社，2011。
唐蘭：《西周銅器斷代中的「康宮」問題》，《考古學報》1962 年第 1 期。

唐蘭：《略論西周微史家族窖藏銅器群的重要意義》，《文物》1978 年第 3 期。

王德培：《〈書〉傳求是札記（上）》，《天津師大學報》1983 年第 4 期。

王培真：《金文中所見西周世族的產生和世襲》，《人文雜誌》1984 年第 2 輯。

王慎行：《周公攝政稱王質疑》，《河北學刊》1986 年第 6 期。

謝乃和：《金文中所見西周王后事蹟考》，《華夏考古》2008 年第 3 期。

謝乃和：《西周后妃無與政事說考論》，《中國歷史文物》2006 年第 1 期。

謝乃和：《試論商周時期貴族婦女地位的兩次轉型》，《北方論叢》2008 年第 1 期。

楊寬：《月令考》，《齊魯學報》1941 年第 2 期。

俞偉超：《周代用鼎制度研究（上、中、下）》，《北京大學學報》1978 年第 1、2 期，1979 年第 1 期。

趙成傑：《「明德」小考》，《寧夏大學學報》2014 年第 9 期。

朱鳳瀚：《論卜辭與商周金文中的「后」》，《古文字研究》1992 年第 19 輯。

張聞捷：《周代用鼎制度疏證》，《考古學報》2012 年第 2 期。

後記

　　〈大象〉原本單獨成篇,不與《周易》古經相合,鄭玄、王弼等易學家為研《易》方便,將其與古經及《易傳》其他諸篇合併起來研究。後世易學家多承鄭、王之說,將〈大象〉與古經及《易傳》其他篇章合併起來進行釋讀,只有胡一桂、王夫之等少數易學家提出異議,認為〈大象〉應單獨成篇。在易學史上,關於〈大象〉作者、創作年代、思想旨歸、與《易傳》其他諸篇的關係等問題,歷來眾說紛紜,至今尚無定論。主流觀點認為,〈大象〉是典型的儒家作品,或是孔子所作,或是出自儒家後學之手。但也有少數易學家認為,〈大象〉並非源自儒家,或是出自周公之手,或是出自周王室史官之手。筆者以先秦時期的典章制度、傳世文獻為據,認同〈大象〉與周王室關係密切的觀點,並試圖以這一觀點為指導思想,爬梳史籍、遍查出土文獻,探究〈大象〉與周王室之間的密切關係。嚴格來說,本書只是筆者對易學史上有關〈大象〉文辭、思想旨歸等問題的歸納與總結,雖然提出了自己的一些見解,但畢竟是一家之言,不妥之處,還請方家和讀者不吝賜教。

　　眾所周知,結合傳世文獻與出土文獻,從制度史和思想史的角度對〈大象〉進行系統研究,決非易事。筆者制定的〈大象〉研究計劃共分兩步,第一步是將易學史上有關〈大象〉文辭、思想旨歸等問題進行歸納整理;第二步是以專題的形式,分別對〈大象〉六十四卦的爻辭、思想旨歸等進行細緻研究。本書的付梓,即標誌著第一步研究工作的結束。而關於〈大象〉六十四卦文辭、思想旨歸等問題的研究,筆者已完成了幾篇論文的寫作。如《試論〈大象傳〉「后」不作「王」解》,即將發表於《哲學與文化》;而《易禮互通:「君子以正位凝命」的詮釋探析》、《〈大象傳〉「隨風巽,君子以申命行事」詮釋新探》兩篇論文,在與相關方家及諸位學友交流切磋之後,得到了很大的教益和啟發,在此謹向他們表示

誠摯的感謝。

　　回首走過的學術道路，筆者能得到諸位師長的悉心提攜指導，能和諸位學友切磋思索學問，真是何其有幸！感激之情，無以言表，唯有長存於心！

彭鵬

君子觀象以進德修業
易經之《易大象》導讀

主　　編：彭鵬	**國家圖書館出版品預行編目資料**
發 行 人：黃振庭	君子觀象以進德修業：易經之《<
出 版 者：崧燁文化事業有限公司	易大象》>導讀 / 彭鵬主編 . -- 第一
發 行 者：崧燁文化事業有限公司	版 . -- 臺北市：崧燁文化事業有限
E-mail：sonbookservice@gmail.com	公司 , 2021.09
粉 絲 頁：https://www.facebook.com/	面；　公分
sonbookss/	POD 版
網　　址：https://sonbook.net/	ISBN 978-986-516-810-0(平裝)
地　　址：台北市中正區重慶南路一段六十一號八	1. 易經 2. 研究考訂
樓 815 室	121.17　　110013654

Rm. 815, 8F., No.61, Sec. 1, Chongqing S. Rd.,
Zhongzheng Dist., Taipei City 100, Taiwan (R.O.C)

電　　話：(02)2370-3310
傳　　真：(02) 2388-1990
印　　刷：京峯彩色印刷有限公司（京峰數位）

- 版權聲明

本書版權為九州出版社所有授權崧博出版事業有限公司獨家發行電子書及繁體書繁體字版。若有其他相關權利及授權需求請與本公司聯繫。
未經書面許可，不得複製、發行。

定　　價：499 元
發行日期：2021 年 09 月第一版
◎本書以 POD 印製

電子書購買

臉書